大人的世界史講堂

從文字和組織重新理解歷史脈動

東京大學名譽教授
鈴木董／著
鍾嘉惠／譯

大人的世界史講堂

目錄

前言 邀你走進不必「死記硬背」，從問「為什麼」開始的世界史……7

第1章 世界史是如何建構起來的？……16

從很久以前開始，人類便會就自己所能知道的去書寫歷史。
讓我們一起試著思考其演變，以及對現在的世界史到底帶來什麼樣的影響。

第2章 「文明」和「文化」究竟是什麼？……39

接下來我要試著替過去經常為人使用的「文明」和「文化」進行定義，
作為思考世界史時的一個標準。
說不定會從此改變各位的看法。

第3章 以五大文化圈來看世界史……62

請各位先看一下第七十頁那張奇怪的地圖。
如果以使用的「文字」來劃分，便會發現這個世界竟然是由
五大「文字世界」所構成。請關注這部分！

華

第10章 異文化世界如何面對「西方的衝擊」？……225

各位所屬的任何組織，是否也存在阻撓改革的「抵抗勢力」呢？
比較包含日本在內的各個社會所經歷過的「西化」改革，
便會發現某項共通點和特色。

第11章 「文字」中顯現的近代世界……249

離我們很近的二十世紀發生了兩次世界大戰、美蘇冷戰等種種紛擾，
而最大的「地殼變動」也許是歐盟。
用「文字世界」來思考的話，這部分也會顯露出某種趨勢。

終章 思考二十三世紀的「世界史」……263

中國和印度會在本世紀內成為世界兩大經濟強國是確定的。
這兩個國家有個共通點。
結尾我想稍微談一下「近未來的世界史」。

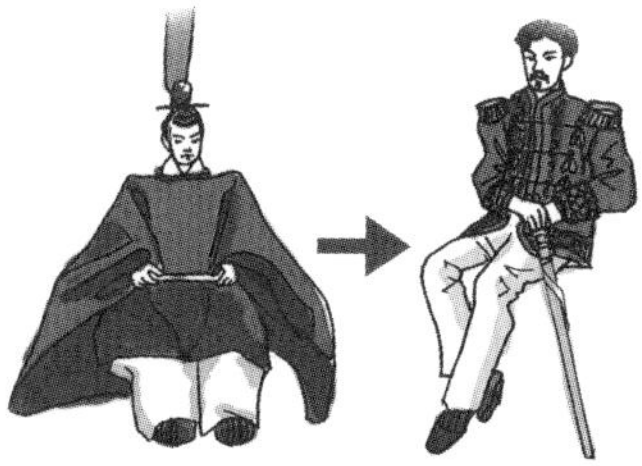

前言

邀你走進不必「死記硬背」，從問「為什麼」開始的世界史

首先請容我自我介紹。我在日本東京大學的東洋文化研究所研究伊斯蘭史，尤其是鄂圖曼帝國（土耳其）史，研究了將近三十年的時間。東洋文化研究所是一個用寬廣的角度研究西自埃及、東至朝鮮半島的研究教育機構，研究內容乃一般所說的東洋地區的政治、經濟、歷史、宗教、文學、美術等。

提到「歷史學」，恐怕不少人會有種感覺難以親近的印象。但當初我會想走這條路，其實只是因為幾個非常單純的疑問。

一是小學高年級時，我無意間拿到一本印加帝國的書。奇妙的是，那竟然是東洋文化研究所的老前輩泉靖一先生所寫的書。我對十分繁榮興盛的印加帝國在十六世紀時被小小的西班牙人滅亡感到非常訝異，於是開始思索到底是為什麼。

後來我讀了許多書，了解到不是只有印加帝國如此，十五世紀末到十七世紀的「大航海」時代，也讓遠比西歐繁榮的亞洲，轉為受到西歐的控制。

鄂圖曼帝國

十三世紀末由土耳其人的伊斯蘭教徒在安那托利亞西北邊成立的王朝。十六世紀中葉成為超級大帝國，地中海沿岸過去的羅馬帝國有大約四分之三的版圖都在其統治之下。十八世紀起受到「西方的衝擊」，十九世紀以降透過「西化」改革因應，使得帝國的統治得以延續到一九二二年。現在的土耳其共和國為繼承其遺緒的國家。

印加帝國

十五～十六世紀在南美大陸西北部的安地斯山脈地區盛極一時。印加一詞代表「太陽之子」的意思，普遍信仰太陽神，採行君主制，視君王為太陽之子。首都為庫斯科。使用奇楚瓦語，沒有文字，但以擁有建造太陽神殿等的巨石建築技術，以及黃金工藝等高度的文明誇耀世人。從哥倫比亞南部到智利的廣大疆域分成四塊領土，派遣巡察使統治。一五三三年被西班牙人所滅。

為何會演變成這樣的局面？這個疑問在我心裡進一步漲大。但這疑問便成為我日後專攻歷史研究的一大契機。

另外我心裡還有一個大疑問。那就是日本。

當我試著用更大的視角俯瞰世界史，發現在西歐列強接二連三控制亞洲的情況下，出現了試圖與西歐對抗的逆向發展。於是知道那時亞洲國家中最快完成自我改革的就是日本。

對此我同樣繼續研究其原因，然而只研究明治維新前後的歷史，怎麼也覺得不滿意，或者該說是想不透。我進一步追溯到明治維新之前的德川（江戶）時代，猜想日本面對「西方的衝擊」，是不是在設法自我改革的過程中也已打好了一些「根基」？對這部分我想要繼續研究。

要解開這樣的疑問，只從自己的歷史——日本單一國家的歷史——的角度去理解確實有其極限。無論如何還是需要與其他的世界做比較。比方說，與鄰近的中國做比較，這也一是個辦法，但同屬一個文化圈的國家畢竟會比較狹隘。

我心想，既然如此何不試著探究完全不同的世界，最後我循路找到的就是半個世紀前日本幾乎無人清楚其實際情況的伊斯蘭世界。我年輕時，所處的是即便想查伊斯蘭的資料，基本上也無資料可查的狀態。

考量到不趁年輕去探究這種全然陌生的世界，等到年紀大了才要著手研究肯定會

「大航海」時代

十五世紀由葡萄牙對非洲海岸的探險、一四九二年哥倫布在西班牙的支持下橫渡大西洋探險揭開序幕，十五～十七世紀是歐洲各大強權在世界各地進行航海探險活動，建立據點、開發資源、通商、支配與殖民的時代。率先投入航海探險的葡萄牙和西班牙在一四九四年簽署《托德西利亞斯條約》，瓜分世界。十六世紀前半兩國透過占領美洲大陸和擠進印度洋通商圈獲得巨大利益。晚了一步的英、荷、法等強權接著入侵這些地區，爭奪據點，進一步積極投入航海探險。終致闖入十七世紀後半西歐列強爭奪海上霸權的時代。

有苦頭吃，趁現在實地走訪，好好品嘗當地不曾品嘗過的食物，之後就船到橋頭自然直了吧，於是我開始研究伊斯蘭世界中的土耳其，及其前身的鄂圖曼帝國。

所謂的鄂圖曼帝國，是一個自十三世紀末到二十世紀初持續統治歐、亞、非三大陸交接處的大帝國。而且它和日本一樣，費盡千辛萬苦才擋住西歐列強的併吞，守住獨立狀態，同時建立了伊斯蘭世界第一個正式的近代獨立國家。

如前面所說的，它位處「三大陸的交接處」，周邊有各種民族、文明來來去去，不同於日本，是一塊非常不穩定的土地，我對於它能在約六個半世紀的漫長歲月中持續存在很感興趣。我當時認為解開這謎題，也許就會知道日本為什麼能在亞洲國家中率先達成自我改革。

稍後我會再慢慢說明這件事。這本書與大家高中時所學的世界史不太一樣。

現在是二十一世紀，在東西冷戰結束後美國成了世界唯一的強權國家，這樣的世界秩序，今後將如何演變呢？想像未來，雖然已有歐盟等作為與美國相抗衡的勢力，不過一個世紀後，中國和印度肯定是世界第一、第二大的經濟體。即使用人口來看，屆時兩國的人口數將各自達到約十五億人，並且具備經濟實力和智慧。

一旦這兩大國家正式抬頭會是怎樣的情況呢？依我的想像，世界將回到以前，也就是「大航海」時代前的狀況。當時東亞有中國、南亞有印度，它們以各自文化圈的領袖自居，當時的世界還有從中、西亞擴及北非的伊斯蘭世界的鄂圖曼帝國，俄羅斯有莫斯科大公國，其西鄰則有西歐諸國。

我猜想今後可能會和過去一樣，進入到由橫跨歐亞大陸中央到東岸的印度和中國形成兩大舉足輕重的支柱，和美國、歐盟等複數支柱所構成的世界分庭抗禮。

不消說，美國的霸權今後會如何演變，以及中南美洲、非洲和伊斯蘭世界將如何發展，存在許多無法洞悉的部分。

長久以來我們理所當然地接受由「大航海」時代之後的「近代」英國，及第二次世界大戰後的美國等，這些根植於西歐文明的霸權國家來主導世界秩序。可是，或許我們也可以把這數百年視為世界史中的特異時期，未來不過就是準備回到原本的狀態。在這樣的時刻試著重新看待世界史應該也很有意義吧？

接下來我在書中要告訴大家的並不是像教科書那樣大量需要「背誦」的瑣碎史實。我會利用欄外部分解釋這一類瑣碎的名詞和人物，同時試著用「文字世界」這種全新的劃分方式，向大家展示在歷史長流中，從人類的誕生到現在，世界是如何一路走來的。

想要更深入了解的人，手邊請自備一本《詳說世界史研究》（山川出版社）之類的書籍，翻開相關的頁面對照著閱讀。我會盡量用簡單易懂的方式，以透過教科書很難掌握的「歷史的演進過程」為核心慢慢地說明，以便讓高中沒學過世界史的人也能理解。

莫斯科大公國
以莫斯科為首都、建於十三世紀後半的莫斯科公國逐漸發展，一三二八年伊凡一世取得大公之位後開始有大公國之稱。一度落入蒙古欽察汗國的統治，一四八〇年成功獨立；十六世紀在伊凡四世治下迎來極盛期，自稱沙皇，君臨全俄羅斯，開始被稱為俄羅斯帝國。

首先，我想以

①世界史是如何產生的

②「文明」和「文化」

③用五大文化圈來看世界

作為前提，試著由此談起。

閱讀本書之前

在開始講述內容之前，請容我先說明幾點。以下是和地理或時代劃分有關的用語說明。

首先，在指涉地理空間的名詞上若沒有共同的認識會很麻煩，所以我在書中會繼續沿用以往大家普遍使用的亞洲、非洲、歐洲、南北美洲等稱呼。但比較難處理的是有關「文化和文明」的稱呼。我還年輕、剛踏入歷史研究的領域之時，也是理所當然地接受「亞洲」或「東洋」這種統括式概念，用這樣的框架思考事物。比方說，「西洋」與「東洋」這樣的對比形式。

然而仔細一想，這種對比其實是西歐人偏好的用法，到了「近代」，「非西歐」的人也仿效西歐人開始使用。而在那之前，所謂的「東洋」指的似乎是「漢字世界」的中心地——中國以東的地區，同樣的，「西洋」也是從中國的角度來看，指的是中國以西到印度洋一帶的地區。尤其是「歐、亞」、「西方（西洋）」、「東方（東洋、亞洲）」之類的對比，在西歐的影響進來之前完全沒有人使用。

後續章節會再詳細談到，非西歐的各個文化世界在「西方的衝擊」下不得不面對近代西歐之後，人們為了對抗「西洋」也開始使用「東洋」、「亞洲」這一類源自西歐的詞彙。日本明治時期大聲宣揚「亞洲是一體的」的美術史家暨思想家岡倉天心先生的志向之遠大，我當然也承認。

只是，要向天心先生說聲抱歉的是，所謂「一體的東洋」或是「一體的亞洲」這樣的東西，原本是不存在的。這些都是非西歐的人為了對抗挾帶著壓倒性力量近逼而來的近代西歐所創造出來的新概念，藉此讓身處相同狀況卻文化相異的非西歐之間產生連帶的關係。事實上在近代西歐開始步步進逼的十九世紀初期，「非西歐」世界至少有「阿拉伯文字」、「梵字」與「漢字」這三種完全互異，卻各具特色的文化圈。

因此，如果要拿「文化、文明」做對比，「亞洲 vs 歐洲」這樣的用法並不正確，所以書裡不會這樣使用。此外，在指涉地理空間的位置時會使用東、西、南、北，但在「文化、文明」方面，「西」和「東」、「西洋」和「東洋」，以及西歐所使用的「西方」對「東方」，書中基本上也不會使用這一類的對比。不過我會使用「西歐」和「非西歐」這樣的統括式概念，這時的「非西歐」包含了數種完全不同的文化世界，只要這樣想就沒問題了。

另外在時間的劃分方面，「古代」、「中世紀」、「近世」、「近代」應該多為大家所熟悉，它是跨文化圈的最普遍的時代劃分法。可是這種分期法最早也是西歐人想出來的西歐歷史的時代劃分方式，後來才為異文化世界所用。

舉例來說，西歐所說的「古代」，一般指的是「希臘羅馬時代」或「古典時代」，這樣的概念很可能是來自於西歐人普遍擁有「我們的文明源自希臘羅馬時代」這種強烈的自我意識吧。不過，若用更客觀的角度來看待歷史，所謂的「希臘羅馬時代」確實與西歐世界關係匪淺，但本質上應該是迥異於西歐的「異文化」世界吧。因此，我認為正確說來，西歐世界的「古代」應是指被古羅馬人稱為日耳曼和高盧那塊地區的「古代」。

因此我提倡以「初期」、「前期」、「中期」、「後期」、「末期」、「近代」作為各文化圈的時代分期法。

比方說，由西歐人推動的全球化持續進行下，各文化圈漸次整合，唯一的全球體系——「近代世界體系」逐漸形成。這麼一來，「西歐世界」和把近代西歐模式當作全球模式加以接納、同時逐漸改變其樣貌的非西歐各個文化圈，都失去以往對自我定義的完整性，慢慢變成世界體系中的一個次體系。

依我的想像，只要把全世界進入這樣的狀態之前視為「末期」，就可以把進入這樣的狀態之後到現代劃分為「近代」。因此，我也想用「近代」一詞作為全球化世界的時代劃分。

不過為免閱讀本書的讀者被搞混，我想這裡還是使用一般常用的「古代」、「中世紀」、「近世」的稱法，視情況再以括弧註記。

第1章

世界史是如何建構起來的？

從很久以前開始，人類便會就自己所能知道的去書寫歷史。讓我們一起試著思考其演變，以及對現在的世界史到底帶來什麼樣的影響。

由西歐主導的全球化

那麼，讓我們先從世界史的概念是如何產生的開始談起。

首先，既然稱為「世界史」，就不能不含括地球上所有地區的人類歷史。而它之所以可以實現，還是要歸功於現在正流行的「全球化」。

一談到全球化，就有人說日本的終身雇用制和年功序列是不行的，應當引進美式實力至上主義這一類的「全球標準」，而實際引進之後，非正規雇用的情況因而增加，在日本怎樣也無法順利實行；不過，在此我想把全球化定義為「人類分散在世界各地，各個不同的人類社會逐漸被整合在一個系統下，並同時運作的過程」。當然，此一過程存在好幾個階段。

當全球化真的啟動，整個地球漸漸成為一體之後，我們才能看清整體，也就是開始對真正的世界史產生興趣。

說到地球上的三大洋，就是太平洋、大西洋和印度洋。其中，在十五世紀末之前真正有被利用到的只有印度洋。當時人們會從南海經東南亞前往印度，或是從印度通過印度洋前往波斯灣和紅海，甚至進一步延伸到東非進行貿易。也就是說，只有印度洋的利用範圍擴及中央一帶，太平洋只有靠亞洲的沿岸區有人利用，大西洋則只利用到歐洲那一側和非洲大陸西岸附近。

這是題外話，非洲東岸的印度洋上有個島國叫馬達加斯加。據說居住在島上的馬達加斯加人使用的語言和太平洋的馬來話相近。這只是假設，比方說，很可能當時有馬來人駕船出航，結果飄流到馬達加斯加島上，但這是少有的個案，基本上太平洋和大西洋的利用區域只局限於沿岸部分。

陸地的利用也是一樣，在西歐人「發現」（其實只是「到達」）南北美洲大陸之前，「舊世界」的人所認知的世界只限於亞洲、非洲和歐洲三大陸。順帶提一下，有一種說法指稱，北歐的維京人其實早在哥倫布之前就已渡海來到「新大陸」。假使維京

馬達加斯加
此島位於非洲大陸東南方的印度洋上，為世界第四大島。西元十世紀以降有馬來人、印度尼西亞人，十五世紀有信奉伊斯蘭教的阿拉伯人遷徙到島上，有「非洲中的亞洲」之稱。十八世紀梅里納王國從眾多部落王國中興起，但一八八五年被法國入侵而成為保護國，一八九六年淪為法國殖民地。一九六〇年成立馬拉加西共和國，脫離殖民統治；一九九二年更名為現在的馬達加斯加共和國。

維京人
西元八～十一世紀在歐洲各地橫行霸道、出身於斯堪地那維亞半島的海盜們。在同時期的史料中經常被記載為「諾斯人」（指諾曼人，也就是北日耳曼人）。他們擁有優異的造船、航海技術，其攻擊、掠奪行為令人感到十分恐懼。他們並在歐洲各地遷徙，建立許多國家，有一部分在十世紀初遷徙到諾曼第，建立諾曼第公國。

人到達北美後，曾在當地建立像是殖民地這樣的關係，並透過船隻往來則另當別論，但似乎並沒有找到這樣的證據。

這樣說來，促使三大陸一大洋這樣的世界一口氣擴張開來的，還是十五世紀末以降由西歐人展開的「大航海」時代。他們長期受到來自伊斯蘭世界的壓迫，卻沒有能力與之對抗。然而到了大約十一世紀，他們蓄積了相當的實力，一方面為奪回被伊斯蘭教徒占領的聖地耶路撒冷，派遣十字軍東征；另一方面則企圖拿回伊比利亞半島，正式展開收復失地運動（重新征服運動）。

十字軍東征雖然失敗，但收復失地運動進展得很順利，一四九二年成功奪回伊比利亞半島上由伊斯蘭教徒統治的土地。其做法十分徹底，初期先對穆斯林（伊斯蘭教徒）宣稱只要順從他們的統治就好，再慢慢地逼迫穆斯林改宗，使得伊斯蘭教徒轉趨地下化，等到他們起而反叛便一網打盡、徹底驅逐，最後只剩下真正改宗為基督教徒的人存活下來。

因「大航海」時代而不變的世界

十五世紀後半到十六世紀的「大航海」時代初期，西歐最大的威脅是鄂圖曼帝國。一四五三年，鄂圖曼帝國征服拜占庭帝國（東羅馬帝國的繼承者）的首都君士坦丁

十字軍
參見第7章。

收復失地運動
參見第7章。

堡，消滅了拜占庭帝國。此後，鄂圖曼帝國便成為統治過去羅馬帝國四分之三疆域的大帝國，一直到十六世紀中葉為止。

當時西歐最強的勢力是哈布斯堡帝國，不過曾發生其大本營維也納遭土耳其人包圍此一狀況，可說是世界史的一個轉捩點。

在「收復失地運動」即將結束前不久，西歐人即開始思考下一階段的行動。由於十字軍東征不順利，於是打算與伊斯蘭世界後方的勢力結盟，並展開前後夾擊。那是因為無法穿過伊斯蘭勢力圈的正中央達到目的，因而考慮從外圍繞到其背後。為此只能繞過非洲大陸的南端到達其後方，或者是橫越大西洋。

於是葡萄牙人很早就想到繞過非洲南端到達印度的方法。當時為中世紀，人們認為愈靠近非洲南端天氣愈熱，是宛如地獄般炙熱的世界，因而害怕船會起火燃燒。將此視為無稽之談，積極推動西非探險、進軍海外的航海王子恩里克則身先士卒，葡萄牙軍人瓦斯科・達伽馬終於在一四九八年從大西洋側南下，成功繞過好望角，找到一條自東非橫越印度洋的印度航路。

從那邊走就很快了。於是基爾瓦等散布在東非沿岸的穆斯林城市接二連三遭西歐人火攻、占領，發現印度航路短短十多年後的一五一一年，西歐勢力便進入東南亞的麻六甲，連這裡也遭到焚毀占領。當時麻六甲是連接南海和印度洋的穆斯林「海上絲路」的節點，為相當於現今新加坡的交通要衝。

哈布斯堡帝國

哈布斯堡家族在馬西米連諾一世去世之後，其孫查理五世繼任為王，成為西歐最具權威的神聖羅馬帝國皇帝，統治疆域包含奧地利、德國南部、法蘭德斯和西班牙，拿坡里和西西里島亦為其屬地，是十六世紀西歐最強大的王朝。我稱它為哈布斯堡帝國。一八〇六年神聖羅馬帝國的帝號被取消，一九一八年第一次世界大戰淪為戰敗國，王朝解體。後繼的政權是奧地利共和國。

接著西歐人以麻六甲為據點，繼續北上前往中國。順帶一提，一五四三年中國的海盜船漂流到種子島，同船的葡萄牙人將火槍傳入日本。於是，遠東之島上住著一群文明人的消息傳開，耶穌會的聖方濟・沙勿略才會來到日本傳教。

另一組進軍海外的人馬是西班牙人。熱那亞出身的義大利人哥倫布認為地球應該是圓的，因此到處推銷橫渡大西洋到亞洲的宏大計畫，結果獲得卡斯提亞（現在的西班牙）女王伊莎貝拉一世和亞拉岡國王斐迪南的支持。

可想而知，他出發時根本不知道歐洲和亞洲之間還有一塊美洲大陸，算是「歪打正著」地到達「新大陸」。哥倫布這人也相當固執，直到最後都堅信自己到達的是印度，因此不曾使用冠有自己名字的「哥倫比亞大陸」來稱呼它。

美洲這名稱來自日後來此探險的亞美利哥・維斯普奇。由於亞美利哥主張自己發現全新的大陸，因此很可惜的是，最後只有南美的哥倫比亞共和國冠上哥倫布的名字。而冠以哥倫布之名的城市，在美國等地則似乎有好幾個。

「大航海」時代就這樣展開，五大陸這才全部串連起來。在那之前幾乎沒被利用到的太平洋和大西洋，這時也成了航路，五大陸三大洋因而連成一個世界。

十五世紀末至十六世紀之間，西歐人不斷設置據點，同時在據點和據點之間來來去去，形成網絡；十七世紀漸漸出現定期航路；十八、十九世紀前半，全球性的世界體系完成。因此回到原來的話題，若要書寫真正的世界史，必須等到世界規模此一全

聖方濟・沙勿略（一五〇六～一五五二年）
納瓦拉王國的巴斯克人。原本是軍人，後來和聖依納爵・羅耀拉共同創立耶穌會。一五四九年為了傳教來到日本，是第一位將天主教信仰傳入日本的人。後來立志到中國傳教，但始終無法入境中國，最後在廣東附近的上川島上去世。

哥倫布（一四五一～一五〇六年）
熱那亞（義大利）出身。讀過馬可波羅寫的《東方見聞錄》後，夢想著要前往黃金之國吉龐（日本）。後來根據地圓說嘗試橫越大西洋，獲得亞拉岡國王斐迪南和卡斯提亞女王伊莎貝拉一世的支持，橫越大西洋到達未知的土地。之後又進行多次航海探險，但在不知自己發現「新大陸」，又沒有得到夢想中的黃金之下抑鬱而終。

新階段的到來，也就是十五世紀末到十六世紀，西歐人靠著「船堅砲利」和「冒險精神」主導的「大航海」時代的到來。

想當然耳，那之後在全世界一體化的過程中，系統完全依照西歐人的要求，被設計成適合西歐人的形式。而這就是所謂的近代世界體系。

比方說，現今任何一個國家都必須遵守的《國際法》，這原本也是在西歐各國間形成的規範。最早只適用於自家人，而與其他國家則另外簽訂有利於自己的不平等條約，即所謂的雙重標準。可是被要求締約的國家也會愈來愈聰明（笑），因此後來非西歐人主張的平等權利也開始受到認可，不過差不多要到第一次世界大戰以後，才達到大致完備的程度。

順帶告訴大家，伊斯蘭世界原本擁有一套不同於西歐的規範體系。然而處境顛倒過來後，現在卻不得不遵從西歐的規範。觀察《國際法》的演進史便會發現，伊斯蘭世界建立的規範其實也相當成熟，我會另外找機會再談。

■ 中華文明的世界觀

一如前文所述，地球上所有人類的歷史，即世界史的概念大約形成於十八世紀末左右。那麼，要說在那之前完全沒有「世界史」嗎？倒也不是。雖然未能網羅全世界，但確實存在就自己所知來加以描述的「世界史」。

首先讓我們來看看鄰近的中國。中國的話，我想不少人都知道，早在漢代就有一位名叫司馬遷的人寫了一部《史記》。司馬遷因觸怒漢武帝而遭到去勢，為了報復自己所受到的屈辱，便努力以個人之力完成這部《史記》。由於本書整理得非常有系統，因此自此以後，每個朝代必定會指派專人替前朝修「正史」，而《史記》便是最初的一本。

中國的正史將世界分為文明的中心「中華」世界，以及周邊未被「中華化」的「夷狄」世界，因此「中華」世界的歷史便成了正史的核心。

而正史又由本紀和列傳這兩大部分構成，本紀記載的是歷代君王（日後改稱皇帝）的事蹟，列傳則是該朝代值得一書的重要人物的傳記。雖說是重要人物，但並非全是良善之人，正如俗諺所說的「惡名亦是名」，也有記錄惡人的「逆臣列傳」，以及為奇異之人作傳的「遊俠列傳」等。

當然，我並不是說中國的正史就是全人類的歷史，但它必定會提到中國以外地區的歷史，這是它的特色。也就是說，會加入「就自己所知」的外面世界的歷史。

拜此之賜，我們才會知道日本尚未出現文字、不存在文獻史料此一時代的歷史，例如《後漢書》中便有關於日本的記述。就連邪馬台國的卑彌呼也是，由於當時沒有文字，因此並未留下文獻紀錄。儘管經由考古學的發掘，可從遺跡中知道當時確實

司馬遷（西元前一三五？～西元前八六年左右）
西漢人。曾任太史公（記錄官）一職，為被匈奴俘虜的李陵辯護而觸怒武帝，被處以宮刑（去勢之刑）。為雪恥辱，完成自三皇五帝以至漢朝的中國最早的一部真正的通史。

《後漢書》
記載東漢歷史的紀傳體史書，為正史。全書共一百二十卷，其中本紀十卷和列傳八十卷為南朝劉宋范曄參考在那之前的數種《後漢書》寫成，後人則將晉朝司馬彪所著的《續漢書》八志三十卷與之合刊而成。

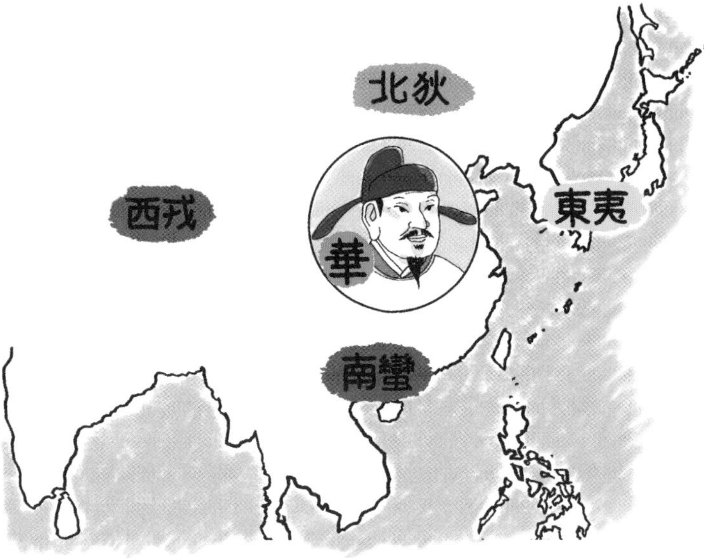

存在一群人類過著有文化的生活，但關於首領、社會型態，甚至是人名等，則是因為中國《魏志》中的〈倭人傳〉我們才會得知。

畢竟中國這個國家帶有世界帝國的一面，只要是自己鞭長所及之處，就會盡可能地收集情報。

接下來稍微離題一下；為了成為世界帝國，不能不就自己所知的世界搜羅所有情報。大英帝國是尚未達到世界帝國水準的「霸權國家」，但它搜羅所有能夠弄到手的物品和知識（書），其結果就是造就了大英博物館和大英圖書館。開

《魏志》

中國正史《三國志》（晉朝陳壽所著）中關於魏國記述的通稱。此書的〈東夷傳〉中有關當時日本（倭國）的記述又被稱為〈魏志倭人傳〉。

始收集之後發現數量實在太過龐大，日後才分別成立圖書館和博物館。那位南方熊楠先生也曾浸淫在大英博物館的龐大藏書中，因而才能成為知名的博物學家。

如同維基解密所揭露的一端，即便是第二次世界大戰後躍登霸權國家的美國，也在世界各地布下眼線，搜羅各種情報。畢竟要打造出像大英博物館那樣的機構才配稱為霸權國家。所以美國也從世界各地收集書物，並擁有全世界最大藏書量的國立國會（議會）圖書館。

雖然無法涵蓋全世界的歷史，但除了記錄中華世界的歷史外，還就自己所知，將不屬於自己文明的「野蠻人」史記錄下來。中國一直用這樣的態度，整理自古以來到最近的清朝歷史。而這也算是一種「世界史」。

中國歷代王朝都有著一種獨特的世界觀。

文明之光的中華位居其世界的中心，居住在外圍的全是野蠻人，而在中華文明之光的照拂下，他們也會逐漸被感化、文明化，這就是中國的思維。換句話說，即便是野蠻人，只要受到中華文化的薰陶而文明化，行為舉止和教養都變得接近中國人，便被允許加入中華一族。

舉例來說，長江（揚子江）流域原本被當作中華以外的蠻夷之地，就連秦始皇的「秦國」原本也是夷狄之邦。這樣說來的話，只要接受「中華文化」便不問國籍和種族，這點很耐人尋味。

秦始皇（西元前二四七～西元前二一〇年在位）
秦朝的皇帝。名政。西元前二二一年壓制住戰國時期的紛亂，建立中國史上最早的統一王朝，並自稱皇帝。留下實行郡縣制、整備中央官制，以及統一度量衡、文字和貨幣等事蹟。

日本人和中國人的歷史觀差異

中國人這樣的思維貫徹得算是很徹底，連朝鮮半島、日本這些周邊地區的人也能報考當時的科舉考試，相當於現在的高級公務員考試。不是「非中國人不可」之類的狹隘想法。簡而言之，只要和中國人一樣懂禮儀，能書寫漢文，學過儒家思想，不管是不是「蠻族」，任何人想報考科舉都可以。

而且考取後會真的錄用，這點很不簡單。日本人阿倍仲麻呂就是其中一人，他考取唐朝的科舉，最後升上祕書監，即相當於現今日本國會圖書館館長的職位。不但如此，他更擔任安南（現在的越南）節度使，也就是所謂的「總督」之職，死後受封當時中國官階的「從二品」。日本現在的榮典制度也有所謂的敘位，即對國家、公眾有功之人死後授與官位，阿倍仲麻呂的「從二品」據說相當於現今日本授與眾議院議長級的「從二位」，所以是「非常大的官」。

順帶告訴大家，據說明治末年、清朝滅亡前所舉辦的最後一次科舉考試中，也有一名日本人考取。儘管時值中日甲午戰爭過後，清朝與日本是互相爭戰的敵國，但只要對中華表示恭順的人想要報考都可以接受，心胸真是寬大。而那位日本人雖然考上了，但由於數年後爆發辛亥革命，清朝滅亡，大概未能真的就任官職吧。我想朝鮮

科舉
參見第5章。

阿倍仲麻呂
奈良時代到唐朝留學。唐玄宗在位時入仕當官，因為身為文人而與李白等人相交。一心想回國卻未能如願，最後歿於唐。

半島出身者報考中國科舉的個案應該也相當多，推測當時去中國參加科舉考試的外國人，可能就像現在去美國的哈佛大學留學、拿學位那樣的感覺吧。

除了上述的中華思想外，中國歷代王朝還存在正統觀，即上天認為這個人沒問題，便將天下全權交由他治理。據說在有五帝之稱的堯、舜等帝王出現之前，都是由上天萬中選一，挑選出優秀之人來治理世間。可是不久後便覺得這樣很麻煩（笑），於是挑選能夠帶來治世的家系，只要治理得好便交由該家系的人代代相傳。

而倘若統治者開始實行苛政，上天可另選其他家系取而代之。這就是名為「易姓革命」的王朝更替。

中國的歷代王朝便是透過這樣的機制延續下來，形成透過易姓革命奪得天下的君主，必須為前朝撰寫報告的慣例。換言之，就是為了向天報告前朝執政的行狀，而以此目的寫出的歷史，便成為「正史」。

再稍微岔題一下，二〇一二年發生了一件事，中國共產黨以正史之名出版了《中華民國史》。始於一九一一年到一九一二年辛亥革命推翻清朝政權，終於中華人民共和國成立的一九四九年為止，全書多達三十卷。如同各位所知，中華民國至今在台灣依然是個有效的國號，然而在那本「正史」中卻感覺它好像滅亡了（笑）。總之就是將已「滅亡」的王朝，即中華民國的全部歷程，化為一脈相承的歷代王朝「正史」的續篇。倘若中華人民共和國的體制瓦解崩壞，也許又會有下一個政權所編纂的「正史」出現。

相對於中國這種帶有「世界史性質」的態度，日本又是如何呢？在堪稱日本史書的史料中，最古老的是以日文而非漢文寫成的奈良時代的《古事記》。其後則有以漢文寫成的《日本書紀》，接下來是《續日本紀》，統稱為六國史。不過，實際上只編纂到九世紀便告終。

之後歷經漫長的歲月來到明治時代，才為了繼續編纂正史而設立史料編纂所。原本直屬於宮中管轄（譯註：意指由皇室管轄），後來併入東京帝國大學，現在改制為東京大學史料編纂所。只是，有些時代實在很難編寫正史。沒錯，我說的就是南北朝時代。這時期的南朝、北朝，何者為合法政權非常難判斷，既然如此便不寫正史，只匯集史料，基於這樣的考量而發行的就是《大日本史料》。

我再稍作補充一下，在正史編纂停擺期間，以個人身分致力於編史的，就是眾所周知、又被稱為「水戶黃門」的德川光圀。他無奈感嘆中國可以認真地持續編纂正史，而日本卻止於《日本三代實錄》，不論他當時有沒有誇下海口，說「那就交給我吧！」總之，他自明曆三（一六五七）年起花費三十多年的時間，匯整出總計多達四百卷的《大日本史》。

說到德川光圀，電視連續劇中他在阿助、阿角兩位武術高手的隨行下走遍全國、匡正世風的形象深植人心。然而實際上，所謂的「阿助、阿角」是他派遣到各地為

六國史
即奈良、平安時代由朝廷下令編纂的六部官方史書，包括《日本書紀》、《續日本紀》、《日本後紀》、《續日本後紀》、《日本文德天皇實錄》、《日本三代實錄》。以漢文用編年體的方式寫成，記錄從神話時代到西元八八七年為止的日本國史。

編纂《大日本史》收集史料的學者。光圀有明君之稱，加上派遣學者到全國各地，然而不知不覺中轉變成黃門大人帶著阿助、阿角微服出行，周遊日本各地，打擊壞人幫助百姓的故事。

文字史料稀少的印度

這個話題暫且先擱置一旁。將中國的正史和日本的正史對照著閱讀，便會發現兩者存在決定性的差異。日本所有的正史都沒有寫到外國。當然，確實有記載海外情勢的史料，但不論是《六國史》或《大日本史》，大部頭的歷史書全都只有寫日本的事。也就是說，只以日本「一國之史」的角度來編纂。

日本人具有島國之民的特性也是部分原因吧，所以不見他們如中國那般，會想盡可能收集周圍蠻族的資訊並加以追蹤的意圖。

儘管如此，平安時代的說話集（譯註：即民間的傳說故事集）中有本著名的《今昔物語集》，內容是由「本朝」、「震旦」、「天竺」三部分組成。本朝就是日本，震旦是中國，天竺則是印度。也就是說，日本對於自己的國家自不在話下，其次熟知的是人民和物資互有往來的、對岸的中國，至於對印度的認知則是因為那遙遠的一方乃是釋迦牟尼佛的誕生地。我想以較長的時間跨距來看，各位可能就會明白，在如何掌握歷史這部分，也存在這麼大的差異。

剛才既然提到印度，我想就順便——失禮了——稍微談一下印度人是如何理解歷史的。

說起印度，西元兩千年前那裡曾是屬於城市文明的印度河流域文明的昌盛之地，但奇怪的是，印度人對人世的變遷不太感興趣，因此歷史書非常少。除此之外還有一個因素，那就是印度很晚才出現文字。大約西元前四、三世紀左右，梵字（婆羅米文字）才形成。

而且，當時是用鐵筆將那種文字刻在椰子葉上。椰子葉是蟲子的最愛，放久了便會被蟲子吃到半點也不剩。加上印度屬於高溫多濕的熱帶季風氣候，所以椰子葉全遭蟲子和黴菌侵蝕殆盡。因此只剩下刻在石頭和金屬上的紀錄。

知名的有阿育王的碑文等，可是刻在金屬和石頭上的歷史紀錄多半不長。雖然留有刻著「將此捐獻給神明」這一類短句的銅板等，但關鍵的、相當於歷史「正典」的記載則幾乎闕如。

我向日本一位研究印度古代中世紀經濟史的老師詢問之後，得知他的守備範圍竟然橫跨一千年。這太教人吃驚了，正常來說會因為史料過於龐大而處理不了。於是我問：「居然能做到這樣真不簡單！」結果他說一千年間只有數百片銅板之類的史料。也就是說，一百年的話只有寥寥可數的史料，根本算不上是研究，所以只好用一千年

印度河流域文明

以印度河流域為中心，大約在西元前二六〇〇～西元前一八〇〇年產生的青銅器文明。主要的城市遺址有摩亨佐達羅、哈拉帕和朵拉維那等。城市四周圍繞著城廓，設有垂直相交的街道和完善的排水溝。度量衡統一，河川在都市間流通，交通發達，與美索不達米亞地區之間的交易也十分興盛。使用印度河文字，但未能解讀。

阿育王（生卒年不詳）

孔雀王朝第三代君主（在位期間大約是西元前二六八～西元前二三二年）。統治印度南部以外的大部分地區及阿富汗南半部，將王朝的疆域拓展到最大。其統治高舉「世間萬法（dharma）」作為人民應遵守的倫理，以謀求社會安定。皈依佛教並宣揚佛法，被佛教徒推崇為理想的君主。

的時間跨距來看。

順帶說一下，印度的學者們告訴我，重要的事情不會用文字，而是用口傳的方式保留下來。換句話說就是藉由《吠陀》等形式，將一千年以上，人們如何按照神的旨意而活等內容透過口耳相傳保存下來，之後再書寫下來。在像我這種從事文獻史學研究的人看來，這確實有些匪夷所思，不過當著印度學者的面這麼說的話可能會吵起來，所以這話題就到此為止。

■西歐、伊斯蘭的歷史觀背後存在的思想

接下來我想把目光轉向西歐，看看基督教世界的「世界史」是什麼樣子。

西歐的世界觀同樣反映出濃濃的宗教性。

舉例來說，家喻戶曉的達爾文的《進化論》。聽說美國有些州的法律至今依然規定，老師如果在學校教學生《進化論》就要受罰。換言之就是否定晚期智人（Homo sapiens sapiens）是猴子演化後成了類人猿和人類的祖先，再進一步分支後的結果。

之所以會如此，是因為在基督教裡面，有一群特別想要忠於《聖經》的人，他們的心中被綁得死死的，無論如何都很難接受《進化論》。

那就是基督教《聖經》中的〈創世紀〉。在〈創世紀〉中，這個世界是由上帝

《吠陀》

原意是「知識」。為印度編纂的宗教性文獻的統稱，婆羅門教的經典。承認自然現象具有神性，並在祭儀中獻上供品和頌歌，而這些口傳的頌歌等經過整理集結便成了《吠陀》，共分為四部。《吠陀》文獻成立的時代（大約是西元前一五〇〇～西元前六〇〇年左右）又稱為吠陀時代。

所創造出來的，人類也是，上帝先創造出亞當和夏娃才有人類的誕生。所以他們才會認為人類是由猴子演化而來的說法荒謬透頂，人是人，猴子是猴子，都是上帝創造出來的。

基督教不但談到「創造天地」——世界的開端，更談到世界的結束。那就是所謂的基督教末世論，他們認為這個世界終有一天會走到盡頭，而上帝則會拯救他們這些信徒。

尤其是在信仰虔誠的信徒之間，他們從很久以前便相信末日已近。據說最早一次熱潮是在西元九九九年，大家覺得西元一〇〇〇年就是末世！一八九九年時也是，世紀即將轉換之際同樣有人嚷著末日將臨。大概心裡半是期待半是害怕吧，就連即將邁入二〇〇〇年的一九九九年之際也出現了「Y2K」，亦即所謂的「二〇〇〇年問題」。全世界的電腦在進入二〇〇〇年的瞬間便會發生故障之類的說法，這大概就像是基督教末世論的變種。

如上所述，基督教的宗教觀中有著明確的「開始」和「結束」。請先記住，這是他們看待「世界史」的一個重點。

不僅基督教擁有這樣的世界觀，誕生自同一塊土地的猶太教、伊斯蘭教也抱持相同的看法。換言之，就是被稱為一神教的宗教。

基督教說起來是從最古老的一神教猶太教分支出來，應該說是猶太教的「改革派」。也因為其放寬了戒律等等，所以就結果來看，基督教在羅馬帝國傳布得比猶太教更廣，擁有眾多信徒。

猶太教就因為堅守戒律，始終難以擴大信眾基礎。雖然也有部分民族，如哈扎爾人等改信猶太教，但真要說的話，它只是擁有一小群篤信者的宗教。但另一方面，他們的凝聚力很強，儘管亡國後在世界各地流離失所，但歷經將近兩千年的歲月，還是在巴勒斯坦地區建立了以色列這個國家。

猶太教和基督教都誕生自現在的巴勒斯坦，而伊斯蘭教的誕生地則在阿拉伯半島。若用教科書的方式來解說就是，紅海附近一個叫做麥加的小鎮上，有個經商的阿拉伯人名為穆罕默德，他接受神的指示開始提倡的宗教就是伊斯蘭教。

伊斯蘭教恐怕是日本人最不熟悉的世界宗教吧。穿著獨特的服裝、有著非常嚴格的戒律，為了基本教義，宗教派別間永無止境地鬥爭，我猜應該有不少人對伊斯蘭教抱有這樣籠統的印象。

伊斯蘭教說起來是受到基督教和猶太教的雙重影響，最後才出現的一神教。也就是說，猶太教的摩西和基督教的耶穌都是偉大上帝的使者，這已經是舊聞了（笑）。而比他們兩人更進階的就是穆罕默德，三者就是這樣的關係。

總之，穆罕默德是比摩西和耶穌更新、由全知全能的上帝所派來的使者，這正說明了伊斯蘭教的正統性。

上帝創造人類，並創造出世界這個大容器來容納人類，這部分的情節是一樣的。但過程怎麼也不順利。伊斯蘭教的理解是，摩西和耶穌確實都是上帝的使者，但因無法完全領會上帝的教誨，所以才會不順利。因此上帝也很擔心，於是派出最後的使者穆罕默德來結束這場亂局。怎麼樣？作為後起的宗教，這說法十分高明對吧？

原是世界史的《舊約聖經》

因此，這三種宗教雖然在戒律等細節上有很大的差異，但根本的世界觀是相通的。也就是說，有一個唯一存在的神，在空無一物之處創造出天地，之後又會消失，就像這樣有著「開始」和「結束」的概念。

根據這樣的概念來看世界歷史的話就很容易想像。因為這個世界並非原本就存在，而是有一天上帝突然創造出來的。所以算是滿早就開始思考以天地創造為起點的歷史。

這樣說來，《舊約聖經》本身就是一本出色的「世界史」。不曾讀過的人不妨翻閱一下，這樣會比較容易明白我的意思，它在以猶太民族為中心進行敘事的同時，對周遭世界的動態也相當關注，尤其是關於東方這個地區的記載非常詳盡。

事實上在考古學這門學問被確立以後，這本《舊約聖經》便經常派上用場。有些被認為曾經存在於古代東方（orient）周邊的小國、城鎮和民族，只有《舊約聖經》當中有記載，與日後挖掘出土的文物兩相對照之下，結果正是《舊約聖經》中提到的地點，就這層意義來看，它也許是一部相當正確的「歷史書」。

喜歡古代歷史的人，反覆閱讀《舊約聖經》應該會覺得很有意思吧。當然，《舊約聖經》裡記載的是神話世界，不過如果手邊放一本《古代東方事典》（岩波書店），對照著查閱《舊約聖經》中出現的地名，對古代東方歷史的認識肯定會更完整。

《可蘭經》和《新約聖經》則稍微有些不同，兩者都是在說明人生在世如何遵循神，而《舊約聖經》本身就是一部人類史。總之它一方面記述世界史，同時在字裡行間傳達上帝的教誨。當然，《舊約聖經》成書的年代並不存在那種涵蓋全世界的系統，因此記述的不過就是當時人們所知的有限的「世界」，但應該可以說，它已成了編寫世界史的一項史料來源。

在新的時代，也就是「大航海」時代以降，五大陸三大洋連成一體後，新的世界史誕生了，其驅動力來自西歐人。由於他們是基督徒，認為世界史就是從天地創造到現代的全人類的歷史，因此便開始根據這樣的觀念記述世界史。明治以降的近現代，日本人開始向西歐學習，那時的世界史可說已經深受西歐人這種歷史觀的影響。

日本人等其他民族，對這樣的想法確實有些難以理解。以我們來說，生生滅滅，不斷輪迴，既無開始，亦無結束。西歐人聽到人類其實是從猴子演化而來會覺得生

orient
詞源被認為是來自於拉丁語中的「oriens（日出之地，東方）」。一般指的是中近東、西亞和非洲東北部一帶。美索不達米亞、埃及兩大古文明的發祥地，各式各樣的文明在其影響下產生。波斯阿契美尼德王朝滅亡的西元前四世紀以前也稱作古代東方時代。法治制度、字母系統、猶太教、基督教、伊斯蘭教等都誕生於這塊土地。

氣，可是在我們看來只覺得「喔，這樣啊」，不會太過排斥。話雖如此，隨著生物學的進展和化石的發掘，不過數千年的人類歷史，時間跨距也逐漸擴大。現在已追溯到天地創造以前人類誕生的歷史，尤其是十九世紀後半到二十世紀這段期間，時間軸更是明顯地擴大。只要東非一進行挖掘，便源源不斷地挖出一堆介於猴子和人類之間的生物化石，使得時間軸一口氣拉長到將近七百萬年。

西歐中心主義和馬克思史觀

於是，世界史才可能成為普世史。然而，那些記述中還是會出現西歐式的偏見、西歐是世界中心這樣的看法。這一點與中國的正史類似，他們多半會這樣寫：文明史是西歐人的歷史，是西歐的文明傳播到「野蠻人」之地的歷史。

基於這種西歐中心史觀寫成的世界史，在明治時期傳入日本，日本人也沒感覺什麼不對勁就接受了。而當時的西歐將全世界都變成自己的殖民地，盛極一時，說到底就是「我們就是這樣成功的」、屬於記述「發跡故事」的歷史。因此，不知道是刻意回避還是看不見，幾乎都不會出現對自己不利的記述。

再岔題一下，據說有位日本歷史學者在拜訪英國名門劍橋大學的離職教授時，談到英國對印度殖民統治的話題。不料那位劍橋大學的教授竟一口咬定「英國對印度的所作所為都是好的，從沒幹過任何壞事」。這番發言到底是讓日本學者憤怒了，演變成一場激烈的辯論，不過西歐至今依舊存在著這樣的歷史認知。

這種西歐中心史觀一旦更加世俗化，就會變成「上帝創造了人，而創造世界的則是人」。沒錯，就是卡爾・馬克思。

馬克思是這樣想的。人類原本沒有私有產權之類的觀念，大家和睦地過著與自己身分相符的生活，不料卻出現主張「你的東西就是我的東西，我的東西還是我的東西」的人。於是形成「階級社會」，惡化到極致就是「資本主義」世界。

在「資本主義」世界裡，人被分成只能靠勞力為生的勞工階級，和從他們身上剝奪利益、賺取大筆財富的資本家階級，最後勞工階級會發動革命。透過革命撤銷私有產權，從而誕生古老且美好、理想的「共產主義」社會，這就是一般所謂的「馬克思主義唯物史觀」。

這樣的社會若能實現，國與國之間便不必再互相仇視，自然也就不需要國家，沒有國家當然就不需要戰爭和軍隊。共產主義就是一直想像著這樣的「人間樂土」將會實現，但其實這與西歐的世界觀非常相似。

其原因在於一神教信徒對「時間」特有的觀念。

他們對「時間」的概念從來就是既沒有開始，也沒有結束，而是從全知全能的上帝存在的那一刻出發。同時他們也認為從上帝創造了人，也創造了世界和宇宙的那

卡爾・馬克思（一八一八～一八八三年）
德國出身的經濟學家、社會主義者。學習經濟學，完成提倡無產階級（無產階級一詞是來自古羅馬《十二銅表法》中的「最底層人」。馬克思用以指涉資本主義中與資產階級對立的階級——受薪勞動者）的歷史使命、資本主義的沒落，改行社會主義之必然的馬克思主義理論。

一刻起，也就是所謂的「天地創造」，地上的時間才開始流動。

此外，他們的「時間」終有一天會「結束」——上帝會收回這個世界和宇宙。簡而言之，他們的「時間」建立在有明確的起點和終點的基本認知上，而且上帝會在某個「間隔」降臨時，傳遞真正的教誨。

他們將上帝傳遞的真正教誨稱為「啟示」。認為歷史以此「啟示」劃分為兩部分，亦即從天地創造到獲得啟示的歷史，也就是等待啟示降臨的歷史，以及啟示傳達後到等待末世來臨的時間。

像這樣在創造到結束之間等待「間隔」這種單向的時間流動，稱為「永世」。

這種永世的觀念最清楚地顯現在我們所採用的「西曆」上。西曆二〇一九年代表的是從耶穌誕生之日起的第二千零一十九年，而所謂的「耶穌誕生之日」正是永世的「間隔」。

如上所述，有起點和終點，還有作為「間隔」的啟示降臨時機，再根據這樣的時間演進過程將「上帝」加以去除，這就是馬克思主義的史觀。

這套史觀在二十世紀前半到中葉過後頗為流行，日本也在戰後，由這方面的學者專家掌握了明治維新研究等的主導權。馬克思主義的歷史觀認為，凡是人類社會都會走過同樣的歷程。最早是原始共產制，然後進入古代社會、中世紀、近代，近代的下一步便是共產主義社會。

我想馬克思應該認真研究過建立在西歐中心主義史觀上的人類史一般理論，並以那套理論為模型經過一番思索吧。所以才會認為不論中國、印度或任何地方的歷史，全都是依循這樣的模式發展。我還是覺得這樣的歷史觀在理解歷史的真實面貌上相當偏頗。

第2章

「文明」和「文化」究竟是什麼？

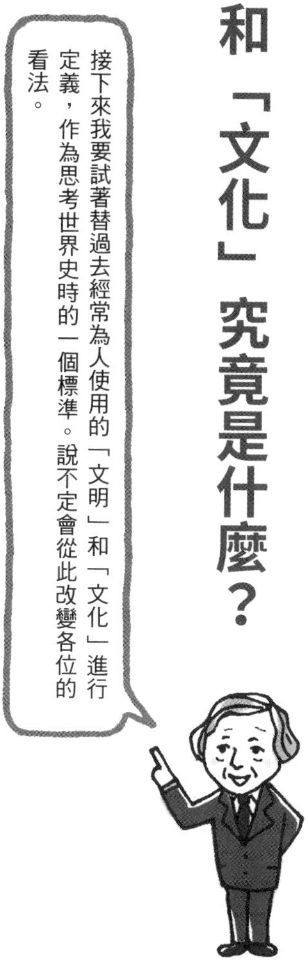
接下來我要試著替過去經常為人使用的「文明」和「文化」進行定義，作為思考世界史時的一個標準。說不定會從此改變各位的看法。

■新的「世界史」觀需要什麼

我在前一章中已經談過，在世界史的記述上，一神教世界和非一神教的中國等地區，各自擁有自己一貫的「文明中心主義」式視角。

在一神教世界裡存在著歷史有「開始」和「結束」、這個世界是因為上帝才會產生運轉的根本性觀念；中國則認為歷代王朝的統治權是來自上天的賦予，一旦見棄於天，就會透過易姓革命達成王朝更替。另外，日本則存在明治以降傳入的西歐中心主義式世界史觀，戰後基於馬克思主義模型的歷史解讀方式漸漸成為主軸。

那麼，接下來要談的是，在重新看待世界史時，要具備怎樣的視角才不致偏頗失衡呢？比如高中生用的世界史教科書就非常平衡公正，然而只是淡然平穩地羅列事實，實在很難體會歷史強大的力量，也就是「脈動」。我猜想是不是有不少人就是因為很難體會這樣的「脈動」而害怕世界史，覺得世界史很令人費解呢？

我在本書中想要告訴大家的世界史，一如前言所述，並不是像考生一個勁兒地將史實灌輸到腦子裡那樣的東西。我想採取的形式是，一邊讓大家了解世界在人類漫長的歷史中是如何「演進」的，一邊盡可能地在欄外解釋必要的史實和人名等。換句話說，本書的目的是用全新的視角，以「演進」為核心，簡明扼要地掌握從人類誕生到現代長達七百萬年的世界史。

接下來我要提出一般世界史書籍不會談到，而我個人認為在公正平衡地講述世界史時必須具備的標準。為此，首先我想重新定義「文明」和「文化」這兩個名詞，用這兩個名詞重新思索世界史。

各位能夠立刻回答出「文明」和「文化」分別是代表什麼意思嗎？我想並不容易吧。遇到困難時就查字典，讓我們先來看看一般常用的《廣辭苑》是如何解釋其各自的意思。

文明　①文化、教育發展進步，人的智慧水準高。②城市化（civilization）。❶由於生產工具的發達，使得生活水準提升，重視人權、機會均等等原則得到普遍認同的社會，即一般所謂的近代社會的狀態。❷相對於宗教、道德、文藝等人類創造的精神性成果（狹義的文化），由人類的外在活動所創造的技術性、物質性成果。

文化　①以文德來教化人民。②社會開放，生活便利。文明開化。③對自然施以人為加工所形成的物質面和精神面的成果。包含以衣食住為首的科學、技術、學問、藝術、道德、宗教、政治等的生活型態和內容。一般多半被當作文明的同義詞使用，但在西方，與人類精神生活有關的事物稱為文化，技術性發展意味較強的稱為文明。

這樣看來，「文明」和「文化」確實普遍被當作同義詞使用。可是，一旦用「文明的生活」和「有文化的生活」做比較，便覺得「文明的」好像較有現代的、便利的感覺。

■因國家而異的「文明」和「文化」的定義

以人類的歷史來看，從猴子演化分支成類人猿和人類的祖先，到晚期智人（Homo sapiens sapiens）的出現再到現在，我想人類的能力確實是依著一定的方向不斷擴大。換句話說，現在的世界就是人類不斷進化的結果。這裡會遇到的問題是，到底是什麼部分進化？怎樣進化？

我在思考這樣的問題時，腦中忽然閃過一個念頭。不採用以往以西歐為中心的想法，要如何解釋世界史呢？於是才想到不妨好好區分使用「文明」和「文化」這兩個名詞。

如同先前提到的《廣辭苑》中的解釋，英語中的「文明」是civilization，「文化」是culture。明治時代引進這些外語時將它們分別譯成「文明」和「文化」。

然而即便是當時的英國，「civilization」和「culture」這兩個詞彙也幾乎一直被當作同義詞使用。事實上不同的國家，使用情況也不一而足。英語的「civilization」說起來是源自法語的「civilisation」，不過法語當中原本並沒有相當於「culture」的詞彙。

英語中用來表示「文化」的「culture」一詞，其實是源自德語的「kultur」。不同於英法兩國，在德國，「文明」（zivilisation）和「文化」（kultur）一直很清楚地被當作反義詞使用。「zivilisation」普遍用以指涉技術上、外在層面的事物；「kultur」則是指精神上、內在層面、個性上的部分。而且就語感來看，「kultur」的價值高於「zivilisation」。

這部分的差異，背後也藏有西歐世界的歷史因素。尤其是十八世紀到十九世紀初，至少在「文化」層面上，歐洲發展最快、領先群倫的是法國。接下來到了十九世紀，換英國成為全世界的霸權國家。也就是說，這兩個國家存在「我即是文明」的意識，而不太重視「文化」一詞。

另一方面，德國自「中世紀」以來在歐洲一直是很「鄉下」的地方，文化比不上法國，經濟也完全不敵英國，好不容易繁榮興盛起來已是十九世紀末，可說是「遲來的帝國」。好不容易變強大了，於是加入霸權爭奪，結果在第一次世界大戰嘗到慘敗。因此，或許也是對「我即是文明」的英法兩國多少有些吃味吧，德國人才會產生「文化」（kultur）在「文明」之上的意識。

補充說明一下，法國人認為法語是世界上最美的語言，這樣的意識很強烈，不講法語的上流階級在十九世紀的歐洲甚至不被當人看待。

可是一旦追本溯源便會發現，法國一帶以前被古羅馬人稱為「高盧」，是凱爾特人之地，說的是凱爾特語。但受到羅馬的拉丁語影響，漸漸改說帶有濃濃口音的拉丁語，然後再變成現在的法語。真要說起來，伊比利亞半島上的西班牙語和葡萄牙語更接近拉丁語，這樣說來的話，法語其實是「鄉土味」最重的拉丁語的後代。不過要是當著法國人的面這樣說，對方可能會動怒，所以請當心（笑）。

■各種「文明」觀

「文明」和「文化」一如上述在區分使用上眾說紛紜，而若問歷史相關研究者如何使用這兩個詞，同樣莫衷一是。

德國有位文化哲學家叫做奧斯瓦爾德・斯賓格勒。他在第一次世界大戰結束後出版了一本名著《西方的沒落》。造成巨大破壞和傷亡的大戰終告結束，然而從法國大革命後一直志得意滿、意氣風發的西歐，到底為什麼會落得這樣的結局……。當時整個歐洲瀰漫著一片虛無感，因此主張「西歐基督教文明已從繁榮逐漸步向沒落」的這本書令歐洲人大受衝擊，儘管是相當厚重的巨著卻成了暢銷書。至今依然是不斷為人閱讀的比較文化論、比較文明論的經典名著。

斯賓格勒認為，文化猶如生物，有了形體之後便一點一點地發展、茁壯，最後如同生物一樣漸漸死亡。可是死亡前高度發展的結果就是偏向城市的型態，變得空洞而僵化，他將此定義為「文明」，即所謂的「zivilisation」。

奧斯瓦爾德・斯賓格勒（一八八〇～一九三六年）
德國歷史哲學家。著有《西方的沒落》，帶給第一次世界大戰後的西歐人巨大的影響。同時也是比較文明論的先驅之一。

換言之，「文明」固然位在「文化」發展的延長線上，但是「已經僵化，接下來只是走向滅亡」的狀態。

用「位在文化的延長線上」來思考文明，似乎是當代考古學和人類學的學者專家普遍擁有的想法。而且一個文化開始能稱作文明，多半也是在它出現城市的型態以後。而與斯賓格勒最大的不同之處在於，當代的學者專家並不主張「文明會走向滅絕之路」。

有位文化人類學家叫做梅棹忠夫，他以《文明的生態史觀》等著作聞名。梅棹忠夫表示，「文明」是在文化的基礎上，發展到非常巨大之後，被系統性整理的「裝置」。

換句話說，斯賓格勒和梅棹忠夫都將「文明」定位在「文化」的延長線上，兩者在這部分的想法上很相似，差別只在於梅棹忠夫認為，「文明」是從一開始小小的「文化」中孕育出幼苗，再以超越他者的形式長成大樹；斯賓格勒則將那棵大樹開始枯萎凋零的狀態視為「文明」。關於「文化」和「文明」的關係，我也認為這想法有它的道理。

那麼，世界史中有多少從「文化」中脫穎而出、長成大樹的「文明」呢？談到這個又是呈現百花齊放的盛況，有許多研究者發展出眾多的論述。

順帶告訴大家，有三位世界知名的比較文明論大師。第一位是剛才介紹的斯賓

梅棹忠夫（一九二〇～二〇一〇年）
原本是生態學者。二次大戰前任職於日本民族研究所，戰後進入京都大學人文科學研究所服務，著有《文明的生態史觀》。為國立民族學博物館的創設竭盡心力並擔任第一任館長。

格勒，另一位是以《歷史研究》一書聞名的英國歷史學家阿諾爾德·湯恩比，以及與這兩位相比輩分小很多的美國政治學者，因著有《文明衝突論》而風靡一代的山繆·杭廷頓。

那麼，若要簡略介紹這三位在各自著作中舉出的「文明」，便如左頁的插圖。如此對照之下，可以清楚看出三位大師如何定義「文明」和「文化」，會影響到他們對「文明」的舉例。

■本書對「文明」和「文化」的定義

我從以前就一直在思考，如果能稍微嚴謹地定義「文化」和「文明」這兩個詞彙，是不是就能夠確實地區分使用呢？於是我摸索出如下的定義。先從結論說起。

阿諾爾德·湯恩比（一八八九～一九七五年）
英國歷史學家。曾任倫敦大學教授，後來擔任皇家國際事務研究所主任研究員，兩次大戰期間皆擔任政府要員，表現活躍。受到古希臘歷史學家修昔底德的著作《歷史》觸發，為說明文明興亡而撰寫的《歷史研究》一書多達十二卷，為其代表作之一。是以比較文明的角度研究世界史的重要先驅。

山繆·杭廷頓（一九二七～二〇〇八年）
美國政治學家。以探討美國政治和軍事關係的《軍人與國家》一書博得高度評價，「現代化」論述盛行時也寫了一本《變化社會中的政治秩序》。

斯賓格勒

《西方的沒落》

8大高度文明

巴比倫　印度　中華　埃及

墨西哥（馬雅、阿茲特克）　阿拉伯

古希臘、羅馬　西歐（含美國）

《歷史研究》

14 個獨立文明

中美洲　安地斯　埃及

蘇美、阿卡德　愛琴海沿岸　中華

印度河流域　敘利亞　古希臘　印度

非洲初期　希臘正教　西歐　伊斯蘭教

17 個衛星文明

日本　朝鮮　西臺等

湯恩比

杭廷頓

《文明衝突論》

8大文明

中華　印度教　伊斯蘭教　日本　西歐

東正教　拉丁美洲　非洲

文明

人類對外在世界（大宇宙）和內在世界（小宇宙）的利用、控制、開發能力和其全體成果，以及對於各項結果的回饋能力和其成果的總稱。

文化

人類作為群體的一分子，經由後天習得且共有的行為、思維、感受的「習慣」之全體，和其成果的總稱。

首先，讓我先解釋文明的定義。一說到「人類的外在世界和內在世界」之類的概念，也許立刻就有人覺得很抽象、開始昏昏欲睡，但簡單來說，外在世界就是我們平常生活的環境，內在世界則是我們的內心，也就是感覺「肚子餓了」或「想和她約會」的精神世界。

比方說，若感覺「肚子餓了」，我們最先會採取的行動就是「利用」。如果知道哪棵樹的果子可以吃，便爬上那棵樹摘果子，或是去河裡捉魚。

不過，只是「利用」的話，能取得的食物有其限度，所以人類接著便著手「控制」。好不容易開始耕種，要是經常發生洪水也無法收成。於是人類便設法改造自然環境，也就是為了預防洪水發生而修築河川的堤防。即「控制」河川的水流。

使這一類「控制」更加擴大的就是「開發」。興建水壩和運河，大規模地管理水資源，不但如此，更大量開墾荒地、填海造陸，只要增加農地面積，農作物的收穫量也會飛躍性成長。在能源方面，一開始是生火加柴薪等，使用火力，之後則開始使用更有效率的木炭和煤炭，最後懂得利用石油、頁岩氣，甚至是核能。像這樣研發出全新的技術，或是利用社會上長年累積的技術等大規模地改造環境，這就是所謂的「開發」。

我心裡思索著，把這些全部理解為「文明」就行了不是嗎？這樣的話，就能把企業、政府機關或軍隊等組織；像水壩那樣的巨大建築；法律和科學這類具有普遍性，任何人都用得到，任何人都能發明創造的事物，全部匯總起來看作「文明」。

在談「利用、控制、開發能力的全體」時，不能忘記回饋的能力。利用長年累積的高度技術製造出的東西再怎麼優秀，一旦招致慘劇可就賠了夫人又折兵。例如，只因為過度追求利益而汙染了周邊的環境，導致大眾受公害病折磨這類的情況。

這也適用於東日本大地震所引發的福島核電廠事故。我們雖然運用「利用、控制、開發的能力」製造出不依賴石化燃料的發電系統，但避免發生那樣的核能災害的回饋能力則稍顯不足。

近來中國由於急速工業化，各地似乎都有公害發生，但日本人應該笑不出來吧。在回饋能力弱這一點上，日本和中國可能是半斤八兩。另一方面，被認為回饋能力很高的則是北歐諸國。由於文明成熟度高，行有餘力之下，才能設計出非常傑出的福祉制度等。

其中，芬蘭等國家已建造出被稱為「Onkalo」的核廢料最終處置場，作為現階段所能設計出的可安全處理核廢料的設施。日本前首相小泉純一郎也實際參觀過該設施，然後突然變成脫核派。雖然消息的真偽難辨，但或許是參觀過後認為「日本不可能做得出來」吧。

「文明」不可或缺的「心靈」駕馭能力

好了，關於外在世界的部分就談到這裡，另外可能還需要稍微解釋，為什麼內在世界的控制和開發也屬於「文明」。

德國有位社會學家名叫諾博特・伊里亞斯。他大學畢業後開始投入專業研究的時期，德國的納粹勢力正逐漸抬頭。伊里亞斯很早就逃到法國，後來流亡到英國，留在德國的母親則遭到納粹逮捕，不幸死在奧修維茲集中營裡，他曾有過這段十分辛苦的

諾博特・伊里亞斯（一八九七～一九九〇年）
德國社會學家。《文明化過程》是他為申請大學教授資格時所寫的論文，但因為在第二次世界大戰爆發的一九三九年出版，加上他又身處流亡地，因此很多年後才獲得肯定。

經歷。

伊里亞斯寫了一本名著叫做《文明化過程》。書中闡述了控制內在世界，也就是一般常說的「心靈」駕馭能力的發展就是文明化。

他說人原本就存在不受控的一面。人在本能上具有為所欲為的本能，也具有當想做的事不能做就會生氣的本能，會動用暴力這種強烈的攻擊衝動，而且欠缺抑制這種衝動的能力。

一旦大家都放任自己的欲望，可能會發生有人奪走鄰人收集的果實，或是當牽著漂亮的女性走在路上，就有不認識的傢伙撲上前把人擄走之類的事，這類情況橫行會讓社會秩序無法維持，於是就有了處罰，另外，為了教育小孩不可做出這樣的行為，就有了對小孩的管教。

伊里亞斯說，人們開始認為搶奪他人擁有之物是不好的行為，也就是抑制人類擁有的攻擊衝動這種「自我控制能力」漸漸在人的內在扎根的過程，就是「文明化的過程」。

比如中世紀，日本或其他地方都有公開處刑這樣的刑罰。官府抓到盜賊石川五右衛門後，一公布今日將於某某處行烹煮之刑，大家就會多少帶著獵奇的心理去觀看，當時的社會對此見怪不怪。現在好像還有國家會這麼做，但絕大多數的國家都經歷過將處刑方式改為非公開的歷史。不讓露骨的暴力表露在外也是文明化的一項表現吧。

我會將內在世界的控制、開發能力也視為「文明」的一部分，即是受到伊里亞斯的影響。

不過這裡有個問題，抑制攻擊衝動會讓它有如沉積物般積壓在心裡，一旦失去控制時，人會有一次全部爆發出來的傾向。

接下來完全是我個人的看法，也許會受到專家學者的批判；我猜想，這是不是就相當於精神分析學家西格蒙德・佛洛伊德所奠定的性慾（性衝動）概念呢？

佛洛伊德生活在哈布斯堡王朝末期的維也納。當時處於太平盛世，且文化極度成熟，是克林姆和埃貢・席勒能夠大放異彩的那種非常軟爛、極為特殊的社會狀況，我懷疑是不是因為這層關係，才使得佛洛伊德將人類攻擊衝動的爆發誤認為是「性衝動」呢？

性基本上是為了讓生命得以跨世代延續下去的行為，它在本質上是一種對「生命」而非對「性」的欲望，人和動物都一樣。不過，只有人類會把「性」當作享樂而熱中此道。

要是大家都把那樣的衝動積壓在心裡，然後四處爆發，社會秩序會無法維持，因此也必須有能力回饋這部分才行。從這個角度來看，佛洛伊德提出的精神分析治療應該也是「內在世界」的回饋手段之一。

西格蒙德・佛洛伊德（一八五六～一九三九年）
奧地利精神病理學家、精神分析學的創始者。出生於猶太人的家庭。關注人類的深層心理、性慾和自我之間的糾葛，開創出獨特的精神分析學。

唯有人類會不斷蓄積「文明」

離題就到此為止，讓我們回來談「文明」的定義，其一大特徵就是「文明能夠蓄積」。我認為這一點應該就是人類和其他動物之間的決定性差異。

人類和動物的不同為何？請舉出你所想到的不同點。我想會有各種答案出現，從以前就經常被人提到的一點是「只有人類會使用工具」。

但其實動物也很會使用工具。據說黑猩猩會折斷樹枝伸進白蟻窩裡攪動，如此一來憤怒的白蟻便會紛紛爬到樹枝上，而黑猩猩估計數量達到一定程度之後，便把牠們送入口中。如果要搶地盤的話，黑猩猩有時也會撿起樹果或石頭扔擲對方。

從不同的角度來看，有些動物的「利用」方式比這個更高段。舉例來說，螞蟻和蚜蟲。蚜蟲的尾部會釋放甜甜的汁液，那是螞蟻的最愛，所以螞蟻會保護蚜蟲免受天敵的攻擊。這相當於一種「畜牧」的行為。

也許有人會說「不，只有人類會組成社會」，但其實螞蟻和蜜蜂之類的動物也會建立令人稱奇的嚴密階級社會。一旦巢穴遭到外敵攻擊，便會豁出性命，有條不紊地發動群體攻擊。

我前些時候看到一則新聞，研究人員追蹤調查野生黑猩猩的育兒情況，結果發現由母親照顧到成年的猩猩寶寶，和在成年前便失去母親的猩猩寶寶，兩者的平均壽命有很大的差距。也就是說，母猩猩在小孩成年前就死亡的話，小孩的平均壽命會縮短許多。

換言之，經由調查得知黑猩猩也會好好地照顧小孩，把小孩拉拔到大為止。所以母猩猩的死亡會對猩猩寶寶的生長狀況造成很大的影響。在那之前科學家似乎都認為在黑猩猩的世界裡，母親對小孩的照顧主要是在哺乳期，之後便放任小孩自己長大，但現在已慢慢得知似乎並非如此。

也有人會舉出「只有人類會說話」，然而動物之間確實也會進行相當程度的溝通，恐怕只是人類聽不懂罷了。事實上，我們之所以理所當然地認為人類較高等、動物較低等，大概也是源自西歐人的想法。他們抱持著「上帝分別創造人和動物」這種基督教的原則，具有強調人和動物存在差異的傾向。

比方說，近來歐美開始出現「鯨魚和海豚其實是與人類非常接近的高等動物，吃牠們太不應該」的主張。此一主張的背後或許也藏有上帝創造鯨魚和海豚並不是為了讓人類食用，因此不該把牠們殺來吃的意識。在日本人聽來會覺得這樣主張的西歐人自己也吃牛和豬，根本是互相矛盾，可是他們並不覺得矛盾。簡單來說，他們的邏輯就是上帝創造牛和豬是為了給人類食用，所以吃牠們沒有關係。

已經離題了；不過動物的「利用」方式有一定的限度，不曾聽說哪裡的黑猩猩群會自發性地開始耕種，或學會製作陶器、炊煮食物這種事。這一點人類到底是與眾不同，我們會將取得的技術結合起來使 innovation 發生，只有人類會不斷「革新」自己的生活。

innovation 是什麼？

因此，文明是可以「累積的」。只不過，要說完全不會發生倒退這種事，倒也未必如此。

有部著名的科幻電影叫做《浩劫餘生》。電影主要是在講述人類引發核戰，摧毀了文明，後來的人類回復到遠古時代的穴居生活。這時智能進化的類人猿出現，人類反過來成為大猩猩和黑猩猩的奴隸，但另外還有一群比現在的人類擁有更強軍事力量的外星人來到地球，打算破壞人類的文明。這當然是虛構的故事，但也不能說這種事百分之百不會發生。因此更正確地說，文明雖然可以不斷累積，但同時也是可逆的。

比方說，宋朝時代的中國，社會經濟非常發達。後來卻被來自北方的遊牧民族蒙古人攻陷。

所謂的遊牧民族自然不怎麼關心農業，一般認為宋朝的農業因此受到重創，尤以江南為甚。直到驅逐蒙古人、進入明朝以後才恢復到過去南宋時代的生產水準，耗費

宋朝
中國的王朝，存在期間從太祖結束五代十國的混亂後建國（九六〇年），到一二七九年被元的忽必烈（世祖）滅亡為止。政治、經濟、軍事徹底實施中央集權，並樹立文治主義的君主專制。分為建都於開封的北宋（九六〇～一一二七年）和首都設置於臨安（杭州）的南宋（一一二七～一二七九年）兩個時代。

的時間相當可觀。事實上，還有好幾個類似這樣的例子。

不過從全世界的角度來看，幸運的是人類的歷史並未經歷這樣的大逆轉，而是以innovation為主軸不斷前進，同時承繼以往的成果繼續發展。人類居住的空間又何嘗不是如此，原本住在洞穴，後來變成豎穴式住居，甚至開始大費周章地建造埃及金字塔、羅馬的圓形競技場，如今則出現直立聳天的摩天大樓群。能夠蓋出這樣的建築物也是文明經過「累積」的結果。

我前面使用了「innovation（譯註：本書後續會以「創新」取代「innovation」，以維持閱讀上的一致性）」一詞。一般的說法是「（技術）革新」，但日語的「革新」會讓人聯想到革新陣營或是革新派無黨籍，給人狹隘的印象，所以我刻意直接使用原文。

這裡的創新指的是完全不同於以往的全新事物的登場，含括技術、制度、法律、藝術等各個領域。用年輕人的話來說，就是新事物中的「超級新」事物登場，近年來這樣的現象在網路、手機等通訊技術的世界尤其明顯。

一旦出現創新，還會伴隨著整個系統的變革。最近的學生，就算我打電話也沒人會馬上接，大家平常都把手機轉成靜音模式，待確認來電，事後再以簡訊回覆之類（笑）。改用傳簡訊的方式取代寄賀年卡的人也變多了，據說賀年卡的銷售張數年年遞減。就像這樣，創新甚至會導致過去習以為常的文化完全變樣。

回溯歷史上多次出現創新的地點，便會發現因時代不同而有明顯的差異。中國在過去很長一段時間一直是東亞的主要創新之地。發明文字後，又進一步發明造紙、木版印刷等多項新技術，並漸漸傳播到四周的國家。日本一邊接受誕生於中國的漢字、漢語，一邊也發明出可以混著書寫的「假名」。這也是了不起的創新。

「文明」可以比較

我對「文明」的定義還有很重要的一點。就是「文明」是可以從何者較為有效的觀點進行比較。

比方說，假設各位是遠古時代的部族，使用捆有石器的棍棒到處追逐動物的方式進行狩獵。動物的動作又相當敏捷，所以不能算是有效率的獵捕方式。不料，鄰近的其他部族用弓箭不斷捕到動物，這下子各位會怎麼做呢？

恐怕各位的族人也會仿效鄰近的部族改用弓箭吧。換句話說，為了達成「獵捕動物」的目標，弓箭比棍棒更有效率，處於「相對優勢」。而「相對優勢」的「文明」有項特性，就是會以周邊「相對劣勢」的各個社會接受其文明的形式傳播開來。

「文明」中控制外在世界的能力比較容易做比較。最能鮮明地呈現出「相對優勢」和「相對劣勢」的就是戰爭。一旦使用武器作戰，從哪一方效率較高的角度去看，「相對優勢」立刻清楚顯現。只擁有青銅器的群體不敵擁有更堅硬的鐵器的群體。在「殺人」的效率上，鐵器遠遠勝過青銅器。

當然，戰爭的勝敗不是只靠武器的優劣，還取決於士兵數量、作戰熟練度、移動手段、情報收集能力、武器生產力和糧秣補給系統等綜合性能力的差異。戰爭也是一種文明，即所謂「利用、控制、開發及回饋的全體能力」的一部分，因此很容易以勝敗的形式清楚顯示出「相對優勢」。

只是，如果比較世界各地都高度發展的武器之一「刀劍」，便會發現形狀和裝飾等有很大的差異。西歐發展出兩面都有刃、筆直的長劍；中國是刀身彎曲、很有特色的青龍刀；伊斯蘭世界則有半月刀；以及我國的日本刀等，同樣是用來殺人的武器，為什麼會如此不同呢？

用以保護身體躲避刀劍攻擊的鎧甲類也是形形色色，有用金屬板接合、像機器人那樣的西歐式鎧甲，而在漢朝的鐵製鎧甲出現前，則有用皮革製成的中國式鎧甲。

前不久在一次機緣下，我順道造訪了以保存眾多日本刀劍和鎧甲聞名，位於愛媛縣今治市大三島的大山祇神社。那是我自童年起便想一遊之地。日本的刀劍和鎧甲都是參考中國和朝鮮半島傳入的型式，後來經過獨自發展，到了平安時代才出現日本特有形式的刀和鎧甲。大山祇神社裡保存了那些發展過程中打造出的刀劍和鎧甲，我得償宿願，參觀的同時，心裡也十分感動。

當我仔細觀察這樣的文物時，領會到一件事。即人類創造出的東西通常具有兩個面向。比方說，從「可以如何有效率地殺人」這個角度來看，刀劍確實是前面所談的「文明」的一部分。可是，不同社會製造出的刀劍，形狀和裝飾各不相同，這是強烈受到「文化」刻印的緣故。也就是說，「文明」是具有普遍性的，但「文化」是具有特殊性的。

人類群體的習慣＝「文化」

那麼，接下來我想探討「文化」。

正如人各有各的習性，也就是所謂的「個性」，一旦人類形成一個群體，這個群體便會開始出現其特有的習性。因此我決定將「文化」定義為「生長在某個群體中，經由後天的習得與共有，群體對事物的感受方式和思考方式，以及言行舉止、行為習慣和其成果的總稱」。

比方說，如果問什麼樣的行為會讓人有受辱的感覺，不同群體的答案會大不相同。據說，在義大利人面前用手指摸下巴，對方會認為那是相當強烈的侮辱，尤其是在西西里島等地方，那樣的動作是一種挑釁，就算引發決鬥也不奇怪，所以要小心。

另外，在印度等地方，伸出左手想與人握手是一大禁忌。因為左手是如廁時用來擦屁股的「不淨之手」，所以絕對不能伸出那隻手。

單是一個飲酒方式，韓國人和日本人也大相逕庭。在日本，如果是尊長者為自己斟酒，一定要面向對方喝酒，否則有失禮貌；但若是在韓國，正面接受對方斟酒後，直接面向對方喝酒才有失禮貌。那要怎麼做呢？要特意面向一旁，右手持杯、左手掩口喝下。即便是年輕人也幾乎都會這麼做。

簡單說這個動作代表的意思就是，雖然不是能對等喝酒的身分但請見諒。不了解這種習慣的日本人，若是有人當著他的面這麼做，也許反而會覺得幹麼要面向一旁遮遮掩掩地喝酒，真沒禮貌。

■即使全球化也不會消失的「文化」

喜好生食魚類，顯然是日本人的「文化」。若對伊斯蘭教徒端出生魚片，恐怕絕大多數都會做出拒絕的反應吧。即便是因為工作等因素長期旅居日本，日語也很流利的朋友，很多還是不太能接受鮪魚生魚片，生吃銀魚或活蝦等更是荒謬、令人無法置信。不過，近來伊斯蘭世界的大都市也有「SUSHI BAR」，或許多少已有些改變。

可是那個地方的人也會把生羊肉的表面用火稍微煎過，與辣椒等混合拌勻後做成「Cig Kofte」吃。簡單來說就是生肉丸子。他們對這個不介意，反而是日本人會抗拒這樣的吃法。我是已經習慣了，所以很喜歡把生肉丸子搭配拉克酒（以葡萄為原料製成的蒸餾酒）一起食用，和吃竹筴魚生肉丁是一樣的感覺。雖然生肉會讓人擔心有寄生蟲，但目前還沒有任何問題（笑）。

「文化」也一樣，既有極小群體的「文化」，也有非常廣泛地為人共有的「文化」。這裡我想將擴大到含括眾多人類群體的文化稱為「大文化圈」。

在由西歐推動的全球化運動持續進展，世界逐漸合為一體的「近代」以前，我們的世界只及於自己認識的範圍，幾乎所有的事在該範圍裡都能得到處理。雖然與別處擁有不同「文化」的人也有往來，但只限於交易等的特殊領域。換句話說，過去的時代每個文化圈都是獨立的世界，在各自的範圍裡做到相當程度的自給自足、自我完成。

在全球化持續進行下，文化圈之間的藩籬降低，流通方面也變得更順暢，人們漸漸變得比以前更容易接受異文化的事物。但即便如此，各文化圈在文化上依舊保有強烈的「習性」，以阿拉伯和日本來說，兩者不論在飲食和生活型態方面都有相當大的差異。

因此，接下來在重新看待「世界史」時，我會把「文明」和「文化」當作表示人類群體相異的一面的不同詞彙，分開來使用。

第3章

以五大文化圈來看世界史

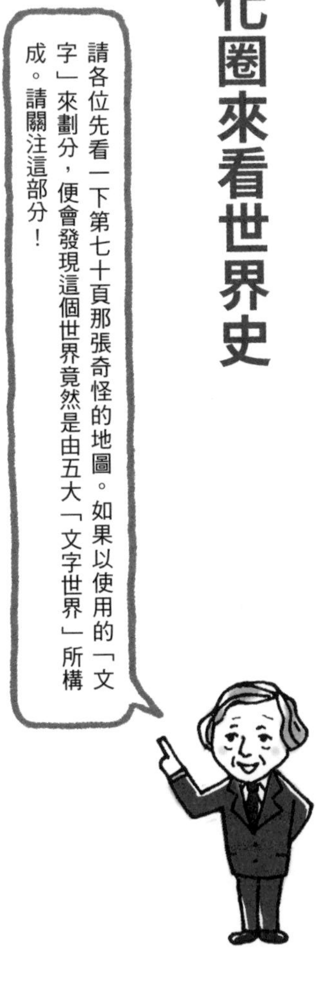
請各位先看一下第七十頁那張奇怪的地圖。如果以使用的「文字」來劃分，便會發現這個世界竟然是由五大「文字世界」所構成。請關注這部分！

■印度和巴基斯坦為何長期對立？

好了，接下來我要發揮本領，開始談大家以前讀過的世界史中不會談到的話題。都做好心理準備了嗎（笑）？話雖如此，但也不至於會嚇到昏厥，所以心臟不好的人不用擔心。

前面談到我把非常大範圍的文化稱為「大文化圈」。若要更嚴謹地定義它，就是「擴展得極為廣泛，獲得緊密且持久的一體性的文化圈」。這個大文化圈和一般所說的「埃及文明」或「西方文明」等的「文明」幾乎是同義詞，這樣想並無妨。這麼一來就要問，該如何劃分文化圈？

使大文化圈成其為「大文化圈」的條件是什麼呢？我想是宗教、語言，可能還有許多共通點，而最清楚明白、顯而易見的，我認為是「文字」。

在日本人看來，原本只是口語的日語和文字（混合漢字的文句）已融為一體，所以有時很難理解為什麼有些國家並非如此。也就是說，口語是一樣的，書寫時卻使用不同的文字。

比方說，印度和其鄰國巴基斯坦的關係。這兩個國家為了喀什米爾的主權問題打了三場印巴戰爭，最近則是競相發展核子武器，對立關係相當嚴重。各位知道印度和巴基斯坦的關係為什麼如此水火不容嗎？

宗教問題，能夠這樣回答的人姑且算及格。沒錯，如同各位所知，印度和巴基斯坦分別以印度教和伊斯蘭教為多數派，兩者在英國統治時代同為「英屬印度帝國」，但因宗教上的對立，導致巴基斯坦脫離印度獨立，成為東、西巴基斯坦。之後東巴基斯坦又獨立成立孟加拉國，才變成現在的巴基斯坦。

那麼，現在再用剛才提到的口語和文字的關係來看印度和巴基斯坦，情況如何？印度的官方語言是印地語，巴基斯坦是烏爾都語。乍看之下似乎是兩種完全不同的語言，其實不然。兩者都源自古印度土語的普拉克里特諸語（印歐語系），幾乎是同一種

印巴戰爭

一九四七年印度獨立，同時與巴基斯坦分割開來，此後印度和巴基斯坦之間發生過三次大規模的戰爭。第一次是一九四七年，第二次是一九六五年，第三次一九七一年的戰爭甚至還導致孟加拉獨立。

普拉克里特諸語

相對於梵語（南亞地區的標準文章語），此為一般民眾所使用的俗語、中期印度-雅利安語的統稱。也出現在阿育王的碑文和初期耆那教的經典中。

語言。

然而一旦著眼於文字，差異便很明顯。說印地語的印度使用的是由梵字（婆羅米文字）演變而來的天城體文字，而巴基斯坦使用的是阿拉伯文字。也就是說，印度和巴基斯坦包含宗教等在內的文化差異，顯現在兩國所使用的「文字」上。

■波士尼亞戰爭與「文字」的關係

將這套文字分析公式套用在各個地區，便會有很有趣的發現。我再舉一個例子，一九九〇年代曾發生波士尼亞與赫塞哥維納（譯註：這是一個國家，簡稱波赫）的戰爭。隨著蘇聯解體，獨立戰爭的革命浪潮也湧向南斯拉夫社會主義聯邦共和國。波士尼亞與赫塞哥維納是組成南斯拉夫的六個共和國之一。

南斯拉夫原本就是多民族共生之地，波士尼亞也是。人口占多數的塞爾維亞人與克羅埃西亞人，以及伊斯蘭教徒的穆斯林，這三大族群間的武力衝突長達數年，死亡人數超過二十萬人，所謂「種族清洗」的大屠殺也廣為人知。

這三大族群的母語幾乎都是Serbo-Croatian語。然而使用的文字卻相異。塞爾維亞人用西里爾文字，克羅埃西亞人用拉丁文字書寫。換句話說，克羅埃西亞人以天主教徒為主，使用西歐天主教世界普遍通用的文字——拉丁文字；另一方的塞爾維亞

南斯拉夫社會主義聯邦共和國

巴爾幹半島上的多民族國家。南斯拉夫（Jugoslavija）即意指「南斯拉夫人的國家」。第一次世界大戰後的一九一八年，塞爾維亞人·克羅埃西亞人·斯洛維尼亞人王國建國。之後在民族意識下，為了追求國民統合，更名為南斯拉夫王國；一九四五年由六個共和國組成的南斯拉夫聯邦人民共和國成立；一九六三年改稱為南斯拉夫社會主義聯邦共和國。推行特有的民族主義式社會主義，但卻因為民族間的對立而於一九九一年解體。

印度和巴基斯坦的文字

前南斯拉夫的國家

波士尼亞與赫塞哥維納是由穆斯林族、克羅埃西亞人的「波士尼亞與赫塞哥維納聯邦」，和塞爾維亞人的「塞族共和國」所組成的聯邦制國家

（▇部分是塞族共和國）

人則是在拜占庭世界影響下發展壯大的東正教教徒，因此和俄羅斯等民族一樣，使用西里爾文字。

像這樣著眼於「文字」進行分析，便能讓國際衝突和獨立運動的背景因素清楚浮現。順帶說一下，中國也潛藏著維吾爾和圖博獨立問題的火種，這也是因為維吾爾人使用的是阿拉伯文字，圖博人則使用源自印度梵字的藏文，兩者與一般所謂使用漢字的中國是不同文化的民族。

東歐諸國為何加入歐盟？

那麼，現在我們稍微改變一下視角。原本分屬不同集團的國家緊密結合在一起的例子。例如，歐盟第二次擴張時加入的波蘭、捷克、匈牙利、立陶宛、拉脫維亞等「東歐」國家。這些都是社會主義國家，冷戰時期原本被歸為蘇聯的東陣營，為何在脫離蘇聯後迅速加入歐盟呢？

其實這些國家全都使用拉丁文字。沒錯，就是與歐盟的核心區德國、法國和義大利同樣的文字。也就是說，波蘭等前面舉出的國家，絕大部分自中世紀以來便屬於西歐天主教世界，擁有相同的文化。第11章會再詳細說明這部分。

順便說一下，猶太人也很獨特。他們被流放到異鄉，在漫長的歲月中分散世界各地，第二次世界大戰後卻回到巴勒斯坦建立以色列這個國家，其凝聚力之強可說是眾所周知。

猶太教徒原本是說希伯來語、用希伯來文書寫的民族。但因為離散四處，便漸漸與定居處當地的語言同化。住在伊比利亞半島的猶太教徒學會說以拉丁民族語言為根基的Latino語；遷徙到中歐的人則根據德語創造出意第緒語。不過即使日常說的語言改變了，兩者皆繼續使用希伯來文字。繼續保有自己的文字也許就是他們未失去文化認同的一個原因。

劃時代創新的「文字」

我認為，在人類所有的創新中，「文字」是非常關鍵的「超級創新」。

一個文化若沒有文字，訊息只能藉由口語傳達、傳承，一旦沒有人傳承，文化便會消失於歷史中。比方說，愛奴人沒有文字，表現其世界觀的「yukar」（敘事詩）代代皆以口傳方式傳承。只是，傳承者日益減少，要傳到後世變得愈來愈困難。

可是如果有「文字」，就算是數千年以前的時代，只要挖掘廢墟挖出刻有當時文字的泥板，即能窺見當時人的「文化」。當然前提是要有一些我們認識的中繼文字，再依據那些中繼文字來解讀。

希伯來語
與阿拉伯語等同屬閃語系，又和腓尼基語等一同被稱作迦南語。大約西元前三世紀以前的古希伯來語也被用於猶太教的經典《舊約聖經》中。現代希伯來語是以色列的官方語言之一。

愛奴人
主要居住在北海道的民族。擁有獨特的語言與文化，其文化與北方歐亞大陸的狩獵文化有強烈的關聯。研究認為過去曾經形成名為「kotan」的聚落，靠狩獵、捕魚、採集、交易等為生。由於明治以後的同化政策而陷入不得不放棄語言、文化和眾多習俗的狀態。

意思就是，我們能夠明白人類的過往經歷全要歸功於這類文字史料。事實上，對為後世留下紀錄來說，不方便的泥板可說比羊皮紙或莎草紙更好。以莎草紙之類來說，假使敵人攻入城裡放火一燒，堆積的史料便付之一炬；但如果是泥板，就算被火燒，反而因為烤過變堅硬，使保存狀態變得更好。

像是蘇美和阿卡德等使用泥板的時代，留下來的史料就比後代改用羊皮紙的薩珊王朝來得多，連細節部分都能了解。記錄的媒介日新月異，雖然有光碟片、硬碟之類的工具問世，但這些也是一燒就完了，所以還是泥板最棒（笑）。不過現在這個時代，還有將紀錄儲存在網路空間這一招。

在提升資訊傳達能力上，也就是空間上、時間上的傳達能力，以及能夠傳達的資訊量，文字帶來了決定性的提升，關於這一點稍後會再說明。拜文字之賜，人類才能大量累積文明，這麼說應該也不為過。動物就算再怎麼有溝通能力，但畢竟不會使用文字。

「文字」中顯現出的五大世界

前面所談的是「大文化圈」。我再重述一次，大文化圈指的是「擴展得極為廣泛，獲得緊密且持久的一體性的文化圈」。在這個大文化圈上，如果插上前面所說的

「文字」這個旗幟，就能一目了然。如此一來，就可看出包含歐洲、亞洲和非洲在內的「舊大陸」現有的五個文字圈，也就是所謂的大文化圈。

①漢字圈（東亞。中國、日本、沖繩、朝鮮半島、越南）
②梵字圈（從南亞到東南亞大陸區）
③阿拉伯文字圈（從摩洛哥到中東、中亞、新疆維吾爾自治區。東南亞沿岸區和島嶼區）
④希臘、西里爾文字圈（從俄羅斯到東歐、希臘）
⑤拉丁文字圈（西歐）

稍後再說明怎樣稱得上是大文化圈，這裡為了讓各位理解其大概的樣子，只要知道文字圈是如何慢慢匯聚成上述五個的概略「過程」就行了。

原本只有極少數的地方擁有文字，後來才一點一點地慢慢變異同時整合。就目前我們所知的範圍來說，現存各種文字的源頭只有兩個。一個是中國的漢字，另一個是古埃及的聖書體文字（神聖文字）。兩者都是由圖形文字經過進化，才慢慢成為能夠表達語意的「象形文字」（表意文字）。

而在多次消長的過程中，大概從七世紀中葉到八世紀中葉，舊世界的三大陸上漸漸形成前面舉出的五大塊文字圈。

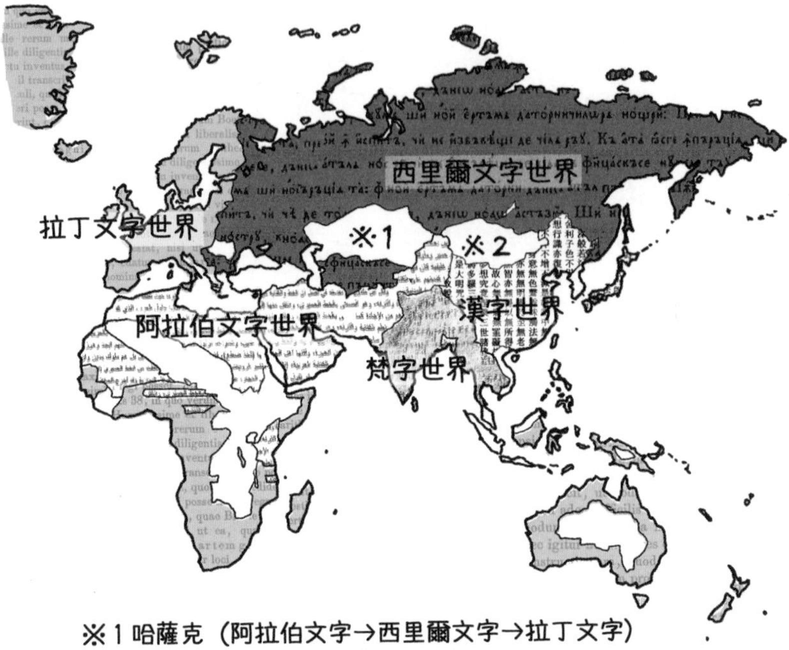

※1 哈薩克（阿拉伯文字→西里爾文字→拉丁文字）
※2 蒙古（西里爾文字→蒙古文字）

東亞「漢字圈」

讓我們就近從漢字圈，和涵蓋印度到東南亞的梵字圈開始看起吧。首先，漢字圈指的是中國及其周邊國家，也就是日本、沖繩、朝鮮半島和越南這些地區。

年紀較輕的人也許會感到疑惑，為什麼朝鮮半島算是「漢字圈」呢？因為現在的北韓和南韓都使用韓語文字，幾乎不使用漢字了。但朝鮮半島發明韓語文字是在十五世紀，原本是使用漢字，多數詞彙也都來自漢語，即使到了近代，學術書籍等也經常使用漢語。

倒是聽到越南屬於「漢字圈」，似乎不少人會覺得詫異。不熟悉的人很容易以為越南也是泰國、寮國、緬甸這些東南亞國家的兄弟，但那是錯的。

東南亞大陸國家的文字都屬於印度的梵字系統，唯獨越南因為中國的影響而接納漢字，古代典籍淨是漢文。十三世紀左右根據漢字發明特有的喃字，並與漢字併用，但到了法國統治時代則捨棄喃字和漢字，改用羅馬文字表記，據說近來幾乎沒有人能讀寫喃字了。

但其實越南語的詞彙有將近七成都源自漢語。更何況國名「Việt Nam」即來自漢字的「越南」，以食物舉例來說，當地稱作「bánh xèo」的越南式煎餅，名稱中的

「bánh」也是來自中國話的「餅」。

另外，越南和其他東南亞國家的文化有一項決定性的差異，那就是使用筷子。只有越南和我們一樣是用筷子吃飯。其他東南亞大陸國家，基本上大多都是用右手的手指吃飯，不過近來改用西式叉子和湯匙的人也逐漸增多。這簡直和印度一樣。

印度、東南亞的「梵字圈」

當我們試著窺探從印度往東南亞擴大的梵字圈，觀察他們所使用的文字時會懷疑，這真的是從同一種文字衍生出來的嗎？差異大到驚人。不過，文字的根源確實是用以書寫梵語的梵字（婆羅米文字）。

關於婆羅米文字的起源，研究者之間也是意見分歧。

有一說是從腓尼基文字發展出來的亞蘭文字——往來敘利亞到中亞一帶，擅長進行商隊交易的亞蘭人用以書寫亞蘭語的文字。耶穌基督所使用的語言據說也是亞蘭

源自漢語的詞彙

越南語	發音	日語
Công an	kona—n	公安
Chú ý	chu—i—	注意
Quốc ca	kuokka—	国歌

韓語（韓語文字）	發音	日語
약속	yakusoku	約束
유료	yuryo	有料（付費之意）
감사	gamsa	感謝

梵語
梵語的原文Sanskrit表示「已完成」的意思。屬於印歐語系。西元前五～四世紀左右，根據吠陀語將當時西北印度的婆羅門的日常用語編成範本。印度的傳統文化活動幾乎全都使用梵語。

腓尼基文字
古代地中海東岸曾繁榮一時的商業民族腓尼基人所使用的表音文字。由二十二個子音構成，西元前十一世紀左右完成。據推測它隨著腓尼基人的海上貿易活動傳播到地中海沿岸，成為希臘文字和亞蘭文字的源頭，再衍生出現在的字母系統。

語，後來向南傳入印度後，亞蘭文字漸漸變成婆羅米文字。

這是歐美研究者的看法，但另一方面，印度的研究者則堅持婆羅米文字自始至終就是祖先自行發明出的文字。

亞蘭文字是「舊世界」的三大陸最主流的文字系統之一。中亞的商人中有一支屬於印歐民族的粟特人，他們原本沒有自己的文字，但根據亞蘭文字創造出粟特文字。西元六世紀左右，古代土耳其人於阿爾泰山脈西南到今日的蒙古一帶建立的國家突厥，又借用粟特文字創造出突厥文字。此外，古代維吾爾人也是在粟特文字的基礎上發明出維吾爾文字。

其他還有蒙古人在維吾爾文字的基礎上創造出的蒙古文字，和中國東北方的女真人所建立的後金國根據蒙古文字創造出的滿洲文字等，全都源自粟特文字。我稍後會解說，假使婆羅米文字也源自亞蘭文字，那就表示漢字圈以外的四個文字世界的祖先，全都是聖書體文字。

伊斯蘭教和「阿拉伯文字圈」

與漢字並列的文字始祖聖書體，會寫和會讀的人都消失了，所以也滅絕了。即所謂的「本宗」已斷絕，但將它簡化，而且當作表音文字而非表意文字使用的西奈文字，卻以「分家」的形式留存在西奈半島。以這種西奈文字為基底，經過數種中繼文字後，在阿拉伯半島上誕生了阿拉伯文字。

這套阿拉伯文字逐漸向外傳布，西至摩洛哥、奈及利亞，東至新疆維吾爾自治區、馬來西亞、印尼。有些地區到了近代成為西歐的殖民地後，改為使用羅馬文字。馬來西亞和印尼等地就是如此。以前，我去馬來半島南部的麻六甲時，發現街上依然有「爪夷文」的招牌。爪夷文是源自阿拉伯文字的當地文字。我看得懂阿拉伯文字，所以用爪夷文寫，我還比較容易理解。

這麼說是因為馬來語中有相當多阿拉伯語的詞彙，但因口語摻雜了口音的關係，通常用羅馬文字表記的馬來語，有時我看了也不明白意思。可是用爪夷文書寫的招牌等，我多半馬上就知道那是什麼店。戰後以日語為人傳唱的名曲「Bengawan Solo」原本是印尼家喻戶曉的歌謠，其歌詞中也有幾成是來自阿拉伯語。

說起來伊斯蘭的宗教經典《可蘭經》就是以阿拉伯語寫成的，所以阿拉伯語和阿拉伯文字必定會傳入改宗伊斯蘭教的地區。因為不會阿拉伯語便無法閱讀《可蘭經》。況且，《可蘭經》原則上不允許被翻譯成其他語言。

要將某種語言寫成的文章翻譯成其他語言，就算再怎麼想譯得正確，也會因為用詞之類的差異，而不可能百分之百地轉譯。換句話說，伊斯蘭教認為《可蘭經》若無法百分之百正確地被翻譯出來，就會誤解神的教誨，因此不允許翻譯。這種想法與

西奈半島
位於埃及東北端，由紅海北端的蘇伊士灣和亞喀巴灣所夾成的半島。為連接亞洲與非洲大陸的要衝。因盛產銅礦，西元前三〇〇〇年左右開始，埃及人便來到此地開發。同時也是《舊約聖經》中摩西十戒的舞台，亦是《新約聖經》最古老的抄本西奈抄本被發現之地。

不斷將《聖經》翻譯成其他語言出版的基督教完全相反。

但另一方面，確實也需要向不懂阿拉伯語的人傳遞《可蘭經》的教誨，這種情況要怎麼辦呢？那就是在阿拉伯語的原典加上當地語言的注釋，採取原文和注釋並陳的方式，這樣便允許翻譯。也就是說，用當地語言閱讀的過程若覺得不太能理解時，可以對照原典確認其意思，只要採用這樣的形式，就不怕信徒只讀譯文而造成解讀錯誤，因為那是未確認原典的信徒錯了（笑）。

日本也有伊斯蘭教的信徒團體，他們有出版阿拉伯語原文和日語譯文並陳的《可蘭經》。過去曾多次發現原典有誤植，於是每次都要回收。總之就是一個字都不能錯，否則就是錯誤地傳布真主的話，據說會被追究宗教上的罪責。

「拉丁文字世界」和「希臘、西里爾文字世界」

拉丁文字其實就是英語等所使用、一般所謂的羅馬文字。這是日本人也很熟悉的文字，如果將西歐和南北美洲都納入計算，可說是世界上使用率最高的文字。它同樣是西奈文字北傳後衍生出腓尼基文字，後來腓尼基文字傳入希臘，變成希臘文字。所謂的拉丁文字就是古代羅馬人參考希臘文字和由希臘文字衍生出的伊特魯里亞文字，用以書寫拉丁語的文字。

西元四世紀末羅馬帝國分裂成東西兩半，成為東羅馬帝國和西羅馬帝國。西羅馬帝國繼承拉丁文字的書寫系統，再傳入現在歐盟的創始國德國、法國和義大利。而另一方的東羅馬帝國，雖然希臘人一致說希臘語，但為了教化北方沒有文字的民族而發展出各式各樣的文字，後來固定下來並廣泛為人使用的是根據希臘文字創造出的西里爾文字。

西里爾文字傳入俄羅斯是西元十世紀以後的事，但那之後俄羅斯在「西里爾文字圈」開始坐大，曾被俄羅斯殖民的國家進入蘇聯時代後，都有過一段被強迫使用西里爾文字的歷史。那些國家主要位在中亞，蘇聯解體後，到處都出現廢除西里爾文字的行動。過去曾是蘇聯一員的亞塞拜然就是很好的例子，蘇聯時代和俄羅斯一樣使用西里爾文字，但蘇聯解體、獨立之後，立刻改成用拉丁文字表記。

關於拉丁文字圈我想再補充說明的是，屬於「新大陸」的南北美洲。例如中美洲曾經存在阿茲特克、馬雅這類文明，兩者都有屬於自己的象形文字。然而因為會寫和會讀的人都不在了，至今各地的研究者仍舊持續進行解讀，但尚未全部完成。

象形文字的解讀相當困難，一旦沒有人會讀寫，要是出土的文物不是用已解讀的文字和未解讀的文字並陳的方式表記，根本不可能理解。埃及的象形文字是因為有著名的羅塞塔石碑出土，上面同時用可以理解的希臘語和未解讀的聖書體表記，才得以抓到頭緒。

亞塞拜然
裏海西岸的地名暨國名。目前南部為伊朗領有，北部是亞塞拜然共和國（舊蘇聯領地）。西元七世紀被阿拉伯征服後伊斯蘭化；十一世紀起在塞爾柱王朝統治下漸漸土耳其化；十六世紀受伊朗的薩非王朝統治，附屬於伊朗。一八一三年因俄羅斯和伊朗的戰爭，亞塞拜然北部成為俄羅斯的領土，俄羅斯革命後不久曾經短暫獨立，但很快就被併入蘇聯。一九九一年因蘇聯解體而恢復獨立，成為共和國。

羅塞塔石碑
參見第5章。

阿茲特克、馬雅的文字之所以無法解讀，就是因為沒有上述這類「中繼」文物出土。據說最近人工智慧（AI）等愈來愈進步，有興趣的人不妨運用那樣的技術挑戰看看。要是解讀成功，絕對會是二十一世紀前半最重要的發現。

回到原來的話題，南北美在西歐人到來後，一個接一個淪為殖民地，使得西班牙語、葡萄牙語、英語這類拉丁文字的書寫系統漸漸普及。非洲也是同樣的情形，伊斯蘭控制下的北非以外的眾多國家，都因為淪為西歐的殖民地而改用拉丁文字表記。

當然，也有淪為西歐人的殖民地後並沒有接受羅馬文字表記的地區。比如香港，被英國統治長達一百五十年以上仍然使用漢字，而且中國本土現在明明已改用筆畫減少的簡體字，香港卻依然使用正字的繁體字。反倒是中國本土的人已經看不懂以前傳下來的正確的漢字。

事實上，日本的鄰居朝鮮半島以前也是併用複雜的繁體漢字和韓語文字。不料，先是北韓成立時金日成主席宣布廢除漢字，只使用韓語文字。而南韓雖然沒有廢除，但因為朴正熙總統時代盡量不使用漢字，大家各自揣度下便真的不再使用了。

■文字是如何傳播、普及的呢？

言歸正傳，那麼文字是怎樣傳播、普及的呢？

一種情況是像前文提到的南北美洲和非洲撒哈拉以南的地區那樣，透過具有「相對優勢」的「文明」進行殖民統治。這是近代以降，從西歐人主導的「大航海」時代開始可以看到的新的文字傳播方式。

若從整體來看那之前文字傳播的實例，便會發現接受異文化的文字意味著，社會菁英階層在接受具有「相對優勢」的異文化世界的文化、技術和學術之際，也一併接受了表記其文明用語、文化用語的文字。我想這就是漢字、梵字、阿拉伯文字、西里爾文字、拉丁文字能夠在各個擁有不同語言的社會特別傳播開來的一大原因。共有文明用語、文化用語和其文字會帶來對眾多「詞彙」的共有，而共有「詞彙」代表了共有思考和表現的媒介，因此應該在「對事物的思考方式和感受方式」等人類群體的習慣，也就是建立「文化」的共通性上發揮了決定性的作用。

另外，在文字傳播之際，作為價值體系中的重要支柱的「宗教」，成了一股很大的動力，此現象可見諸阿拉伯文字、西里爾文字、拉丁文字、梵字等文字圈。

尤其是「阿拉伯文字世界」，可說是因為宗教才擴展開來。如同我先前提到的，由於伊斯蘭教嚴格規定不准將《可蘭經》翻譯成其他語言，因此不會讀寫阿拉伯文的話，根本無法閱讀。

伊斯蘭世界也有寺子屋（譯註：即私塾，起源於日本中世紀時的寺院教育）。由伊斯蘭教相當於「和尚」的伊瑪目——帶領信眾進行禮拜的人——在清真寺教人讀、寫阿拉伯文字。日本的寺子屋並非由佛教的和尚進行教學，所以伊斯蘭版的寺子屋才是真正的寺子屋（笑）。因此，當然不只教讀書寫字，也教信仰。所以阿拉伯文字可說是和伊斯蘭教一起傳布的。

在前身鄂圖曼帝國時代便使用阿拉伯文字的土耳其，到了近代開始採納西歐文明時，因為阿拉伯文字會妨礙近代教育，於是採用羅馬文字，並徹底禁用阿拉伯文字。除非獲得特別許可，否則禁止發行和買賣以阿拉伯文寫成的書籍，更有甚者，連教人讀、寫阿拉伯文字都受到禁止。其實「妨礙近代化」只是表面上的藉口，真正的目的是要把像伊瑪目這種伊斯蘭教的相關人員趕出教育現場。儘管如此徹底地推動文字改革，改用拉丁文字書寫，但現在的土耳其語中仍然保留了五成以上來自阿拉伯語的詞彙。

另外，西里爾文字的世界則受到拜占庭帝國時代發展出的希臘正教會的影響。隨著希臘正教往東方，甚至往北方的斯拉夫圈傳布，西里爾文字便逐漸在這些地區落地生根。這同樣也可說是正教會使用西里爾文字傳教，所以對文字的傳播起了推波助瀾之效。

為什麼「文字圈」不等於「宗教圈」？

西歐的「拉丁文字世界」當然存在天主教的影響，但感覺羅馬帝國文明的影響力更在它之上。

天主教教會既是信仰的據點，同時也發揮了如同現今「電腦程式設計」公司的角色。這是什麼意思呢？就是教會掌握了一群能夠讀寫拉丁語的人。因此各地的君王都得從天主教會聘用會寫字的人當官。據說連法蘭克王國的查理大帝也是，他好像還會寫自己的名字，至於會不會閱讀就很難說了，畢竟以前的識字率就是這麼低。換句話說，教會被定位為像「人才派遣中心」一樣的地方，可以提供「會書寫記錄」的特殊技能者。不過或許也是因為這樣的關係，才會衍生出國家機密遭天主教會徹底掌握的問題。

「梵字世界」同樣存在宗教的影響。就是與婆羅門教和民間信仰等本土元素折衷調和，而慢慢形成的印度教。印度教有一套將日常禮法到法律全部含括在內的戒律，稱為「dharma」，是非常重視遵守「dharma」的宗教。宗教上的指導者是種姓制度中地位最高、被稱為婆羅門階級的人，他們也是文字傳承的旗手。

這樣看下來，也許有人會因此感到疑惑，既然「文字圈」等於「宗教圈」，那

法蘭克王國
西羅馬帝國滅亡後的西元四八一年，墨洛溫家族的克洛維統一法蘭克人（日耳曼民族的一支），以高盧北部為中心建立國家。西元七五一年，卡洛林家族的矮子丕平奪權成功，進入卡洛林王朝時代，相繼滅掉勃艮第王國、日耳曼諸國，並把西哥德人趕到伊比利亞半島，在查理大帝時代達到鼎盛，但西元八四三年王國一分為三，成為日後的德國、法國和義大利的前身。

婆羅門教
印度的古代宗教。以印度社會的身分階級（種姓制度）瓦爾那階序當中最上層的祭司階級婆羅門所執行的儀典為中心的宗教、文化、思想、制度的統稱。「婆羅門」一詞在梵語中意指梵書。以《吠陀》為最主要的經典。佛教和耆那教皆為其改革派。此外，印度教也源自婆羅門教。

用宗教圈來劃分不就不會錯了嗎？不過，也有無法單以宗教角度去解釋其文字流傳的文化圈。

那就是我們所屬的「漢字世界」，這裡可說是宗教影響不大、文化圈廣大的唯一案例。「漢字世界」之所以廣大遼闊，很明顯是因為中華文明的威力。

十五世紀以前，若撇開北方民族不說，歐亞大陸東部的創新幾乎都發生在中國。也就是說，在東亞擁有壓倒性「相對優勢」的中華文明逐漸擴展到周邊地區，在各地被消化吸收的過程中，日本、朝鮮半島、越南和後來的琉球等地並同時發展出各自的文化，應該可以這麼說吧。

比方說，我們從樂器的傳播也可以清楚看出這樣的情況。據推測，日本的三味線可能是從中國先傳到沖繩，變成「三線」，十六世紀左右再傳入本土成為「三味線」。換句話說，我們是不是可以這樣推想，中國的文物經常湧向周邊地區，而要接受這些東西，不識漢字畢竟不方便，因此漢字便跟著傳播開來。

前面已概略地談完西元七世紀中葉至八世紀中葉的五大文字圈，即所謂的大文化圈在「舊世界」的三大陸開枝散葉的情形。這五大文化圈是推動世界史前進的重要軸心，也可說是構成現代世界的基礎。

那之後，在西歐主導下，世界被連成一體，進入了全球化此一新階段，以往向來「各自為政」的大文化圈都成了全球體系中的一部分。雖然是一部分，但各文化圈至今仍繼續保有各自的「習慣」。比方說，現在去到越南，不懂越南語雖然會覺得身處完全陌生的異文化環境，但看到他們用筷子吃飯的樣子，便能感覺到和我們有著相同的文化根源不是嗎？

談到這裡，已大致說明了我對「文明」和「文化」的想法，以及如何看待「五大文字圈」。

接下來終於要開始進入世界史的主題了，我想試著以快跑的方式，一路追尋人類祖先從猴子演化到類人猿再分支的過程，以至五大文化世界形成的七百萬年歷史。

第4章

在人類獲得「文字」和「組織」以前

為什麼只有我們人類能夠建立高度的「文明」呢？本章我想用兩個關鍵詞來思考這個問題。那就是「文字」和「組織」。

■人類的誕生

接下來，我想一口氣追溯大約七百萬年前，也就是現在人類最早的祖先從猴子演化出來的年代，到七世紀左右的世界。

一口氣要談七百萬年的世界演變感覺有點不自量力，或許也有人會擔心若未繫好安全帶的話會有掉落的危險，不過這一點大可放心（笑）。

這麼說是因為最初的六百八十萬～六百九十萬年，從猴子到猿人，再從直立人到晚期智人的變化速度非常緩慢。近來資訊通訊世界創新的腳步十分快速，據說有「dog year」之稱，因為狗的一年相當於人的七年，然而這六百九十萬年的變化速度緩慢到把它想成大約最近的一百年也未必有誤。

一般認為，人類的祖先猿人最早出現在東非，之後演化成直立人再擴散到各地，在那之前幾乎都在非洲生活。只是這部分有諸多說法，例如有研究者主張，人類是從與晚期智人一脈相承的「粒線體夏娃」開始繁衍擴散的。

遠古時代的生態是依考古學調查是否有骨骼等遺物出土來論定的。與其他地區相比，在非洲的研究尤其有進展，不但有整批的人類化石出土，至今為止的調查可以從猿人溯源到直立人的也唯有非洲。他們到底是如何擴散到世界各地的？這已成為現在人類學上的一大問題。

話雖如此，但人類祖先的化石在東非大量出土是二十世紀以後的事，事實上還有許多未解之謎。大概是因為氣候變遷的關係，使得當時的非洲環境很適合人類的祖先生活吧。

儘管有各種意見、學說，但概觀以往至今的研究成果，東非似乎是人類的發祥地，而有別於黑猩猩和大猩猩的猿人還在這片土地上形成群體。雖然出土遺物過少無法證實，但我推測從猿人演化到直立人的過程中，每個群體的「文化」差異大概並不明顯。

粒線體夏娃

指追溯現在人類的母系祖先，最後所找到的一位我們共同的女性祖先。不過要注意的是，人類雖然都有粒線體夏娃的基因，但並不表示所有人類都起源於那位女性。粒線體夏娃的時代有許多男女，一部分的基因中途透過男系子孫傳到現代。另外，據推測那位女性活在十二萬～二十萬年前的非洲。

猿人和類人猿的不同之處在於，猿人已能用兩隻腳站立走路，並且學會使用工具。前文已經說過，如果是單純地使用工具，動物也會。不過，猿人是地球上第一個會把石頭或木頭等加工做成工具的動物。比方說，與其把普通的圓形石頭做成武器，他們會將石頭擊裂露出銳利的一面，做成殺傷力更大的刀。

烏鴉這種鳥很聰明，據說牠們會把外面包著硬殼的核桃放在鐵軌上，等電車通過把它壓碎再吃裡面的果實。這也可以說是把電車當作工具使用，雖然烏鴉自己做不出電車這樣的工具。

隨著人類從猿人演進成直立人、尼安德塔人，「利用」工具的方式也出現變化，例如原本只是把石頭擊裂讓它變銳利，後來則會用更硬的石頭之類打磨，讓它更加鋒利。演化到這一步便是人類獨擅勝場了。

不但如此，差不多在直立人的階段，人類就開始會用火。火的利用是與工具的利用並列的創新，它讓烹煮食物和空間變溫暖等成為可能，使得人類開始可以在過去無法居住的寒冷地區生活，因而成了人類往各地擴散的幕後推手。

我認為，初期還只能稱作「文化」的一個個群體之間差異應該不大。推測當時影響「文化」形成最重要的因素可能是環境，不但食物會因為環境而改變，工具也會不一樣。久而久之，不同的地區和群體之間便漸漸出現差異。

從「漁獵採集式經濟」走向「生產式經濟」

從出土的遺物會發現，到了以尼安德塔人為代表的史前人類時代（大約六十萬年前起），開始出現埋葬死去之人的儀式。從這項事實可以看出，史前人類已有「死後世界」這類超自然的抽象概念。

遠在晚期智人出現之前，人死後會如何、不能讓死去的人曝屍野外等複雜的世界觀，便已在人的內心形成。

演化到這個階段，我覺得每個地區和群體應該已經出現相當程度的文化差異。但由於並沒有普遍出現同樣的材料可供判斷，因此目前要明確指出有何差異很困難。

終於到了大約十～二十萬年前，智人中很特別的晚期智人（Homo sapienssapiens）出現。也就是現代人的直屬祖先。不過最新的說法是，也許二十萬年前便已有晚期智人的存在。

演化到晚期智人的克羅馬農人後，如同各位所知，他們開始會在洞窟留下壁畫。這個時期的「人類」已具有相當程度的抽象思考能力，各地在文化上應該也漸漸產生差異。

他們的生活近似遠古時代的祖先，主要以狩獵、採集為生。即以所謂山裡和海裡

尼安德塔人
屬於史前人類。化石出土的地區橫跨歐洲到西亞。一八五六年在德國的尼安德河谷被人發現，因而以此命名。生存的年代可能是四十萬～四萬年前。另外，近年的研究指出，尼安德塔人與智人可能有混血。

克羅馬農人
繼尼安德塔人之後出土的晚期智人化石。擁有舊石器時代後期文化，大約四萬～三萬年前居住在歐洲，被認為是歐洲人的直屬祖先。一八六八年在法國克羅馬農石窟遺址被挖掘出土，因而以此命名。

的食物為主，但大約從九千年前起，轉而改採生產式經濟。

比方說，他們一開始會集體定居在食物豐富的地區，食物沒了就遷移到他處；到了下一個階段，為了確保身邊隨時有食物，他們開始預留種籽播種培育，也就是農業的開端。而原先到處追捕動物的生活型態，也改為馴養、畜牧，生活因此安定下來，同時又能攝取到動物性蛋白質。

若是漁獵採集式經濟，頂多只能儲存松鼠為了過冬而預先收集的食物量，可是一旦改採生產式經濟就能大規模地儲藏食物。不過儲藏量也會因農作物不同而有差異。

舉例來說，一般認為以芋頭或木薯等「薯蕷類」為主食的地區，其生產式經濟的效率相對較差。這是因為薯蕷類容易腐敗，不易保存，所以很難大量儲藏。因此，正如非洲撒哈拉沙漠以南的地區和部分東南亞地區，薯蕷類經濟所到之處都無法做到大規模的儲藏，大型「文明」、「文化」的發展也可說較遲。

反觀如果以稻子、麥子這類穀物為主的話，妥善收存則可長期保存，因此很適合儲藏。

■城市和古代文明的出現

農產品的儲存帶來人口的增加，拜此所賜人類開始群聚而居。因為一旦有什麼事，集體生活畢竟比較安全，於是聚落形成，而且愈來愈大。在大群體吸納小群體形成更大群體的過程中，財富不斷累積，城市於焉誕生。

在這當中，貪得無厭而大量累積財富的人，與被強取豪奪的人之間，貧富差距漸漸擴大，導致產生所謂的社會階級。另一方面，像這樣的定居社會一旦變大，為了維持內部秩序、防範外部勢力入侵等，自然會出現像是「君王」這樣的領導人。於是便會產生人們藉由武裝以守護自己的社會，或是反過來用武力侵襲其他群體以進一步擴大勢力的「演變」。

而原本生活方式「多樣化」的一個個小群體被納入大群體後，反而出現「齊一化」的趨勢。畢竟要作為一個群體共同生活，必須互相理解並擁有團體意識，因此漸漸開始具有同樣的思維和生活方式等。反之，肯定也有許多類似吵架分手，從大群體中出走的例子。

在整個人類的歷史中，人類群體這種「多樣化」和「齊一化」的作用經常會發生，現在依然是如此。舉例來說，華爾街股價暴跌，幾十秒後日本的股票也同樣下跌，這樣的現象就是世界全球化，即所謂「齊一化」的一端。

換句話說，在「多樣化」之中，某個地區開始發生大規模的「齊一化」行動，然後漸漸形成粗大的主幹，我想那就是古代在特定地區生成的「四大文明」吧。

創造「硬體」的「軟體」──「組織」

當大型基礎建設逐漸齊一化，由於當中包含許多異質成分，因而容受度就會提高。我想城市形成之際大概也是同樣的情形。

過去以木材、石頭建造而成的城市即使毀滅了，也還留有遺址。後世的我們透過觀察那些遺址，可以了解其社會是如何逐漸大型化、複雜化。再者，用於建造城市的工具也經常作為遺址的一部分被保留下來。因此我們也能了解當時的人是使用怎樣的工具建造出如此巨大的人工建築物。

然而，我們無論如何都無法透過這類遺址看到當時在興建人工建築物時不可少的、另一樣十分發達的「工具」。用「硬體」和「軟體」的概念來解釋的話，挖掘出來的城市遺址和工具若是「硬體」的話，那項東西便相當於「軟體」。我認為這個「軟體」指的就是由人所構成的「組織」（organization）。

美國有位企業經營者叫做切斯特・巴納德。他原本是一家電話公司的社長，後來當上洛克菲勒財團的理事長，他根據自己長年經營企業和管理組織的經驗，從經營學的角度出發，研究人類的組織，並出版了多本著作。

巴納德闡述，當兩個以上的人試圖合作以達成某個共同的目的時，「組織」便誕生了。根據此論述，我在本書中對「組織」的定義也是「為達成目標而共同努力的體系」。

事實上，動物中也可以看到原始的「組織」。舉例來說，雪隱金龜（別名糞金龜）這種昆蟲會將動物的糞便做成圓球狀，然後在裡面產卵，而孵化出的幼蟲則吃那顆糞球長大。

據說牠們會由雄、雌兩隻一起合力製作糞球，因此根據剛才巴納德的定義，在為了達成「製作產卵用的糞球」這個目標而共同作業的意義上，這也是「組織」。換句話說，「組織」是始於兩個有意願的個體。

不過，雌雄雪隱金龜建立組織的行為不是經由學習得來的，而是基因中與生俱來的本能。陸地上的獅子和海裡的虎鯨等會與同伴合作獵殺動物，很大一部分也是出於本能。

基於本能建立組織的行為便不值得一提嗎？那倒也不是。螞蟻和蜜蜂等昆蟲也會同類聚集，各自負責不同的任務，遇到任何情況都能自然且井然有序地進行編組。而若是更高等的類人猿，編組方式則又不同了。

有一次，一位從事日本獼猴研究的學者說了一件很有意思的事。野生的日本獼猴要設法張羅食物又要對付天敵等，生存環境十分嚴酷，因此一群獼猴會形成穩固可靠的「組織」，分別擔負不同的任務，就像公司有總務部、人事部、業務部一樣

（笑）。也就是說，群體中會依不同的任務進行分組，由猴王掌管並進行調整。

不過，飼養在動物園等地方的日本獼猴，牠們習慣了擁有豐富食物的環境，猴群漸漸懶散了起來，「組織」也變得很隨便。

據這位學者說，牠們不是靠打架比力氣來挑選擔任「組織」首領的猴王，而是看誰比較受母猴歡迎來決定。不是以力服人，而是靠「人望」的世界（笑）。猴子要靠「人望」固然有點奇怪，但猴子確實也會建立出色的「組織」，不能小看牠們。

像猴子這種建立組織和選出領袖的行為，有多少是基於本能？又有多少是來自經驗和學習呢？還有待今後的研究查明。若能查明這一點，就會知道是否只有我們人類能藉由經驗和學習建立組織，而非單靠本能。

人類創造出的「巨大機器」

先不談這個，人類確實不同於其他生物，為了得以臨機應變且達成高度的目標，能夠建立多種多樣的組織。這樣說起來，在生物當中，人類果然是擁有極高的「文明」能力。

這樣一想，人類之所以能夠建造出巨大的城市，我想還是因為已經出現巨大的組織並能維持其運作的關係吧。

美國還有一位知名的學者叫做劉易斯·芒福德，著有多本談論技術與文明的關係，以及有關城市發展的書。他的專門領域是建築評論，並在麻省理工學院等校擔任客座教授，同時也是文明評論家。在讀過他的代表作《技術與文明》和《機器神話》等之後，我覺得在應該如何看待「文明」這一點上，有很大有幫助。

芒福德表示，人類最早創造出的「巨大機器」是以人為構成要素，也就是巨大的「組織」。城市的「硬體」和建造城市的工具雖然有留下來，可供後人尋跡，但構成「組織」此一巨大機器的是人，只要當時的人不在了，「組織」便跟著同時消失。

也就是說，他指出不論人類建造的是大城市、輪船或飛機，在建造之前都要先建立「組織」這樣的巨大機器。我也認為實情就是如此。

從這樣的視角來看，遷徙到世界各個地區生活的人類群體如何適應環境，可能導致了各個地區和群體的組織出現明顯的差異。如此產生的差異無疑成了「文化」差異的基礎。

人類所建立的組織不同於其他動物的組織，具有極其龐大的傾向。而且它不是一時的，人類會不斷地加以維護讓它能夠永續運

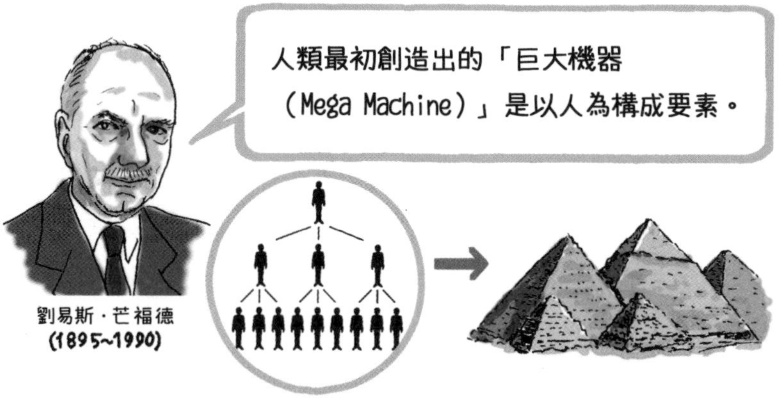

人類最初創造出的「巨大機器
（Mega Machine）」是以人為構成要素。
劉易斯·芒福德
(1895~1990)

作，使其發揮預期的功用。

以強大的體系過關斬將的組織會永續存在，甚至成為軟體的基礎建設，在此我想將它稱為「組織體」。

這是非常抽象的概念，我想有些地方可能不太容易想像；雖然叫做「組織體」，但其實有好幾種，例如，統治固定的空間和居住在那裡的人，並對農業生產者收稅、組織軍隊以保衛領土者，我稱它為「統治組織」。

另外，「宗教組織」也在歷史上形成大規模的組織。天主教就是具代表性的例子，它在全球各地擁有教會和統領這些教會的羅馬教宗。天主教以「大航海」時代為契機向全世界進軍，男子修道院耶穌會的方濟各・沙勿略在十六世紀中葉來到遠東的日本，將基督教傳入日本一事很有名。

過去這類「宗教組織」跨越各地「政治體」間的藩籬，成為散布全球的唯一巨大組織。然而，後來出現規模與它不相上下、嶄新的巨大組織。各位知道是什麼嗎？

答案是「跨國企業」。換言之，股份有限公司此一制度在十七世紀的西歐誕生，它使得過去無法做到的大規模事業經營成為可能。在那之後，股份有限公司制度擴展到全世界，相當大型的「經營組織」應運而生。在那當中，漸漸出現在全世界擁有據點、更大規模的跨國企業，有些跨國企業的財務實力甚至還超過一國的預算總額。

「語言」和「文字」是如何誕生的？

要建立這種相當大型的「組織體」且得以維持運作，必須具備複雜的溝通能力。溝通說起來並非人類獨有的能力。我們已知其他生物也會透過聲音和動作進行相當複雜的溝通。可是，畢竟只有人類將這項能力發展到極致，以至於取得非常複雜且精妙的溝通媒介。

擁有這項媒介，讓人類變得能夠「記錄」此刻生存的世界以前發生的事，以及現在的樣子。更甚的是，能夠在群體內進行複雜萬端的溝通。

簡言之，如果從時間的縱軸關係和橫軸關係來看，把記錄過去和現在當作縱軸的「歷時性溝通」，那橫軸的「共時性溝通」，指的就是生活在同一個群體的人之間的溝通，以及和個別群體間同時代人的溝通。

使上述這種「歷時性、共時性溝通」成為可能的，首先是「語言」，另一個就是「文字」。

人類不只透過語言進行這兩種溝通，讓我們先試著想像以前的人建立巨大組織體的情形。換個說法，就是不用文字建造出巨大建築物或大帝國的情形。

一是「新大陸」的印加帝國。印加是十五世紀統治南美洲厄瓜多到智利這片廣大區域的大帝國，繁榮了將近一百年，卻因十六世紀西班牙人的到來而滅亡。一般認為其人口應該達到相當可觀的數量，但卻沒有文字，而是單靠語言來統治、維繫那樣龐大的帝國。

不過要靠頭腦記住數量畢竟很吃力，所以他們有種利用繩結表示數量的方法，叫做「基普（khipu）」。在繩子上打結代表數字位數，最多可表示到萬位，包括人口在內也是用這種方式計算。

可是被西班牙人滅亡之後，懂得結繩記事法的人日益減少，即便後世從王墓等挖掘出基普的遺物，據說也無人能夠解讀。不過，後來奇蹟似地在某個地方的牧場，發現有一群人依然持續使用這種基普法計算家畜頭數，多虧了他們才能解讀出土的基普遺物。

印加帝國本身已經滅亡了，但印加時代所使用的奇楚瓦語仍保留到現在。換句話說，即使沒有文字，單靠「語言」許多事或許都還是可以運作。

只不過以「舊大陸」來看，印加帝國仍停留在新石器時代的水準，還不懂得使用鐵。因此，乍看之下是巨大的組織體，但實際情況卻相當脆弱。區區數百人的西班牙探險者就足以征服它，導致帝國體系整個瓦解即是明證。

一六〇九年遭受薩摩侵犯的琉球，也是像這樣轉眼間就被少數入侵者征服的例子。但與印加帝國不同的是，琉球擁有堅實的文字文化，也就是來自大和（日本）的

琉球

現在的沖繩群島。十四世紀分為中山、北山、南山三國；十五世紀時，中山國王尚氏統一琉球。接受明朝的冊封，貿易十分繁榮興盛，但一六〇九年遭到薩摩國（現在的鹿兒島縣）島津氏的侵犯，被納入統治。由於仍舊維持與中國的關係，因此是同時臣服於中日兩國的體制。一八七九年因明治政府派兵要求斷絕與中國的關係，改為沖繩縣，從此失去獨立。

平假名和來自中國的漢字系統，所以才能在歷經薩摩的長期統治後，依然得以維持固有的文化。

另一個曾經存在於中美洲的馬雅、阿茲特克文明則有別於印加帝國，擁有複雜的象形文字。只是文化程度同樣屬於新石器時代的後期，因為競爭少便沒有再繼續創新。然後輕易地就被西班牙等人滅亡。

沒有「文字」的文明的弱點

沒有文字的大帝國中，不管怎麼說，最大、最強的當屬蒙古帝國。

成吉思汗於十三世紀創立的蒙古帝國，出乎意外地竟然沒有文字。若問有關記錄之類的事，他們是怎麼做的，就是向外招集會寫漢文、阿拉伯語、波斯語等的人才，讓他們工作。

不過到了成吉思汗的孫子，也就是後來成為元朝第一代皇帝的忽必烈時代，蒙古人到底是意識到文字的必要性，當時喇嘛教在蒙古也很盛行，他們便從圖博招請僧侶來當顧問，創造出八思巴文字。「八思巴」是創造出這套文字系統的僧侶名字。

八思巴文字雖然能正確標示讀音，但似乎不太好用，因此大家便漸漸不再使用。後來又在屬於突厥語系的維吾爾族人使用的維吾爾文字此一基礎上，另外創造出蒙古

蒙古帝國
參見第7章。

文字。

蒙古人自十四世紀起便一直使用這套文字系統，但一九二四年在蘇聯的影響下，外蒙古共產化，改為蒙古人民共和國後，便捨棄蒙古文字，改用與俄羅斯一樣的西里爾文字。

共產主義時代接受俄羅斯的價值觀，曾經蹂躪世界的成吉思汗即使在蒙古國內也成了侵略者、被視為「壞人」，可是在蘇聯垮台後，放棄了共產主義，國名也改為蒙古國，這下子成吉思汗又變成「民族的大英雄」，並打算恢復使用原來的蒙古文字。

不論如何，成吉思汗時代蒙古人沒有文字是事實，此即表示蒙古人沒有文字也能建立擁有那樣龐大體系的大帝國。

關於蒙古帝國對世界史造成的影響程度，在研究者之間也是看法分歧。

專門研究蒙古史的學者中，也有人主張其影響非常之大。的確，元寇是導致日本當時的北條執權（譯註：執權是日本鎌倉幕府的官職名稱。原本是輔佐官職，後來成為實際政權的掌控者）體制短命告終的原因之一是事實，又因被動員防衛的武士對賞賜的不滿升高，才有後來後醍醐天皇的建武新政。

另外，現今土耳其所在的安那托利亞當時是土耳其穆斯林（伊斯蘭教徒）所建立的塞爾柱王朝，迎來鼎盛期後遭蒙古人攻入，被納為從屬國。國內因此陷入群雄割據狀態，這時西北地區出現伊斯蘭化的土耳其人戰士集團。這股勢力逐漸抬頭，成為日後

建武新政
鎌倉幕府滅亡後由後醍醐天皇親政。後醍醐天皇改元建武，著手推動「建武新政」，立志恢復天皇政治最盛期的「延喜、天曆聖代」，不料改革卻招致混亂，在反對朝廷的足利尊氏舉兵叛亂之下，三年不到就垮台。

的鄂圖曼帝國。

這樣說來，它確實對世界史造成很大的影響，不過蒙古帝國誕生之後約兩百年就瓦解。如同先前介紹的印加帝國，沒有文字的國家（政治體）在制度的永續性這一點上，果然有其脆弱的一面，我是這麼認為的。關於這部分，我打算到了第7章再詳細說明。

換句話說，沒有文字的話，也許很難記錄過去和現在，群體內傳達訊息的「歷時性、共時性溝通」也會變得難以更加緊密或巨大。如果在都市形成後，有相當規模的人類群體都在同一個保護傘下，且又有文字，那麼它的記錄和訊息傳達就會高度提升，所累積的資訊量也會大增。如此一來，便有可能打造出十分強大的「硬體」和「軟體」的基礎建設，「巨大機器」的組織會變得穩固可靠，並開始出現技術上的創新。

不但如此，周邊擁有自己文化的群體也會逐漸共享這巨大的溝通文化，因而逐漸接受有助於共享此一文化的好用的文字。換言之，我們是不是可以說，擁有文字要比光靠語言更容易維繫一個組織的存在，並能夠創造出比較容易持久的體系呢？

第5章

印度「梵字世界」和中國「漢字世界」的展開

本章要談誕生於「舊大陸」東側的兩個「文字世界」的展開。中國的「漢字世界」和印度的「梵字世界」是如何擴展到周邊地區的呢？

史上最古老的文字世界「楔形文字世界」

人類的創新中可說最關鍵、最具有劃時代意義的「文字」是如何擴散，進而分成五個巨大的文字圈呢？我想從這個話題談起。

我要重述一次，現今全世界所使用的主要文字系統，追本溯源其實只有兩個源頭。一是中國從西元前十六世紀左右誕生的殷商甲骨文發展出的「漢字」。另一個是西元前三一〇〇年左右誕生在古代埃及的「聖書體文字」（神聖文字）。

殷

西元前十六世紀左右到西元前十一世紀左右，以中國河南省為中心建立的王朝，也是目前可證實的中國最古老的王朝。甲骨文將其寫作「商」。傳說中大乙（成湯）推翻夏朝成為天子後創立殷商，到了第三十代帝辛（紂王）時被周武王所滅。透過殷都遺址的挖掘，使王朝的真實情況大白於世。

古代文字世界

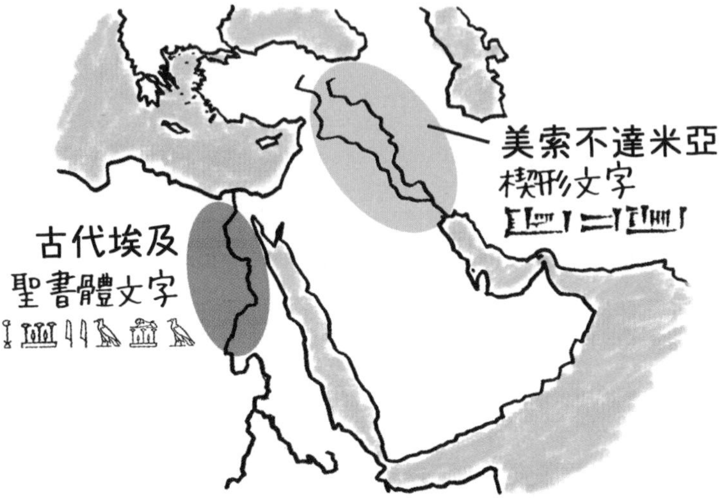
美索不達米亞
楔形文字
古代埃及
聖書體文字

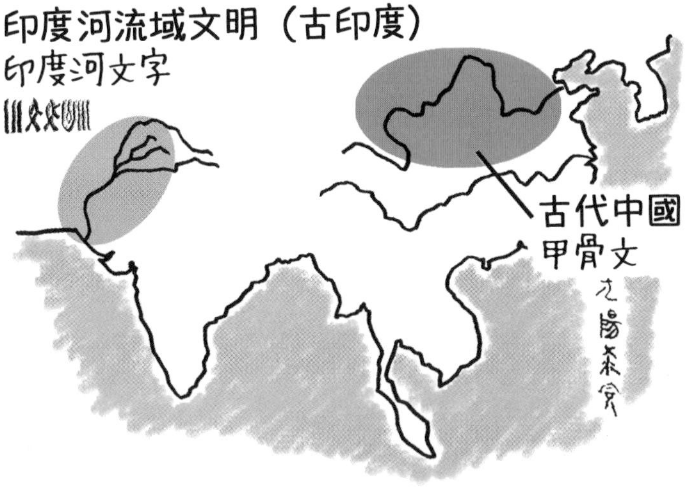
印度河流域文明（古印度）
印度河文字
古代中國
甲骨文

不過最古老的，據信是誕生於美索不達米亞的「楔形文字」。這是西元前三二〇〇年左右，由當時的蘇美人所發明的最古老的文字。古代東方世界的巴比倫、亞述和阿契美尼德王朝使用這種文字長達近三千年，但如今已滅亡，沒有留下任何後代。

一般認為，楔形文字之所以未留下後代便消失無蹤，是因為它使用不便。因為這種文字是刻在泥板上，加上不怕火燒，所以非常利於保存，但書寫時黏土必須是柔軟的狀態，況且泥板很重、體積又大，也不適合攜帶。

不過因為保存性佳，所以有相當大批的泥板出土。蘇美、阿卡德、巴比倫、亞述一帶留下的史料，遠比那之後改用羊皮紙的帕提亞帝國、薩珊王朝要多得多。

原因我在前面已稍微談過，因為就算王宮的文獻庫等遭到火燒，如果是泥板的話，被火烤過反而會變硬，保存性更高（笑）。但如果是羊皮紙的話，馬上就會被燒成灰，因此挖掘出土的淨是錢幣和碑文。這類文物上的文字都不長，也不會記載細節，所以其實並不能了解當時的情況。

比方說，波斯薩珊王朝等是當時世界的重心之一，可以確定其擁有高度文明，但很遺憾的是，留下的史料很少，至今依然不太清楚其詳細的真實情況。

阿契美尼德王朝

幾近統一整個古代東方的波斯人王朝。始祖是阿契美尼斯。西元前五五〇年滅了米底亞（伊朗北部，米底亞人建立的王國）後獨立建國。在那之後又滅了安那托利亞、巴比倫和埃及等，使版圖擴大。國王會被選為最高神祇阿胡拉·馬茲達，具有神權性格，稱為「萬王之王」。整個帝國劃分成二十多個省，設置總督予以統治。西元前三三三年，因伊蘇斯、高加米拉戰役被亞歷山大大帝打敗而滅亡。

薩珊王朝

伊朗（波斯）的王朝。西元二二四年，阿爾達希爾一世消滅帕提亞帝國後創建王朝。自稱阿契美尼德王朝的繼承人，以瑣羅亞斯德教為國教並採行神權政治，沿用帕提亞帝國的各種制度。六四二年在與阿拉伯穆斯林的戰役中敗北，六五一年國王遭到殺害而滅亡。

留下眾多文字後代的「聖書體文字」

繼楔形文字之後，出現的是埃及的聖書體文字。正如俗話所說的「尼羅河的恩賜」，埃及的植物種類豐富，尼羅河下游有許多高達兩公尺以上名叫紙莎草的莎草科水草。這種紙莎草的芯具有黏性，將它一層層堆疊起來不斷捶打會變成乾爽的草蓆。當時的人於是想到把它曬乾後在上面寫字。

楔形文字的誕生地美索不達米亞，位在連接歐、亞、非三大陸的通路上，因為是交通要衝，各種事物都會傳入。但也因為騷亂不安，東西很難好好地保留下來。

另一方面，埃及擁有天險，北邊是地中海、東邊有紅海，西邊是一望無際的利比亞沙漠，南邊在地緣政治學上也是很安定的區域。

而且，相對乾燥的氣候也是利點之一，很少東西會被蟲咬，可說留下眾多用蘆葦做的筆和墨水寫在莎草紙上的文獻史料。而發明文字的原因，可以想到的是為了記錄宗教和天文現象，一般認為只有極少數的人會寫聖書體。

另外，就是有跡象顯示，聖書體在托勒密王朝最後一位女王克麗奧佩特拉七世去世以後，埃及被併入羅馬帝國後依然為人使用，可是當會寫和會讀的人逐漸凋零，文字只有消失一途。拿破崙遠征埃及時（一七九九年）在亞歷山卓發現羅塞塔石碑，對解讀十分難懂的聖書體貢獻了一份力量，而破解成功的，就是法國學者尚博良。話說，各位知道尚博良先生是用什麼方法解開內容之謎的嗎？

說起來，羅塞塔石碑其實是用聖書體、古埃及世俗體和希臘文字三種文字寫成。好奇又聰明的尚博良先生著眼於埃及基督教徒至今在儀典上仍然使用的科普特語，推斷這科普特語可能是古埃及法老時代所使用的語言的後代，於是拿科普特語與希臘語、聖書體比對的結果，終於成功破解內容。

沒有人看得懂的文字，只要有中繼的語言——此處的中繼語言就是科普特語，便可以拿它當作線索，去解讀出由已知文字的語言和未知文字的語言寫成的文獻。

就文字的角度來說，楔形文字和聖書體文字都已滅絕。然而，有一個關鍵性的差異是，聖書體衍生出許多文字上的子子孫孫，那幾乎是漢字以外所有文字的原型。

印度「梵字世界」的誕生

不能忘了還有一個文字的源頭。那就是印度西北方，現今巴基斯坦和印度交界上曾經存在過的，因摩亨佐達羅和哈拉帕城市遺址聞名的印度河流域文明。在西元前大約二〇〇〇年左右達到鼎盛期的這個文明為何會滅亡？關於這個疑問，過去一直認為是因為雅利安人入侵所致，但最近的研究似乎否定這樣的推論，認為原因依然不明。

雅利安人
「雅利安」在梵語中是代表「高貴」的意思。是講印歐語系的語言，定居在印度和伊朗的族群。研究認為他們在中亞地區過著遊牧民族的生活，西元前一五〇〇年左右一部分人在印度西北方製作《吠陀》文獻，奠定婆羅門文化的基礎，另一部分的人則進入伊朗，形成古代伊朗文化。

印度河流域文明也有「印度河文字」這種獨特的文字。由於印度河文字只有像是印章那一類的文物出土，很遺憾，至今仍無法解讀。

一般認為，印度河流域文明所使用的語言，可能很接近現今印度南部仍然存在的達羅毗荼語。但由於作為史料的文字文獻過於稀少，故未能解讀。

那之後的印度文明有項不同於其他文明的特徵，就是儘管它是非常浩大的文明，卻相當晚才有自己的文字。雅利安人來到後，雅利安人的世界確實自西元前一千數百年前即已存在，但流傳到現在的文字則是到了西元前三～四世紀才形成的。

其中的梵字（婆羅米文字）固定下來，現在用以書寫印度官方語言印地語的天城體相當於梵字的直系子孫。印度史研究者通常不喜歡「梵字」這樣的說法，會要求別人正確地稱它為「婆羅米文字」，但我覺得可能會咬到舌頭，所以已經做好挨罵的心理準備，容我稱它作「梵字」。況且它與「漢字」的發音很接近。

十分匪夷所思的是，據印度學的專家學者和印度教的僧人表示，吠陀信仰的核心婆羅門教的宗教經典，在文字誕生前的一千數百年間一直是以口傳的方式傳遞。儘管我懷疑單靠口傳能流傳一千年以上嗎？但那似乎是不可說之事，姑且就這麼認為吧（笑）。

因此，印度河流域文明明明是「四大文明」之一，雖已消亡，但其後興起的包含以雅利安人為中心的印度文明，仍是非常悠久的歷史，不料以文字來看卻遠比希臘文字來得年輕。

而且關於這梵字是否真為原創，目前也有爭論。印度的學者專家主張這是他們獨自發明的文字，這麼一來，連同漢字和聖書體文字，現今文字的起源就變成三個。可是歐洲的研究者則提出，源自西奈文字（根據聖書體發展而成）的亞蘭文字漸漸向北傳布，之後又東進、南下發展出梵字這樣的主張，我也認為這推論比較合理。因此，這裡我大膽地不將梵字看成原創文字，而告訴各位聖書體文字和漢字為文字的兩大源頭。

順帶說一下，若問以前的人是用什麼方法書寫梵字的呢？就是用鐵筆如雕刻般地寫在曬乾的椰子葉上。椰子樹很多，而且省去製作莎草紙那樣麻煩的程序，所以本應有大量的文字紀錄，想不到最後卻沒留下半點史料，而這是有原因的。印度屬於濕度高的熱帶季風型氣候，因此全遭蟲子和黴菌破壞。

蟲子的旺盛食慾不容小覷。我認識一位研究泰國歷史的學者，據說他的藏書量之豐在日本無人出其右。可是書多到日本的家放不下，考量曼谷的租金便宜，便在當地租了一間公寓堆書。

不料，有一次他去曼谷的公寓，聽到卡沙卡沙的怪聲音，覺得奇怪查看了書架，才發現竟然有大量的小蟲，珍貴的資料被一一啃食，留下數不清的洞洞（笑）。他說兩個月前去的時候還完全沒事，所以是在很短的時間內變成那樣的狀態。

因此正如我在上一章告訴各位的，有關印度的文獻史料相當有限。

向東南亞傳布的「梵字世界」

言歸正傳，由誕生於印度的梵字所衍生出的各種文字，其成為強勢文字的地區，在此我想稱它為「梵字世界」。

這「梵字世界」往北擴及圖博附近，往東則到達東南亞一帶。這種傳播方式與中國文明往周邊擴大的形式很類似，一開始向各地傳布的是婆羅門教、佛教和梵字。

如同中國的高僧鑑真和尚在八世紀時來到日本，在奈良興建唐招提寺推廣律宗一般，印度婆羅門教和佛教的僧侶們也遠赴東南亞，將文字傳入。聽說，爪哇（印尼）等地古代遺址出土的梵字碑文，為正確的印度梵字。也就是說，不是當地人一知半解下所寫的字，可能是來自印度的移民所寫的。那之後，東南亞大陸大約在五世紀左右，爪哇等地則從八世紀左右起，開始出現根據印度梵字發展而成的各種文字。

經過一段時間，當東南亞地區新的王朝逐漸穩固，不知道是不是覺得婆羅門教不合適，一統天下後開始將新興的佛教思想帶進東南亞。那就是從印度傳入斯里蘭卡（錫蘭島）後蓬勃發展的舊型態的上座部佛教。以前寫作「小乘佛教」，我想年長的朋友應該比較熟悉這個稱呼，但最近因為有人認為「小乘」的說法，從大乘佛教的角度來看乃有貶抑之意，已經漸漸不再這麼說了，為求慎重起見，這裡採用「上座部

鑑真（六八八～七六三年）唐朝僧侶，奈良時代渡海來到日本，成為日本律宗的開山祖師。七四二年受日本留學僧的邀請，決意前往日本，但五次都失敗，而且眼睛還失明。七五四年終於成功來到日本。在東大寺等地設戒壇，為聖武上皇為首的眾人授菩薩戒，並興建唐招提寺，戮力鑽研戒律。後來被封為大僧都，並授與大和尚的封號，又稱唐大和尚。

佛教」的稱呼。

另一方面，經由中國傳入日本的佛教為大乘佛教，這是西元前後興起的新型態佛教。原本的佛教認為唯有出家的人會得救，而大乘佛教提倡沒有出家的在家眾也全會得救，是新發展出的一派。

上座部佛教傳入東南亞的時候，其經典不是使用梵語，而是使用雖為同一個系統卻稍晚才形成的巴利語寫成。這套文字也屬於梵字系統。東南亞早已有根據梵字發展出的各種文字，它的傳入，使得東南亞除了越南之外，各地的強勢文字全部是梵字系統。緬甸語、

梵字世界的文字

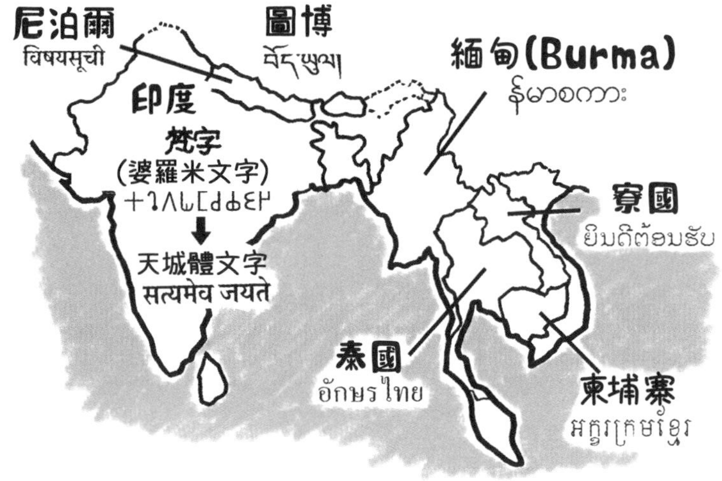

泰語、寮國語、柬埔寨語等，全部源自印度的梵字。不過，後來伊斯蘭教在馬來半島和現在的印度尼西亞扎了根，遂多了「阿拉伯文字世界」。

另外，大約西元二世紀時在現在以胡志明市為中心的南越一帶誕生的「占婆」這個國家，同樣是接受印度文化。中國稱它「占城」，這裡也是一直到晚近都使用梵字的地區。

不過，由漢至唐接受中國殖民統治近一千年，因而逐漸「漢字世界」化（中華文明化）的越南北方勢力增強，占婆被蠶食似地併吞，最後遭到徹底吞沒。

因此最後一個王朝阮朝將首都設在中部的順化，並統一北部以河內為中心的中國化加劇的地區，和南部以胡志明為中心直到十五世紀長期受印度文化支配的地區。這段期間，北部的中國文化慢慢浸透到南部，使得從風土氣候來看完全就是東南亞的越南，成了東南亞唯一一個用筷子吃飯的國度。

重述一次，文化的形成受到印度教、佛教影響的其他東南亞各國，基本上都是用右手抓食。和印度一樣，左手被認為是不潔淨的手，而用右手抓食物。

印度的歷史性社會結構

將東南亞各國的文字並排一看就會非常清楚，差異大到實在不會覺得它們系出同

占婆
西元二世紀末占族人於越南中部建立的國家。中國名為林邑或環王，後來稱占城。四世紀末開始印度化，七世紀以後稱占婆。為地方勢力的聯盟，靠與印度和中國南部的轉口貿易繁榮。十七世紀時被視為阮氏家族廣南王國的藩屬。

阮朝
越南的最後一個王朝。是一八〇二年阮福暎推翻西山朝所建的國度。建都順化，改稱越南國。統治疆域從中國境到暹邏灣，推動中央集權。以清為宗主國，效法清確立各項制度，但受法國侵略，成為法國的保護國後，被併入印度支那聯邦。一九四五年最後一位皇帝保大帝退位後滅亡。

源。若問為何會變成這樣呢？想得到的原因就是，大源頭的印度並沒有一個嚴令書同文的統一的王朝。

圖博在政治上從以前就受到中國很大的影響，但在文化上，文字和宗教都是從印度傳入，圖博的文字和原始梵字相當類似。可是看到印度西部的古吉拉特語，會懷疑它們真的是從同一種文字衍生出來的嗎？因為兩者的差異大到驚人。南印度和東南亞的文字差異更是明顯，緬甸等地的圓形字雖然獨特，但文字的祖先也是一樣的。

簡言之，是什麼時間、從哪個地方傳入？因文字傳播的時代和地區的差異，使得「梵字世界」的文字具有非常大的變異。

相較之下，漢字在「漢字圈」內倒是保有相當程度的共通性。事實上，漢字在中國的春秋戰國時代，因小國分立，不同地區原本也差異頗大。不過那之後的秦朝，秦始皇將漢字統一，並且在日後漢朝期間文字頗為定型後，才傳到周邊地區，因為有這樣的脈絡，所以才得以保有文字的共通性。

印度的文化特徵在於它的社會體系。雅利安人進入印度後便成為中堅，創造出以《吠陀》為經典的婆羅門教文化。這時，當地語稱作「Varṇa-Jāti」的制度被建構出來，即一般所說的種姓制度。

種姓制度就是，身分最上層是被稱為婆羅門的僧侶階級，其下是名為剎帝利的王族、戰士階級，再來是庶民階級吠舍、奴隸階級首陀羅，是相當牢不可破的社會階級

春秋戰國時代

周平王將都城自漢中遷往東邊的洛陽（周的東遷）後即位的西元前七七〇年起，到西元前二二一年秦統一中國為止的時代。政局混亂，周的封建式控制（城市國家體制）不再，諸侯間相繼發生侵略戰爭，初期估計有兩百個左右的諸侯不久便遭到淘汰，數量逐漸減少。以韓、趙、魏三氏掌握實權的西元前四五三年，抑或三氏的諸侯地位正式被承認的西元前四〇三年為分界，在那之前被劃為春秋時代，之後為包含前述三氏在內的「戰國七雄」互相競逐的戰國時代。

制度。有名的是首陀羅再往下還有不可接觸者的賤民階級，到了近代，因甘地呼籲廢除對賤民的歧視，而開始有人稱他們為Harijan（神之子。現在又稱達利特）。

印度這個國家很少出現剎帝利階級奪天下一統江山的時代，總的來說，他們一直是利用以「村」為單位的小社群維持秩序。小社群的秩序維持者為主持儀式的婆羅門，也就是說，僧侶階級是社會秩序的領袖。

婆羅門教和後來的印度教有一個共通點，即擁有稱為「dharma」的宗教戒律，人人皆在生活中遵守戒律。它不只是單純的戒律，甚至含有相當於法律的部分。婆羅門是村子裡唯一看得懂文字（梵字）的人，因此他既是宗教領袖，同時也是法律專家、知識分子，身分上也是「村裡最了不起的人」。這樣的人物和伊斯蘭教的指導者伊瑪目非常相似。

任何世界一旦出現像統一的王朝那樣強大的中央權力，位居中間的小權力一定會變得礙手礙腳，於是中央權力會試圖將它們排除，直接統治人民。然而，綜觀印度的歷史並沒有出現那樣強大的權力。總的來說，各個村落皆借助婆羅門之力使社群內維持極度穩定，我推測這可能就是像種姓這樣獨特的身分階級制度一直存在的原因。說起來它就是以婆羅門階級為基礎建構出的社會體系，所以很難崩解。

印度對周邊造成的影響不只是文字和宗教，從飲食生活到價值體系，影響十分巨大，而且至今依然存在。

甘地（一八六九～一九四八年）被稱為「印度獨立之父」的社會運動家。又稱「Mahātmā（偉大的靈魂）」。曾留學英國學習法律，後來成為律師。大約二十五歲起長住南非，在爭取印度勞工權利的過程中，為非暴力、不服從運動奔走。回到印度後，一九一九年左右起獨自展開非暴力、不服從運動，並致力解決印度教徒和伊斯蘭教徒間的對立及對賤民階級的歧視問題等。印度獨立後，遭印度激進派暗殺身亡。

中國古代文明

接下來要介紹文字兩大源頭之一的「漢字世界」，它對日本人來說非常切身，我們來看它是如何遍布東亞的。

與最古老的文明美索不達米亞相比，東亞地區很晚才有文明誕生。年長的朋友應該還記得在學校學過的誕生於黃河流域的黃河文明吧？那之後的挖掘頗有進展，南部的長江周邊一帶也有同樣古老的遺址出土，後來稱它為長江文明。

漢字一開始也是被用於宗教上，而不是實用性的文字。它被稱為甲骨文，拿龜甲或獸骨在火上烤，占卜吉凶，然後刻上文字。這種龜甲占卜法也傳入日本，並被歷代天皇即位時所舉行的「大嘗祭」儀式採用。決定供神用的稻米產地所進行的「龜卜」也是如此。

後來到了青銅器時代，開始會在青銅器上刻銘文，或是出現了木簡或竹簡，甚至是在竹籤串連成的卷軸上頭沾墨寫字。

拿毛筆或毛刷沾墨之類的染色材料寫字是中國人獨創的書寫方式。如果繼續用鐵筆之類像雕刻似地在竹子上寫字，可能就會像印度的椰子葉及美索不達米亞的泥板一樣，因為麻煩而不太能傳播。其他文化圈都沒有用毛筆寫字，大抵上都是用硬筆和墨水，尤其是「舊大陸」的西半部，其西邊以鵝毛筆（用鵝的羽毛做成的筆）為主流，東邊則是蘆葦筆。可是毛筆無所不能，任何材質都能書寫，日後紙張發明之後，便開始留下大量的文獻史料。

中國經確認最古老的王朝是殷朝。傳說中在殷朝之前還有夏朝，被殷所滅，但考古學對夏朝是否真的存在尚無定論。

包含這些古代王朝在內，中國最早一部通史在西漢時代被編纂而成，就是那位知名的司馬遷所寫的《史記》。前文已提過，司馬遷因直言進諫觸怒了漢武帝而遭到去勢。傳宗接代在中國是非常重要的事，被剝奪生育的能力對男性來說是最大的屈辱。因此，與其說司馬遷把多達一百三十卷的《史記》當作正式的史書來寫，毋寧說他是為了一雪遭到去勢的屈辱，而就其所知地寫下天子們的行狀或許比較正確。

這部《史記》中依夏、殷、周的順序記載了王朝的更替，以前一般都認為那應該只是傳說。結果一八九九年在河南省的安陽市甲骨文出土，到了二十世紀，遺址接二連三被發現，於是知道那就是殷朝的都城（殷墟）。

殷的時代似乎曾建立相當成熟的王朝。到了周以後，內部分裂，迎來春秋戰國時代。這時國與國分分合合，漸漸被縮減成人稱戰國七雄的七個國家。這部分正是中國耐人尋味之處，在分裂成七國互相競合的過程中，「我們和你們不一樣」的意識逐漸升高。

戰國七雄

中國戰國時代（西元前四〇三～西元前二二一年）成為具有實力的七大強國。指原有的秦、楚、燕三國，加上新興的韓、魏、趙和田氏齊四國。各國各自稱王，擴張領土，不斷爭戰。

不過，那意識並非偏狹的民族主義意識，而是在中華的「文化」水準上互相競合。也就是說，即便無法以「我即中華」這樣的姿態單獨壓制所有國家，但透過實力較勁略勝一籌的國家，即是眾所認可的霸主。換一種說法就是，儘管互相爭霸，但因為有殷和周這些統一王朝的記憶，加上已共有文字、儀禮文化之類的系統，因而沒有讓四分五裂的狀況成為常態固定下來。

比方說，現在的江南當時是楚國所在地區，但在中原——中華文明的中心地黃河流域中游——看來，那裡被視為「蠻夷之地」。然而當楚國逐漸受中華的影響，接受漢字和中華文化，便漸漸被認可為同類。

春秋戰國時代之後成為統一王朝的秦，同樣曾被當作蠻族看待，也是在中華化之後，最後成為中華的霸主。

傳布到東亞的「漢字世界」

再回來談文字，甲骨文在這段期間逐漸發展，字體也有很大的轉變。甲骨文後來衍生出刻在青銅器或石頭上的金文，但春秋戰國時代國家一分裂，每個國家的漢字也各有差異。到了秦朝，由於文字都不一樣很困擾，秦始皇便將漢字統一成儀禮用的小篆和官府用的隸書。

中原
指中國東周時代都城洛陽所在的以河南省為中心的華北地區，為古代中國的中心地，後來轉借為用以代表天下的詞彙。掌握此地被認為代表控制了中國，因此成為爭天下的標的。「逐鹿中原」（爭奪天下）這句成語即由此而來（「中原的鹿」代表天子的寶座）。

從此，後來的漢朝也繼續沿用統一後的漢字，那之後隸書衍生出草書，到了東漢又出現楷書，晉朝書法家王羲之完成各種書體，使漢字的形體固定下來。不久，楷書被認為是正確的字體，官府的文件全部改用楷書書寫。

它的優點在於任何人都看得懂。多數國家的公文書因為是手寫體，讀起來很辛苦。以日本來說，德川時代幕府所指定的公文字體「御家流」即是如此。鄂圖曼王朝的話，財政相關的公文中沒有標點符號，而且有的還會穿插如暗號般的數字。也就是說，基於不讓人看懂、不讓人抄寫以免情報外洩或被人偽造的原則，才會變成這樣吧。中國則是光明正大，無所隱瞞地使用大家都看得懂的文字。

於是，當中國建立起巨大的文明，其影響便漸漸擴及周邊地區。朝鮮半島、越南、日本，因為從漁獵採集社會轉入定居的農耕社會，開始過著與中國相似的生活，而中國相對進步許多，各方面都比較便利，便開始往來。

現在的「全球標準」是美國，所以日本也說要學習美國，鬆綁法規、廢除年功序列和終身雇用，但在當時東亞這個有限的世界裡，中國即是「世界標準」。

所以漢文便從中國傳入周邊地區。能讀寫漢文在當時應該是具有高度威望的能力，就跟和尚能讀一般人看不懂也無法理解意思的佛經一樣（笑），不過這個比喻很奇怪。漢字傳入朝鮮半島是在西元前二～一世紀左右；越南是從漢朝起接受殖民統治將近一千年的時間，漢字便在那過程中慢慢扎根。稍晚才傳入隔海相望的日本。

再稍微離題一下，語言的傳播方式有項非常有意思的特徵，舉例來說，中國很多現在不再使用的漢字古音，隨著漢字傳到周邊國家的日本、朝鮮半島和越南而保留了下來。

中國語的漢字音韻歷經時代的變遷也逐漸改變。比如唐朝的音韻在中國音韻學上被稱為「中古漢語」，與當時的漢語發音相近的是日本漢字的發音。為什麼呢？因為漢字是在飛鳥、奈良時代到平安時代之間傳入日本，以中國隋唐時代的字彙居多，並一直保留著當時的讀音。因此，如果想重現中國的古音，將日、韓、朝鮮、越南等國的語言，和中國的廣東話等的發音互相比對，就能找出相當正確的讀音。

民俗學者柳田國男先生在其著作《蝸牛考》中也有同樣的說法。由於京都是日本文化的發源地，因此以京都為圓心的話，距離愈遠的地方，保留愈多京都以前使用的古話。

作為統治系統的「儒學」

中國一旦出現統一的王朝，除了統一度量衡和文字，興建道路、都城這一類「硬體」建設之外，也逐漸充實統治制度和實際運用制度的巨大組織等的「軟體」建設。這麼一來，如何才能持續統治這龐大的帝國便益發重要起來。總的來說，秦始皇

柳田國男（一八七五～一九六二年）
兵庫縣出身的日本民俗學之父。經歷農商務省、法制局、宮內省等的官職後，擔任朝日新聞社的客座評論員。與島崎藤村、田山花袋等人相交，曾是備受期待的抒情詩人，後來走訪日本國內各地，專心致力於民俗學的調查、研究，著有《遠野物語》等。

的性格具有毫不通融的一面，正如他下令焚書坑儒所顯示的，他不太重視思想體系。更重要的是，他試圖用法律管理國家，以法治為基礎，廢除封建制度，改採郡縣制度等，建立頗為穩固的法治集權體制，之後的歷代王朝也承襲同樣的做法。

然而秦始皇一死，政局就開始陷入混亂，秦的政權事實上僅只一代便瓦解。霸權之爭再起，後來由西漢的劉邦統一天下。

在此之前稱霸中華的霸主都有一定的身分地位，然而劉邦據說出身鄉下的普通農家，相當與眾不同。由於他天生具有豪俠氣概，值得信賴，因此有眾多子弟兵慕名跟隨，好比日本的國定忠次這樣的人物，之後趁亂揭竿而起，奪得天下。劉邦的夫人呂后據說是大戶人家的千金小姐，但卻頗有男子氣概，劉邦死後甚至一度執掌天下。

也因為這是史無前例的天下統一，由於體認到無禮儀則無以治國，便起用儒家。儒學就這樣開始廣泛滲透，在漢朝年間正式被視為國教，德治勝於法治的思想扎根，從此一直持續到二十世紀初清朝滅亡為止。

我已做好挨孔夫子痛罵的心理準備，所謂的儒家思想，一言以蔽之，就是「修身齊家治國平天下」，首先要端正自己的行為，接著管理好家庭，然後才能好好地治理國家。為了要遵守與日常生活有關的種種「禮」的規定，還要遵循德目。

前文中已提過，印度的宗教戒律 dharma 中還包含法律規範。中國的情況則並非如此，中國是將德、禮與法分開。法是活生生的權力世界，儒家認為有德便能治，所

焚書坑儒

秦始皇所實施的思想管制措施。據說因儒士對秦始皇的改革持批判態度，因而於西元前二一三年下令燒毀除了官府文獻、醫藥、卜筮、農業等實用書以外的所有書籍（焚書），隔年逮捕了數百名批評秦始皇的儒士，坑殺於咸陽（坑儒）。

郡縣制度

秦朝推行的中央集權式地方統治制度，被認為起源於戰國時代。秦始皇將全國分為三十六（日後增為四十八）郡，郡底下設縣，並由中央派遣官吏，分別掌管民事、軍事、監察。漢朝初期採用郡縣制度與封建制度並行的郡國制（直轄地行郡縣制度，偏遠地設諸侯國，分封給同族之人或功臣），日後演變為實質的郡縣制度。之後也因應時代的變遷，採用透過郡縣制度的行政劃分來統治地方，直到清末。

以與其說是認為沒有法也沒關係，不如說是以德為先。簡言之，就是只要有統治國家的理論及作為支撐其理論的德目和禮儀體系，就算沒有法律也能透過人治來治國。

這套儒學的「禮儀」體系隨著漢字一同傳入朝鮮半島和越南，但卻沒有傳入日本，傳入日本的只有天下國家的理論和德目。也許或多或少有傳入，但並非整個體系的傳入，因此就連日本的儒學者，絕大多數的人也不會舉辦儒式的婚禮和葬禮。朝鮮半島的話，在家喻戶曉的韓劇《冬季戀歌》中，窮困的單親家庭的母親過世，也是完全遵照儒式之禮安排祭祀。

這正是日本的有趣之處，即便是佛教，關於如何得救的部分有傳入日本，但佛教徒應當遵守的綿密戒律則傳入得不多。

■世界最早的實力主義官僚選拔制度「科舉制度」

在中國，統一的王朝持續他們的統治，不同的只是統治組織的型態。古時候有世襲的君王、諸侯，其下有家臣這種依身分建構的組織，卻漸漸地演變成「由君王一人統治」，也就是跳過諸侯等的中間階層，由君王直接統治人民。

到了大約春秋戰國時代，組織逐漸穩固，貴族階級形成。這時便需要打破階級框架的人才晉用機制，而最先出現的是被稱為「食客」的人。所謂的食客其實是一種人才庫，平時便將一群需要時能派上用場的人當作客人供養。雖然是寄人籬下，但食客中也出了不少了不起的人物。

另外還有一種為君王提供建言的人，以現在的說法就像是「高級顧問」。輔佐周文王和武王的呂尚（太公望）等人便是顧問，孔子原本也是想成為政治顧問。

西元三世紀漢朝滅亡，進入魏晉南北朝時代，貴族階級主導的門閥政治開始漸漸出現弊病，為政者意圖整頓這幫貴族，於是設計出九品中正這套新的官吏任用制度。即由中央任命的中正官到地方查訪，依九個等級評定優秀人才，然後由各地向中央政府舉薦任用的制度，但是因為被地方豪族用作爭權奪利的工具，所以才能往往被忽略，怎麼也無法順利推行。不過，這項制度也許可說對建立連結中央和地方的管道起了作用。

經過南北朝時代，終於在西元六世紀建立了統一的王朝隋，其大膽地以晉用真正有能力的人才為目標，設計出可壓制貴族勢力的機制。那就是後來被稱為「科舉」的透過考試選拔官吏的制度。

科舉考試考的是儒學素養和作文能力，除了女性和伶人及其數代子孫不准報考之外，基本上任何身分的人都能報考，是一項劃時代的制度。以當時的世界來看，可算是相當特異的「實力主義終身官僚選拔制度」。

前文已提過，連日本人、朝鮮人這樣的「外國人」也能參加科舉考試，不問身

魏晉南北朝

自二二〇年東漢滅亡到五八九年隋朝統一中國這段時代的統稱。是中國長期分裂的時代，又分為三國時代、西晉、東晉、五胡十六國時代、南北朝時代。

隋

五八一年統一分裂成南北朝的中國後建立的王朝。隋王，同時也是北周功臣的楊堅，以禪讓的形式登基為皇帝，五八九年併吞陳國，統一中國。整備國家體制，破除門閥制，推行科舉等，力圖充實國力。並於國內建置禮制，獎勵佛教。六一八年因為叛亂而滅亡。

分階級，基於個人的自主性，透過全國統一的能力測驗來錄用官僚，中國是世界上頭一個這麼做的國家。就連英國也要到十九世紀中葉，才開始用考試的方式公開招募東印度公司的幹部，或是透過考試錄用公務員。

到了唐朝，貧窮的庶民子弟借著「螢火蟲的微光」拚命苦讀考上科舉，他們與大貴族的子弟相互競爭的情況變得十分激烈。大貴族的子弟原本不用努力也能出人頭地，但到了十世紀唐朝滅亡，進入分裂的五代十國時代後，這些貴族的勢力逐漸式微。後來當宋朝建立統一的王朝，便將可能會對「君王一人統治」造成阻礙的大貴族一一解除他們的勢力。然後皇帝和被稱為士大夫的各地地主階級結合，形成一種「皇帝、地主聯盟」的關係，並透過「科舉」將想要做事、有能力的地主子弟吸納到中央，以這樣的形式最後達成由皇帝直接統治地主、庶民的「君主專制」。

科舉就這樣在宋朝奠定了基礎。日後蒙古帝國統治下的元朝，因科舉與他們的統治系統不合，曾經停辦過一段時間，但十四世紀驅逐元人，進入明朝統治的時代後，科舉正式復興並日益穩固。順帶告訴大家，滿洲人繼明朝之後成立清朝，他們一面安排統治階層的滿洲人擔任中央的高官和軍職，一面將實質性業務委由科舉選拔出的官僚負責，以這樣的形式使科舉制度一直持續到清朝即將滅亡前。

五代十國時代
指九〇七年唐朝滅亡到九七九年宋朝統一中國為止，有眾多小國分立的時代。華北中原成立了後梁、後唐、後晉、後漢、後周五個王朝，華中與華南則有吳越、南唐（江南國）等十個左右的國家興亡。除了內亂和政治不穩定之外，再加上契丹等外族入侵、壓迫，是一段動亂的時代。

「科舉」帶來的統治的穩定性

談到科舉，經常為人詬病的就是它只一味地要人鑽研儒學和詩文，使人脫離現實，還有就是科舉官僚的腐敗。但除去負面的部分，它在促使中國的統治組織長年維持穩定這一點上居功厥偉，應該也是事實。

一說到為了準備考試用功念書，恐怕有人是抱持負面印象吧，但考試得高分的小孩，畢竟表示他對問題具有較高的處理能力。也就是說，在有限的時間內運用自己具備的知識答題的能力，很適合擔任官僚這種需要處理例行事務的職位。另一方面，想必也有人會說創造力、個性比較重要，但假使一個社會有兩、三個像史蒂芬・賈伯斯那樣的人，我感覺好像也會出亂子吧（笑）。

當然，中國的穩定性也有一部分是來自地形的關係，因為除了北方以外，要從其他地方入侵並不容易。西側的天山山脈和崑崙山脈之間有塔克拉馬干沙漠，從中亞必須通過那片沙漠才能進入中國。另外，西南側也有西藏高原和喜馬拉雅山脈，從這邊也得穿越西藏高原才行。再加上東面和南面皆被海洋包圍。比較脆弱的部分是北方，即「舊滿洲」和蒙古高原以北一帶。雖然有戈壁沙漠，但遊牧民族屢屢由此南下，可說是唯一的外在威脅。

日本人對遊牧民族並不熟悉，他們的生活與定居民族大相逕庭，帶著住居和家畜，以集團方式花一年的時間，從冬季營地遷徙到夏季營地，再從夏季營地遷徙到冬季營地。因此，他們的凝聚力、機動性和瞬間爆發力皆出類拔萃，尤其是以集團方式騎著馬用弓箭進攻，對定居民族來說是一大威脅。在火槍和火砲出現以前，一旦有大規模的遊牧民族開始作亂便很難平定。

因此中國在秦朝時甚至築了一道著名的「萬里長城」，之後的漢朝和唐朝也分別受到被歸為蒙古人的匈奴和屬於土耳其民族的突厥威脅。但儘管如此，中國依然能維持相對穩定的狀態，除了上述的環境因素之外，我想還是因為科舉制度這種基於實力主義的統治組織確立所致。

除此之外，很有意思的是，這套科舉制度成了「漢字世界」的世界標準，後來也被朝鮮半島和越南採納，但卻沒有傳入日本。因此日本一直延續世襲的貴族政治，之後則轉變成武家政治。另外，科舉也沒有傳入深受中國影響的琉球，而是發展成重視系譜的社會。也就是說，科舉制度不知為何沒有被漢字世界的島嶼區接納。

到此為止，我談了以「舊大陸」東側的中華文明為中心的「漢字世界」，和以印度為中心的「梵字世界」兩者展開的情形。接著要來看西側的狀況，誕生於西亞的美索不達米亞文明，和興起於非洲東北部尼羅河流域的埃及文明，以及地中海東部的愛琴文明等，它們是隨著哪些文字逐漸擴展開來的呢？

匈奴
被認為是蒙古高原上最早形成的遊牧民族國家。屬於部落聯盟國家，以十為一個單位的軍事、社會組織等，對後世的遊牧民族國家造成很大的影響。他們所使用的語言被認為與土耳其語或蒙古語很相近。西元前二〇九年統一蒙古高原。秦、漢時代經常與漢人產生衝突，於西元前二〇〇年侵入中國，與漢和平相處，但因武帝屢次出兵征討導致其衰退、分裂。

突厥
五五二年由土耳其民族所建立的國家，統治疆域從蒙古高原到中亞。五八三年分裂成東西兩半。東突厥統治蒙古高原，六三〇年因唐朝而瓦解。六八二年復興，再度統治蒙古高原，但七四四年被維吾爾人所滅。是最早使用文字的北亞遊牧民族。統治中亞的西突厥則在六五七年被唐擊潰。

第6章

美索不達米亞、埃及和愛琴海的文明

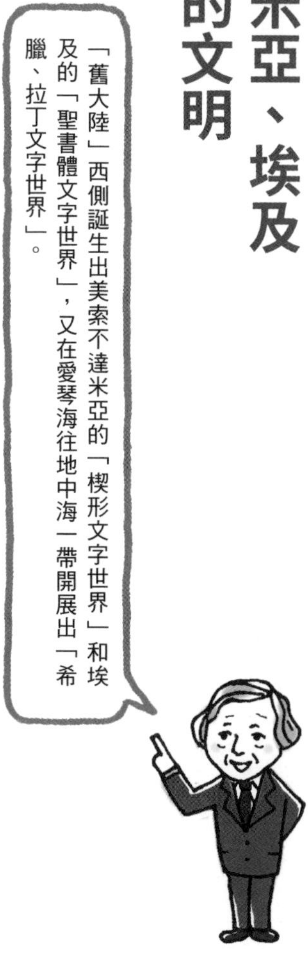
「舊大陸」西側誕生出美索不達米亞的「楔形文字世界」和埃及的「聖書體文字世界」，又在愛琴海往地中海一帶開展出「希臘、拉丁文字世界」。

■美索不達米亞的「楔形文字世界」

現今的土耳其東部，有兩條主要的水源流入波斯灣，這兩條河流是底格里斯河和幼發拉底河，它們交會的三角洲發展出美索不達米亞文明。這兩大河擁有傲人的豐沛水量，雖然屬於乾燥地帶，但很適合農耕。西元前六〇〇〇年左右起便開始利用人工灌溉進行農耕，到了西元前三〇〇〇年左右，來到這片土地的蘇美人更以神殿為中心形成城邦，文明終於開始有了具體的形狀。

我們至今仍不清楚蘇美人是個什麼樣的民族、屬於什麼語系。但知道其語言如同日語和坦米爾語一般，具有「黏著語」的特徵。蘇美文明在諸王朝的興衰起落中始終未能出現統一的政治體，不過他們卻創造出被認為是人類最古老的文字。那就是前文中曾稍微提到，用尖尖的棍棒刻在泥板上的「楔形文字」。

以地理環境來看，美索不達米亞位在亞洲與非洲兩塊大陸的交接處，各種各樣的民族來來往往。到了西元前二十四世紀，改由閃族的阿卡德人取代蘇美人開始支配這個地方，最後由阿卡德王朝統一全境。

與阿卡德人同屬閃族的巴比倫、亞述等帝國，更進一步在美索不達米亞成立。亞述帝國後來擁有頗為強大的軍事力，統治疆域甚至擴及敘利亞和埃及。不過，其統治手法相當嚴酷，使得叛亂頻仍，整個帝國於西元前七世紀末崩解。

順帶一提，阿卡德人所使用的語言和蘇美人的語言是完全迥異的系統，文法結構也相異，但有趣的是，他們沿用蘇美人的楔形文字。之後的巴比倫、亞述也繼續使用這套楔形文字，換句話說就是「楔形文字世界」在這塊土地上誕生，爾後進一步傳到北邊印歐語系民族已進入的伊朗高原，以及安那托利亞。

只是到了西元前六世紀在這塊土地上建立大帝國的波斯阿契美尼德王朝時代，這套楔形文字漸漸式微。人們開始引進並使用源自埃及及聖書體的亞蘭文字取代楔形文字。那之後似乎仍有少數人使用楔形文字，直到西元一世紀左右終至消亡。

阿卡德王朝

西元前二十四世紀後半自美索不達米亞北部興起的薩爾貢大帝，以阿卡德為首都建立了阿卡德王朝。由講阿卡德語（閃語系）的阿卡德人建立的王朝。被認為在經過約兩百年的繁榮後，遭異民族入侵而滅亡。

巴比倫

廣義上指的是包含蘇美和阿卡德在內的美索不達米亞地區（狹義則指巴比倫城邦周邊）。西元前一九〇〇年左右崛起的亞摩利人（閃族）所建立的巴比倫第一王朝，其第六代君主漢摩拉比重新統一這片區域，因首都設於巴比倫而稱之為巴比倫尼亞。後來被納入北部亞述的統治，但迦勒底人建立新巴比倫王國後，於西元前六一二年滅掉亞述。尼布甲尼撒二世時國力鼎盛，西元前五三九年遭到波斯阿契美尼德王朝侵略而滅亡。

這個興起於美索不達米亞的文明，促成了大規模的政治體及帝國的形成，被認為是擁有非常高度「軟體」的文明。

其一就是「法律」。當社會規模變大，慢慢便需要作為評判準則的「法律」，以約束其秩序和組成分子間的社會關係，而巴比倫帝國在西元前十八世紀左右即編纂出《漢摩拉比法典》。

另外，由於底格里斯河和幼發拉底河的氾濫並不規律，當時的人為了解大自然的周而復始便發明了「太陰曆」，而且「六十進位法」也是這片土地上的人所想出來的。「太陰曆」是按照月亮的圓缺來安排的曆法，和現在我們使用的太陽曆很不一樣，但現在的伊斯蘭世界所使用的「希吉來曆」也是太陰曆。而不用說，「法律」和「六十進位法」等發明也對後世造成莫大的影響。

除此之外，組織也算是美索不達米亞孕育出的文明「軟體」。一旦建立了巨大的帝國，便不能沒有君主專制式、中央集權式的「統治組織」。尤其是阿契美尼德王朝時代的波斯，出現了中央集權式的地方統治制度「行省制」，而為了使人和物可以移動、訊息可以傳達，便開始整備「道路」，更進一步設置「驛站制度」。這些許多優異的基礎建設果然都被傳承到後代。

亞述
西元前三〇〇〇年左右，以美索不達米亞北部、底格里斯河中游的亞述為中心興起的王朝。因發展商業繁榮起來，西元前二十世紀後半米坦尼崛起，隨即淪為其屬地，但不久便獨立。即使有段時期很混亂，仍然在西元前八～西元前七世紀後半成為統治整個古代東方（含埃及）的大帝國。西元前六一二年遭到新巴比倫王國和米底亞的攻擊而滅亡。

《漢摩拉比法典》
實物完整保留，為世界上現存最古老的法典。巴比倫第一王朝第六代君主漢摩拉比（西元前一七九二年左右～西元前一七五〇年左右在位）集蘇美古老法典之大成而頒布，為後世法典的典範。含刑法、商法、民法等共二百八十二條，將人嚴格區分為貴族、平民、奴隸三種身分。規定「強者不能欺凌弱者」。將「以眼還眼」等復仇法成文化也很有名。

■作為「聖書體文字世界」的埃及文明

接下來是一般所謂「四大文明」中的第四個，也就是誕生於尼羅河流域的埃及文明。

首先從環境條件來看，氣候與美索不達米亞同樣屬於乾燥地帶，但地形上是完全迥異的另一個世界。美索不達米亞因地形平坦，又是三大陸的交接處，所以是周邊族群容易往來之地，相對於此，埃及東邊面臨紅海，西邊是利比亞沙漠，南邊有努比亞沙漠，北邊瀕臨地中海，可說是一個「封閉的空間」。

在這個視由南向北流貫的尼羅河為唯一財富來源的世界，縱觀其漫長的歷史也可發現，雖然偶有外敵入侵，但平穩的時期相對較長久，以含族語言為母語的埃及人幾乎連續三十個王朝都是統治階級。從這個角度來看，也許可以說埃及近似中國的江南地區。

因為「尼羅河的恩賜」，古埃及最早繁榮興盛的是「下埃及」（尼羅河下游）以孟菲斯為中心的古王國（西元前二十七～西元前二十二世紀）。有好幾座眾所周知的巨大金字塔都是這段時期建造的，其成為埃及文明的象徵流傳到現代。

這片土地基本上是以農耕為主，並發展出自己特有的文化，儘管王朝不斷更迭，但整體相對穩定，因而建立起自己的組織、體制，並一直延續下去。

就「組織」的觀點來看，被視為太陽神化身的「君王」站在頂點，由神官們掌管天文和文字的世界。並設置輔佐君王的書記官階層，形成相當進步的官僚制「統治組織」，並且持續發揮功能。尼羅河和美索不達米亞的底格里斯河和幼發拉底河不一樣，氾濫期很規律。埃及人發現天狼星的位置與尼羅河的水位上升有關，由此發明出將一年分為三百六十五天的「太陽曆」和「十進位法」。此一「太陽曆」後來傳到羅馬帝國，並修訂成「儒略曆」，又改革成近代西歐世界所稱的「西曆」（格里曆），逐漸成為包括日本在內的全世界通用的曆法。

更重要的是，古代埃及人獨自創造出的文字。那就是前文中曾提到，寫在用尼羅河畔大量生長的紙莎草做成的紙張上的象形文字「聖書體」（神聖文字）。一開始為神官階級的獨占之物，但也因為它過於複雜，漸漸變成只用於碑文等的字體。神官們後來改用將其簡化後的神官文字，進而又發明出更簡略的世俗體（民眾文字）。

由愛琴文明走向「希臘文字世界」

在美索不達米亞和埃及兩地逐漸建立起文明之際，鄰近的愛琴海周邊大約從西元前三〇〇〇年起也進入了青銅器時代，克里特島在西元前二〇〇〇年左右開始出現宮殿建築。

愛琴海位於地中海的東北方，西邊被現在希臘所在的巴爾幹半島，東邊被土耳其所在的安那托利亞半島所包圍。海上散布著兩千座以上的島嶼，最大島是浮在南部海面的克里特島。

克里特島上曾有相當發達的米諾斯文明，受到美索不達米亞和埃及所謂的「古代東方」文明影響而誕生。不過，之後城市遭到破壞，發展停滯，這時有一支以希臘語系語言為母語的印歐民族來到島上，在西元前一六五〇年左右發展出邁錫尼文明。

邁錫尼文明同樣是在古代東方的影響下發展，不過到了西元前一二〇〇年前後，母語為希臘語的另一支古代希臘人「多利安人」南下，開始在巴爾幹半島定居。結果導致邁錫尼文明崩解，但這支多利安人在這片土地上開創出一般所稱的「希臘文明」。

雅典和斯巴達的抬頭

古希臘人在這裡創造出特有的政治體。那就是日語譯作「都市國家」的polis。

所謂的polis是在略微高起的丘陵上興建衛城，供奉守護神，然後在山腰築起城牆，讓人們集中居住。一旦稱為「都市國家」，往往會給人一種商業興盛的大都會印

邁錫尼文明
西元前一六五〇～西元前一二〇〇年左右，亞該亞人以邁錫尼為中心在伯羅奔尼撒半島（希臘南部）上所建立起的文明，相當於愛琴文明的晚期，屬於青銅器文明。深受米諾斯文明的影響，被認為因海上交易而繁榮興盛，此外還可看到巨石要塞和黃金工藝等特徵。關於其滅亡，有遭到多利安人或「海上民族」攻擊，以及氣候變動等各種說法。

象，然而並非如此，居住在裡面的其實是農民，四周都是農田。因此，如果要更正確地翻譯「polis」一詞，也許譯為「人類共同體」或「政治共同體」會比較好（譯註：台灣通常譯為城邦，所以後續出現時皆使用「城邦」的譯法）。

就這樣，地中海沿岸出現了為數眾多的城邦，當中以巴爾幹半島南端的雅典，和突出於雅典西側的伯羅奔尼撒半島上的斯巴達最為強大。

初期的城邦，公民是由貴族和平民所組成，政治雖然由貴族掌控，但貴族和平民在人格上是對等的「自由人」。一旦發生戰爭，平民和貴族都得負起武裝保家衛國的義務。

也因為具有這樣的特徵，起初雖然是君主政治，後來貴族的力量強大起來便轉為貴族政治，雅典的情況則是公民的力量變得更為強大，結果終於在西元前五〇八年誕生了民主政治。

雖說是民主政治，但當然不能與今日的民主主義相比，只有各家族的家長等成年男子算是正式的公民，參政權還是相當局限，不過從君主政治、貴族政治到民主政治，幾乎採納了所有近代的政體，這樣的文明可說是舉世無雙。因此近代西歐世界才會視雅典的民主政治為「理想的政體」，成為經常被人提起的政治典範。

另一方面，斯巴達則是君主政治，但王權受到相當大的限制，實質上類似貴族政治。由於斯巴達對孩童從小施以嚴格的軍事訓練，因此後人便把對孩童進行嚴格的教育稱為「斯巴達教育」或「斯巴達式」等，日本也有這樣的說法。

可是，若問那樣的做法值得稱讚嗎？也許要打個問號。這麼說是因為，斯巴達公民基本上都不願意從事勞動生產。他們把被斯巴達征服的民族劃歸為奴隸（黑勞士），讓其負責勞務，而所有斯巴達公民從小就被帶離家人身邊，一邊過著集體生活一邊接受軍事訓練，然後履行軍人的義務，這一切都是為了鎮壓奴隸們的反叛。

總之就是斯巴達公民不想認真幹活，只是為了鎮壓被迫勞動的奴隸而入軍營，實在是很難讓人稱許的制度。可能也是因為這個緣故，斯巴達的確擁有傲人的強大政治與軍事力量，但就文化面來看，並沒有留下多出色的作品。以帕德嫩神殿那般雄偉的建築，或是米隆的《擲鐵餅者》等美麗雕像為代表的希臘文化，為近代以後的世界帶來巨大的影響，而孕育出希臘文化的正是達成民主政治這項成就的雅典，此一事實也許正是歷史給予我們的教訓。

近似「美蘇」關係的雅典和斯巴達

若要簡單回顧希臘世界的展開情形，首先在西元前六世紀末以前，斯巴達掌握了伯羅奔尼撒半島的霸權，與各個城邦締結伯羅奔尼撒同盟，登上盟主寶座，以希臘世界最強大的城邦之姿崛起。另一方的雅典則是走向民主政治，與採行鎖國體制的斯巴

帕德嫩神殿

建於雅典（希臘）衛城上，祭祀雅典的守護神雅典娜．帕德嫩的大理石神殿。西元前四三二年在因波希戰爭（西元前五〇〇～西元前四四九年）遭到破壞的舊神殿遺址上重建落成。

達完全相反，傾力發展對外貿易，慢慢建立強大的海軍。

這時候，從東邊的美索不達米亞強勢崛起的是剛才提到的波斯阿契美尼德王朝。波斯帝國在大流士一世的時代奠定基礎，進入鼎盛期，並慢慢將西自埃及、東至印度河的廣大區域置於自己的統治之下。

當波斯帝國進入臨愛琴海的安那托利亞，便統治了那裡原有的希臘人城邦，立刻成了希臘外在的一大威脅。

終於，波斯勢力入侵巴爾幹半島，雅典和斯巴達結成同盟與之對抗，掀起長達半世紀的大戰——波希戰爭。在西元前四九〇年的「馬拉松戰役」中被希臘軍擊破的波斯雖然計畫再次侵犯，但在「薩拉米斯海戰」和「普拉提亞戰役」兩場海陸大戰中皆敗給希臘軍，波斯的遠征最後歸於失敗。著名的「溫泉關戰役」——僅三百人的斯巴達軍隊在面愛琴海的山頭上迎戰波斯大軍，結果全員戰死——也是發生在這場戰爭中。

順帶說一下，奧運等競賽中備受矚目的「馬拉松」比賽，據聞即是來自一名士兵長途跋涉，以快跑傳遞「馬拉松戰役」獲勝的消息。另外，這時期的斯巴達國王的名字最近在日本也很火紅，就是眾所周知的比利時巧克力的知名品牌「列奧尼達斯」。

雅典海軍擊敗波斯之後，希臘地區便以雅典為中心結成提洛同盟。然而，斯巴達

大流士一世（西元前五二二～西元前四八六年在位）
波斯阿契美尼德王朝的第三代君主。平定各地的內亂，確立中央集權體制，並整備兵制、稅制、交通和驛站制度等各項制度，為以後的波斯帝國奠定基礎。

對新興的雅典強化其領導權大為反彈，於是在西元前四三一年爆發為爭奪希臘世界霸權的伯羅奔尼撒戰爭。

這又是一場持續近三十年、中間穿插休戰期的大戰，起初是雅典占優勢，但最後由斯巴達獲得勝利。於是斯巴達奪得希臘的霸權，不過日後敗給實力強大的底比斯，從此日漸衰退。

說到雅典，有人將它比作羅馬帝國那樣的帝國，稱之為「雅典帝國」，但在我看來，兩者其實不太一樣。至少雅典並不是像羅馬帝國或中國的唐朝那樣，掌管一整個世界的「世界帝國」，同時還存在與其相抗衡、以伯羅奔尼撒半島為中心的斯巴達及其同盟軍。

從這個角度來看，雅典可能比較接近現在的美國，換句話說，就是在二十世紀以自由主義世界稱霸的美國，在對抗稱霸共產主義世界的蘇聯。雅典和美國，以及十九世紀的大英帝國，應當將它們看作「霸權國家」，而不是「世界帝國」。

在軍事戰略的世界裡，自古即有「控制海洋就等於控制陸地」的說法，美國即如同在現實中實現這樣的說法，以海軍之力控制海洋而戰勝蘇聯。然而雅典正好相反，控制了海洋卻敗給「陸地上的斯巴達」，並因而沒落。

這完全是我個人的興趣，不好意思，但我覺得從比較論來研究美國和雅典這兩個霸權國家一定很有意思。我也曾建議在出版社當編輯的朋友出版這樣的書，可是他跟

底比斯

希臘實力堅強的城邦，由伊奧尼亞人所建立。因為是神話中伊底帕斯王的首都，也享有盛名。邁錫尼時代是希臘中部的發展重心之一，因而繁榮一時。波希戰爭時站在波斯這一方，與雅典是敵對關係，並在伯羅奔尼撒戰爭中成了進攻雅典的領頭者。戰後與斯巴達對立，擊敗斯巴達掌握霸權，成為希臘最大勢力。勇將埃帕米農達（西元前四一〇年左右～西元前三六二年）死後國力衰退，漸漸走向沒落。

伯羅奔尼撒戰爭

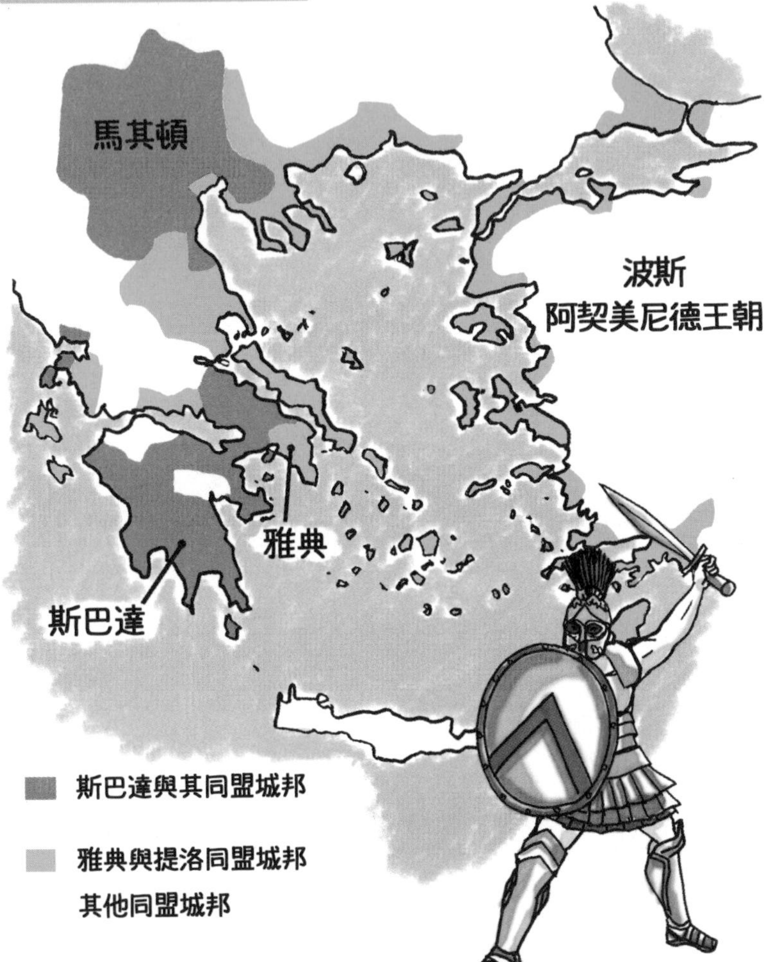
馬其頓
波斯
阿契美尼德王朝
雅典
斯巴達
斯巴達與其同盟城邦
雅典與提洛同盟城邦
其他同盟城邦

我說，找不到同時鑽研古代希臘和近代美國的學者（笑）。要使出這樣的渾身解數，恐怕不只在中小學時代便得學會流利地讀寫希臘語和拉丁語，而且還必須是在第二次世界大戰中擔任過「大英帝國」外交部政治情報司司長的阿諾爾德・湯恩比那樣的人，才有辦法吧。

■「希臘文明」的遺產

文明展開的歷史就先談到這裡，接下來我想簡單談一下希臘的「文化」。首先是文字，希臘人開始擁有文字，也就是希臘文字的時間相對較遲，大約在西元前八世紀中葉。希臘文字的源頭可追溯到將聖書體文字簡化後的西奈文字，而把西奈文字改為表音文字的腓尼基文字正是它的原型。

前文指出，在現代世界的五大文字世界中，其中一個即是「希臘、西里爾文字世界」，而其源流之一就是「希臘文字世界」。

看看現今的希臘，二〇〇九年政權交替後，巨額的財政赤字被攤在世人面前，演變成稱為「希臘債務危機」的全球性騷動，之後接受歐盟的官方援助，步上財政重建之路，因而遭人批評「希臘人都不工作」、「希臘是歐盟的包袱」等等，雖然不怎麼爽快，但過去它卻曾經是盛極一時的高度「文明」。

不僅是建築和雕刻，以荷馬為代表的敘事詩和悲喜劇等文學藝術、柏拉圖和亞里斯多德等人的希臘哲學，以及自然科學等，無不被日後成為西方文明中心的羅馬帝國繼承。

尤其是希臘的自然科學體系，大量被在七世紀登場的伊斯蘭世界所採納，發展成伊斯蘭的科學。西歐世界雖然因希臘語漸趨式微，而逐漸淡忘了豐饒的希臘文明，但在遇見伊斯蘭科學後不免為之讚嘆，他們藉由把阿拉伯語譯成拉丁語後引介進來，因而重新發現希臘的自然科學，也為往後西歐世界的科學帶來決定性影響。

因此，希臘語、希臘文字不只是當時希臘世界的共通語言、文字，後來到了羅馬帝國時代，它依然是僅次於拉丁語的全區通用的語言、文字。畢竟，被羅馬帝國定為國教的基督教的《新約聖經》，其原典就是用希臘語、希臘文字寫成的。

羅馬帝國分裂為東西兩部分，在西羅馬帝國滅亡後繼續存在的拜占庭帝國，希臘語也是第一官方語言，即便「近世」以後的西歐，希臘語依然是與拉丁語並列的重要古典語言之一。

我要稍微談一下希臘人的世界觀，他們稱自己為「Hellenes」，稱希臘人的世界是「Hellas」。而對非希臘人的人則稱「Barbaroi」。起初「Barbaroi」是指「不是講希臘語的人」，但在贏得波希戰爭後變成含有「野蠻人」的意思。

這麼一來就與中國區分「華」、「夷」的方式如出一轍。「Hellenes」即等於中國的「華」，「Barbaroi」則等於「夷」。不過，中國在「夷」出身但已「華化」的秦統一亂世之後，在「一亂一治」的反覆統一和分裂之中，統一成為常態，而與此相對的是，希臘世界直到最後都未能由自身完成統一。

另一方面，雅典和斯巴達發動的伯羅奔尼撒戰爭導致兩敗俱傷，在他們看來正是所謂「Barbaroi」的北方馬其頓人逐漸抬頭，後來席捲了這個地方。是的，就是亞歷山大。若是以前學過世界史的朋友，說「亞歷山大大帝」也許比較容易理解。

「希臘化時代」一詞潛藏的西歐中心史觀

馬其頓是個與希臘不太一樣的世界，一般認為那裡並未建立城邦。西元前四世紀腓力二世自立為馬其頓國王，強大的軍隊建置完成之後，立刻對希臘發動侵略，希臘便被納為馬其頓的屬地。

正當它接下來要進攻波斯時，腓力二世遭人暗殺，繼承其王位的就是亞歷山大。亞歷山大先壓制鄰近的敵人，一站穩腳步，接著就進軍安那托利亞，終於在西元前三三三年與大流士三世率領的波斯軍交火。這就是史上著名的「伊蘇斯戰役」，亞歷山大宛如「以小搏大」，擊破軍力占優勢的波斯大軍。

所向無敵的亞歷山大征服敘利亞、埃及後，接下來轉而朝東方進軍，在伊拉克西

馬其頓人
興起於希臘北方的古代馬其頓王國（西元前七世紀左右～西元前二世紀左右）的人。其祖先被認為在西元前一一〇〇年左右遷徙到這片土地。自西元前五世紀左右開始往外擴張勢力，被希臘人稱為Barbaroi（異邦人、夷狄之意）。在亞歷山大大帝時征服波斯阿契美尼德王朝，建立帝國最大版圖。

亞歷山大（大帝）（西元前三三六～西元前三二三年在位）
馬其頓國王腓力二世之子，因父親遭人暗殺，二十歲即位為王。平定希臘的叛亂，並啟程遠征東方，消滅了波斯帝國，行軍到達印度西北部。三十四歲時病歿。

北部的高加米拉再度大敗波斯軍，曾以其強盛誇耀世人的波斯阿契美尼德王朝，便是因為這場戰爭大敗而滅亡。亞歷山大的軍隊通過阿契美尼德王朝的領地，最後到達印度北部，卻因士兵們的不滿升高而未再往前推進。

這趟「亞歷山大的東方遠征」帶來的影響之一，就是使地中海往印度的通路變得順暢，促進東西文明的交流。亞歷山大似乎也強烈地意識到這一點，不但自己娶阿契美尼德王朝的公主為妻，還下令軍官們與阿契美尼德王朝有權勢者的子女聯姻，試著促進東西文化的融合。

西歐人把這種「東西文明的融合」稱為「希臘化時代」。不過「希臘化時代」一詞，在視角上帶有強調高度發展的希臘文明傳播到阿契美尼德王朝以東地區的傾向。我感覺這部分其實多半也是「西歐中心史觀」式的見解。當然，亞歷山大的帝國內到處都被建設成希臘風城市，至少有部分地區開始使用希臘語和希臘文字也是不爭的事實，但它並沒有在伊朗高原上扎根，甚至後來到了帕提亞帝國時代便開始式微，在薩珊王朝的統治下完全消失。因此，我認為也要用公平的視角觀察東方文明的各種「要素」在同一時間往西傳播並扎根的情形，這才是客觀的「世界史」不是嗎？

除此之外，西歐人士通常以「空前的大帝國」來形容亞歷山大的帝國，但是用138頁的圖進行比較便能清楚看出，只是波斯阿契美尼德王朝的版圖再加上馬其頓和希臘罷了。

托勒密王朝
古埃及王國的王朝。西元前三〇四年，由曾是亞歷山大大帝部將的托勒密一世所創建。首都是亞歷山卓。第三代君王托勒密三世時建立最大統治疆域，之後便逐漸衰退。西元前三〇年被羅馬帝國征服，並在第十五代的克麗奧佩特拉七世和其子凱撒里昂死後滅亡。

塞琉古王朝
古代敘利亞王朝（屬於希臘人的一支）。西元前三一二年左右，而且，亞歷山大的大帝國持續的時間並不長。我想原因應該出在未能建立穩固的「統治組織」。因為這緣故，亞歷山大一死，有實力的武將們便立刻互相爭權、瓜分領土。

托勒密在埃及建立托勒密王朝，承襲希臘化文化，儘管建都於亞歷山卓，仍然漸漸走向埃及化。

從敘利亞到伊朗的廣大區域，同樣是由武將之一的塞琉古接替政權，建立塞琉古王朝。不過塞琉古王朝也逐漸衰微，於是屬於伊朗人的帕提亞趁勢崛起，建立帕提亞帝國。

在這樣的過程中，西方出現了巨大的競爭對手。那就是羅馬帝國。

羅馬為什麼會帝國化？

傳說中，羅馬帝國始於西元前七五三年。義大利半島南部和西西里島在那之前就有希臘人建立的殖民城市，但從東側的希臘世界中心看來，那只是邊陲之地。這塊邊陲之地上住著伊特魯里亞人，他們擁有以希臘文字為基礎發展出的伊特魯里亞文字。

羅馬受到希臘文化的影響，也開始建立類似城邦的共同體。只是因為這邊講的是拉丁語，所以不叫polis，而稱cīvitās。用羅馬字母拼寫就是civitas；順便告訴

由曾是亞歷山大大帝部將的塞琉古一世（西元前三〇五～西元前二八一年在位）所創建。首都一開始設在塞琉西亞，後來遷到安條克。曾擁有與阿契美尼德王朝幾乎不相上下的廣大領土，但西元前三世紀巴克特里亞和帕提亞獨立出去，西元前二世紀起與羅馬帝國對立。西元前六三年敗給羅馬帝國後滅亡。

帕提亞帝國
名稱與創始者有關的阿薩息斯王朝，在中國稱為安息。西元前二四〇年代興起於裏海東岸，日後取代塞琉古王朝統治伊朗、美索不達米亞。屬於遊牧騎馬民族的王朝，以帕提亞回馬箭著稱。被薩珊王朝所滅。

伊特魯里亞人
以義大利北部、托斯卡納地區為據點的民族。靠著與希臘人的貿易而繁榮。直到西元前七世紀左右一直維持獨立，興建城邦並統治羅馬，但其君王在西元前六世紀被趕下王位，西元前三世紀降服於羅馬，失去獨立性。

亞歷山大遠征（西元前4世紀後半）

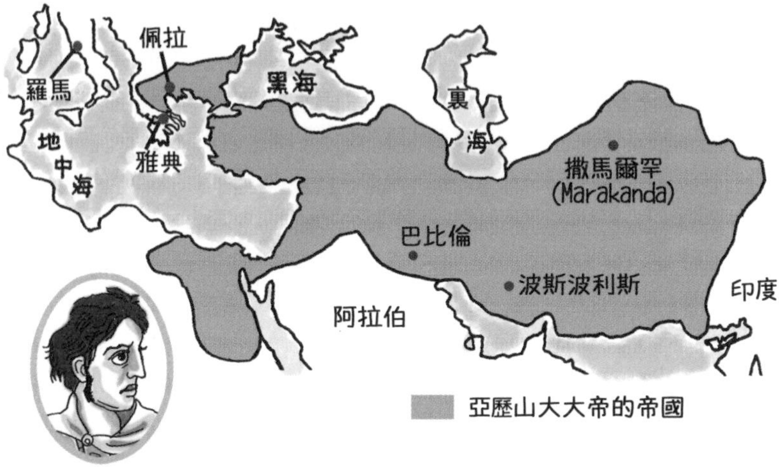

亞歷山大

波斯阿契美尼德王朝的最大疆域

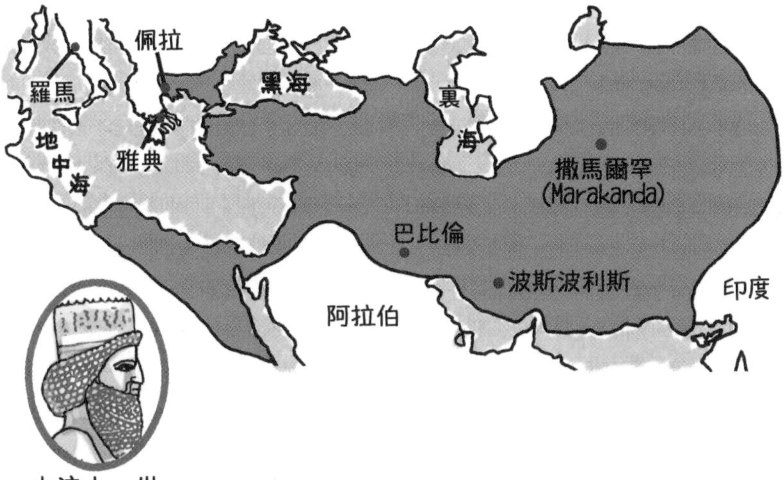

大流士一世

各位，含有「市民的」之意的civil，以及意指「城市」或「市」的city、「文明」(civilization)等，都源自於這個字。

前文已談過希臘由君主政治走向民主政治，羅馬也走過非常相似的歷程。先是從君主政治出發，第一位君主被認為是伊特魯里亞人，後來君主被逐出羅馬，改採由貴族執政的寡頭制，從此步入共和政治。

雖然稱為共和政治，但實質的統治機關是由patricii（門閥貴族）和nobiles（平民顯貴）所組成的元老院，因此是由元老院掌權的寡頭制共和政體。排在貴族之下的是被稱為「平民」的階級。初期平民階級受到不公平的差別對待，甚至不被允許與貴族通婚，但後來平民的力量漸漸變得強大，不但組成平民會議迫使貴族承認其決議具有法律效力，還為了保護平民的權利而設置護民官此一職位。

羅馬帝國的最大疆域（西元1世紀左右）

圖雷真皇帝

說到羅馬為何能發展成巨大的帝國，應該可以說是憑藉著「羅馬公民」所組成的強大軍隊的力量，而「羅馬公民」的成員則包括貴族和平民。「羅馬公民」有服兵役的義務，平時是自耕農，一到戰時便接受國家徵召，成為重裝步兵。

在共和時代，因凱撒等人努力遠征，使得羅馬的領土大幅擴大。羅馬有個非常時期的官職叫做dictātor（獨裁官），任期為半年，凱撒在建立穩固的權力基盤後當上獨裁官，卻把任期改為終身。所以就被共和主義者暗殺了。順帶告訴各位，現在英語的「獨裁者」（dictator）就是源自dictātor這個字。

凱撒指定自己的甥孫屋大維為繼承人，在他清除政敵後取得奧古斯都（權威者）的稱號，羅馬從此進入全新的「元首制」時代。這就是一般常說的「羅馬帝制」，換言之，即是漸漸朝向羅馬帝國發展。

■基督教傳入與東西羅馬的分裂

西元前三～二世紀的布匿戰爭，羅馬大敗位於北非地中海西岸、由腓尼基人建立的商業國家迦太基後，統治疆域一舉擴大。這使得羅馬掌握從北非西部延伸到西班牙（伊比利亞半島）的西地中海霸權。不僅如此，歐洲的高盧（法國）和北部以外的不列顛（英國）、地中海周邊的馬其頓和希臘、安那托利亞和敘利亞都被納入羅馬的勢力範

凱撒（西元前一〇〇～西元前四四年）
古羅馬的將軍、政治家。擔任過財務官、大祭司（終身），後來就任執政官。與龐培等人展開三頭政治，進行多項改革。平定高盧後，打敗與之對立的龐培，後來就任獨裁官（終身）。遭共和制擁護者布魯圖斯等人暗殺。著有《高盧戰記》、《內戰記》。

屋大維（西元前六三～西元一四年）
古羅馬第一任皇帝。母親是凱撒的外甥女，後來被凱撒收養，成為他的養子。養父遇刺後，與安東尼等人展開第二次三頭政治。後來打敗安東尼，掌握權力。採行Principatus（元首制），名目上是共和制，實質為帝制。獲封奧古斯都（拉丁語「至尊」的意思。羅馬帝國皇帝的稱號），竭盡全力恢復長期為內亂所苦的國內秩序和推動行省制，將羅馬帶入「羅馬治世（羅馬和平）」的時代。

圍，最後還滅了托勒密王朝，連埃及都被置於其統治之下。托勒密王朝最後一任女王就是著名的克麗奧佩特拉七世，被羅馬的屋大維囚禁的克麗奧佩特拉七世選擇自殺的場面，經常成為繪畫和電影等的題材。

這樣的領土擴張漸趨平靜，地中海成了羅馬人口中的「我們的海」後，羅馬帝國在西元二世紀左右的五賢帝時代開始謳歌和平繁榮的美好。

就宗教方面來說，羅馬基本上承襲希臘的多神教傳統。可是一旦要包容異質文化，同時又要統治這麼大的領土，人們在精神上就會開始追求更大的安定。在當時的世界，「舊大陸」東側的文明程度明顯高於西側，因此東方誕生的各式宗教漸漸地傳入羅馬。

在這樣的情況中，擊敗競爭對手傳布開來的就是基督教。當時的羅馬基本上是帝王崇拜，而基督教被認為會威脅到這樣的信仰，起初遭到相當大的迫害、鎮壓。即使如此，基督教信仰依然頑強地擴大到全境，成了不能漠視的存在，君士坦丁大帝於是在西元四世紀初承認其合法地位。

這時期，五賢帝時代的最盛期已結束，統治組織也漸漸出現不穩定。而到了三世紀，東邊屬於伊朗人的波斯薩珊王朝逐漸抬頭，甚至開始對羅馬帝國形成威脅。在這樣的情況下，羅馬帝國的重心愈來愈往東側傾斜，移到現在伊斯坦堡（土耳其）的所在地拜占庭，後來拜占庭成為帝國首都，開始被稱為君士坦丁堡。

腓尼基人
生活在古代地中海東岸的閃語系民族，因海上貿易而繁榮興盛。迦南人的希臘名。在埃及、巴比倫和克里特的影響下，自西元前十五世紀左右起形成城市同盟。曾在地中海沿岸各地建立多個城邦。將被認為是現代字母系統元祖的腓尼基文字和古代東方文明傳入西方。西元前八世紀左右起逐漸衰退，失去政治上的獨立，成為亞述和阿契美尼德王朝的海軍主力。

五賢帝
羅馬帝國穩定繁榮時代的五位名君。指的是涅爾瓦、圖雷真、哈德良、安東尼・皮烏斯、馬爾庫斯・奧列里伍斯。這段期間的皇帝不拘泥於世襲制，而是從貴族當中挑選自己認為最優秀的人作為繼承人，奠立羅馬帝國的極盛時代。

到了西元三八〇年，皇帝狄奧多西終於也改宗，基督教被定為國教（三九二年）。而國家統治也無法再繼續維持舊有的型態，於是在四世紀末將帝國分割成東、西兩半，即以義大利的羅馬為首都的西羅馬帝國，和以君士坦丁堡為首都的東羅馬帝國。

■羅馬和中國，何者的「組織」較優秀？

兩個羅馬帝國的命運可說是截然不同。羅馬是以逐一說服的方式，從歐洲的北方引進日耳曼人，把他們當作傭兵使喚。如果要打比方的話，就像「北面武士」那樣，由京都的朝廷和公家（譯註：泛指為日本天皇和朝廷服務的貴族和官員）從關東帶進武士當作一種暴力的裝置。

可是，當羅馬的情況在北方的日耳曼人之間傳播開來，便漸漸出現「我也想去都城」這樣的聲音。後來形成大規模的行動，演變成「既然羅馬這麼好，我們何不乾脆都殺去羅馬」，這就是一般常說的日耳曼民族大遷徙。

近來似乎也出現新的說法，認為這是大規模的氣候變遷所致，但總而言之，西羅馬帝國在日耳曼人南下的過程中首當其衝，終至發生日耳曼人的傭兵隊長奧多亞塞廢掉皇帝，導致西羅馬帝國在西元四七六年滅亡。但令人佩服的是（笑），奧多亞塞覺得羅馬的皇冠對自己來說太過沉重，因而將西羅馬的皇冠歸還東羅馬皇帝。

日耳曼人

生活在德國北部到斯堪地那維亞半島上的原住民族，屬於印歐語系，中世紀以後成為歐洲人的主幹。西元前四世紀左右開始，一邊壓迫凱爾特人，一邊擴大自己的居住區域。西元前一世紀左右開始，一部分遷居到羅馬帝國境內，一部分反覆聚合離散，最後進入日耳曼民族大遷徙時期。

北面武士

指白河上皇的院政期以後，設置在院御所北面的武裝衛隊。成為院政政權的一部分軍事基礎，同時也是武士進入中央政治圈的踏腳石。

於是，東羅馬帝國成了唯一的「羅馬帝國」，以拜占庭帝國之名一直持續到十五世紀被鄂圖曼帝國滅亡為止。

讀西歐歷史學家寫的文章，便會發現他們多半對這羅馬帝國的組織力給予頗高的評價，甚至稱之為「組織的羅馬」。當然，由於羅馬是西歐各文明的源頭，因此這背後應該有著「羅馬的文明力直接關係到近代西歐的優越性」此一意識。不過，這也是一種「西歐中心史觀」。

如果拿希臘和羅馬做比較，我當然也認為就組織來說，羅馬比希臘優異許多。拿希臘的雅典來說，可以說就是「素人政治」式的民主政治，公民雖然能過問政治，但選出的領導人卻沒有多大的才幹，利用民粹搞個西西里遠征之類然後慘敗，最後還輸給斯巴達導致城邦沒落。正如同時代的歷史學家修昔底德所看清的，這就是由demagogue（煽動群眾者）取得政權的結果。

不過，若比較同為「世界帝國」的中國和羅馬，特別是在軍事組織的機動力和瞬間爆發力上，羅馬看似凌駕於中國，但有關「統治組織」整體的耐久性和持續性，以及維繫組織運作的人才養成、人員補充的制度，甚至是在統治思想等方面，我怎麼看都覺得羅馬「相對不如」中國。

不論是「羅馬世界」還是「中華世界」，要維持其「世界」的存在，我認為在背後支撐此一「世界」的身分認同，以及建立在身分認同之上、使眾人團結一致的

修昔底德（西元前四六〇年左右～西元前四〇〇年左右）
古希臘歷史學家。出生於雅典，西元前四二四年，在伯羅奔尼撒戰爭中擔任將軍一職，後來遭到流放，不得不過著長達二十年的亡命生活。留下記述這場戰爭的八卷史書。

凝聚力非常重要。羅馬帝國的情況是，把法律看得比什麼都重要，一開始只承認羅馬人擁有「羅馬的公民權」，後來才開放給全義大利的人，再開放給帝國內所有的自由人，試圖藉此凝聚民心，但結果卻未能維繫住各個族群對帝國的向心力。

相對於此，中國則是著重在「文化」上。也就是說，掌握中國文化、會說漢語的人因為已經「華化」（同化），便將他們納入「中華」。我認為這正是中國實現強大凝聚力的原因。

證據就是，中華帝國確實倖存了下來，現在繼續以中華人民共和國之名追逐著「中國夢」，而羅馬帝國則消失了。

雖然歐美的研究者能夠閱讀亞洲文字的人實在不多，比較不能正確地掌握亞洲的歷史也是部分原因，但總不能永遠抱持著「西歐中心史觀」吧。

■七世紀初的「文字世界」

好了，前面已經相當快速地瀏覽過七百萬年的歷史，我想再次簡單地整理一下，七世紀初的世界被分成哪幾個「文字世界」。

首先，在「舊大陸」東側形成的「漢字世界」的中心地中國，七世紀初隋朝滅亡，接著唐朝建立。而在「漢字世界」的周邊，漢朝時即將越南納入其統治轄下，這樣的狀況一直持續到唐朝末年。朝鮮半島為高句麗、百濟、新羅鼎立的三國時代，但進入七世紀後，高句麗、百濟被唐朝滅亡，由新羅統一朝鮮半島，此一統一的新羅時代一直維持到十世紀。

日本則延續派遣使節團入隋的做法，繼續送遣唐使入唐，以中國的律令制度為模範，整備內政。六世紀時經由朝鮮開始接受佛教，積極派的蘇我氏和反對派的物部氏為此展開鬥爭，物部氏被滅。之後在奈良的飛鳥建造王宮，七世紀便進入一般所謂的飛鳥時代。

而在與「漢字世界」的西南邊接壤的「梵字世界」，印度第一個統一的國家孔雀王朝在西元前二世紀垮台後，進入群雄割據的時代。不過，由婆羅門教變身成的印度教已滲透到全境，使得文化上的統一得以維持。佛教在印度的熱度漸退，但上座部佛教在斯里蘭卡被系統化，後來逐漸往越南以外的東南亞大陸傳布。

接下來，先看「舊大陸」西側文字世界的狀況。原本，希臘、羅馬的「希臘、拉丁文字世界」傳布得很廣，但在羅馬帝國分裂成東西兩半，西羅馬帝國於五世紀末滅亡後，出現新的發展。

在西歐，篡奪西羅馬帝位的日耳曼人變成主角，於是視拉丁語為文化、文明語，並使用拉丁文字的「拉丁文字世界」漸漸形成。五世紀後半，統一日耳曼民族各個部落國家的克洛維建立了法蘭克王國，開啟最初的王朝「墨洛溫王朝」，將西歐大部

新羅

西元四世紀中葉，朝鮮半島東南部的辰韓被統一後興起的國家。首都為慶州。七世紀後半，與唐結盟後滅掉百濟、高句麗，六七六年排除唐，成為朝鮮半島第一個統一的國家。八世紀末開始因王位之爭等因素，中央的統制力崩潰，地方勢力抬頭。九世紀末以後，後百濟、高麗等自立門戶後分裂，九三五年新羅王降服於高麗後滅亡。

墨洛溫王朝（四八一～七五一年）

由撒利法蘭克人的克洛維統一高盧、建立法蘭克王國後所開創的王朝。名稱是以傳說中的王祖之名Mérovée加上「ing」（日耳曼語的子孫之意）組成。克洛維死後，王國由四個兒子分割統治，之後便成為部分王國體制。七五一年，希爾德里克三世被丕平三世（矮子丕平）廢黜，墨洛溫王朝結束，開啟卡洛林王朝。

分的區域置於其統治之下，同時，克洛維並皈依羅馬天主教，使得基督教（羅馬天主教）在宗教上漸漸成為具有支配性地位的、西歐基督教世界的母體。

而在其東側，東羅馬帝國變成拜占庭帝國，儘管失去西半邊的疆域卻成為唯一的「羅馬帝國」，換言之，「希臘文字世界」已在此傳布開來。

然後是「希臘文字世界」的東側，過去的「楔形文字世界」漸漸消失，使用巴列維文字的波斯薩珊王朝在三世紀抬頭之後，這塊區域便成了「巴列維文字世界」。薩珊王朝繼承了「古代東方」文明，並以瑣羅亞斯德教為國教。另外在地理上，它開始扮演西邊的拜占庭世界與東邊的印度、中國往來的中繼地角色，其文物甚至被運到遠在最東邊的日本，至今奈良的正倉院中還保留了當時應該很稀有的玻璃製白琉璃碗等寶物。

如上所述，西元七世紀初已存在五大文字世界。不料後來卻發生一件事，為此狀態帶來巨大的改變。那就是阿拉伯半島上伊斯蘭教的登場。

瑣羅亞斯德教

由瑣羅亞斯德所創立的宗教，主要在伊斯蘭教以前的伊朗等地區傳布。以《阿維斯塔》為經典，尊阿胡拉．馬茲達為最高神祇。此外，以重視火和光的崇拜、善惡二元論、最後的審判（報應審判）為特徵。阿契美尼德王朝和薩珊王朝皆奉為國教。

「阿拉伯文字世界」的登場到「蒙古遠征」

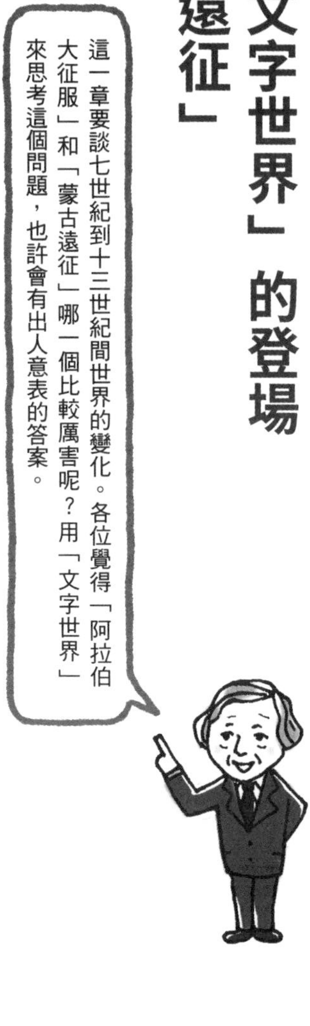
這一章要談七世紀到十三世紀間世界的變化。各位覺得「阿拉伯大征服」和「蒙古遠征」哪一個比較厲害呢？用「文字世界」來思考這個問題，也許會有出人意表的答案。

七世紀的世界和阿拉伯半島

從這裡開始，我想要談「文字世界」在七世紀到十三世紀間的發展動向。一開始先來復習七世紀初「舊大陸」上的「文字世界」及其中心，由東起順序如下：

東　漢字世界　中國（唐）

　　梵字世界　印度（伐彈那王朝等）

巴列維文字世界（薩珊王朝）
希臘文字世界（拜占庭帝國）
西　拉丁文字世界（法蘭克王國的墨洛溫王朝）

而改變當時「文字世界」分布狀態的事件始於七世紀。那就是伊斯蘭教的登場。

如同各位所知，伊斯蘭教誕生於阿拉伯半島。現在大家對它的印象就是全球性的石油產地。它被北邊的波斯灣、南邊的紅海、東邊的阿拉伯海和印度洋包夾，石油裝運出貨的港口聚集在波斯灣沿岸，紅海則有蘇伊士運河與地中海相連，兩者皆為海運的重要路徑。從紅海到印度洋要通過亞丁灣，不久前這裡正是索馬利亞海盜猖獗之地。

七世紀以前的阿拉伯半島當然不懂石油的價值，在世界史上也不是多麼重要的地區。這裡似乎世居著一群**阿拉伯人**，他們說的是屬於閃語系的阿拉伯語，從事農耕的定居民族在分散各處的綠洲上建立聚落，過著與遊牧民族以物易物的生活。在文字方面，六世紀左右曾根據西奈文字

7世紀前半的文字世界

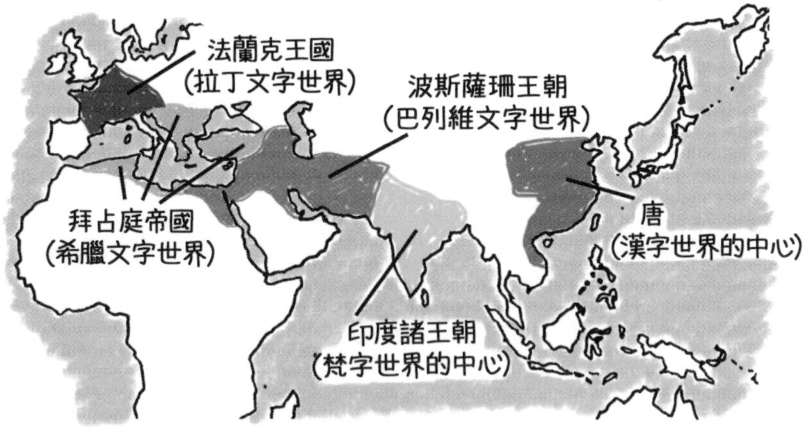

創造出數種文字，之後阿拉伯文字形成，便開始使用阿拉伯文字。

阿拉伯半島這個地方，在地理上受到西邊的拜占庭帝國和北邊的波斯薩珊王朝包夾，長期因兩大國的對抗而動盪不安。北邊的波斯灣周邊便是受此影響而衰微，不過紅海沿岸倒是在商業上漸漸繁榮起來。在薩珊王朝和拜占庭的對抗持續之下，使得阿拉伯半島上出現類似權力真空的狀況，各種宗教運動等也層出不窮，這時，伊斯蘭教便在鄰近紅海的城市麥加誕生。

穆罕默德的誕生

西元五七〇年左右，穆罕默德誕生在勢力強大的部落古萊什族。日本的聖德太子（廄戶皇子）於五七四年誕生，所以和穆罕默德算是同時代的人。

經商成功的穆罕默德年過四十時，自覺接到神啟，感知自己被選為唯一真神阿拉的最後一位先知，因而展開新宗教運動。

話雖如此，當時阿拉伯半島上盛行的是多神教的偶像崇拜，麥加的卡巴天房等供奉著眾多神祇，可以說就是「門前町（譯註：即寺廟、神社周邊的商街）」，如果要比喻的話，穆罕默德就像是在京都知名的佛寺前宣揚基督教一般。儘管信徒人數增加，但穆罕默德感受到人身的危險，因而逃到麥地那。

阿拉伯人
一般指的是原本居住在阿拉伯半島上的人，他們說的是屬於閃語系的阿拉伯語。「阿拉伯」一詞被認為最早出現在西元前八五三年的亞述碑文上。他們隨著伊斯蘭教的成立、發展而進入西亞和北非。

卡巴天房
伊斯蘭教的聖堂，幾乎位在伊斯蘭教的聖地麥加的大清真寺正中央。起初是阿拉伯人所信仰的多神教的神殿，後來因為穆罕默德而變成伊斯蘭教的聖殿。伊斯蘭教規定，教徒一定要前往卡巴天房朝覲（hajj）。

麥地那
位在麥加北方、阿拉伯半島希賈茲地區的城市。西元六二二年穆罕默德從麥加遷居此地，因此有穆罕默德的清真寺和墳墓，是穆斯林的第二聖地。

順帶說一下，屬於太陰曆的伊斯蘭曆稱為「希吉來曆」，這是以穆罕默德遷往麥地那的西元六二二年當作「元年」。希吉來曆一年有三百五十五天，是不設閏月來修正偏差的純太陰曆，因此無法與季節變化相對應，約三十多年為一個循環。例如，以斷食為人所知的齋戒月是每年的第九個月，所以就時而在夏天，時而為冬天。

這套太陰曆是誕生於美索不達米亞的曆法，因為底格里斯河和幼發拉底河的氾濫十分不固定，觀察月亮的圓缺變化要比太陽更可信才開始使用。不過，美索不達米亞後來放棄農耕，改用經過修正的太陰太陽曆。另外，所謂的太陽曆才真的是「為農耕民族而制定」的曆法。可是阿拉伯半島的遊牧和商業比農業興盛，似乎不太在意季節的變換，所以才會一直使用純粹的太陰曆。

穆罕默德在麥地那獲得眾多信徒追隨，甚至掌握權力之後，首先收服故鄉麥加，在六三二年穆罕默德去世時，阿拉伯半島大部分的地區都被置於伊斯蘭教勢力的控制之下。

關於伊斯蘭這個宗教

說到伊斯蘭教，恐怕不少人因為激進的基本教義派發動自殺式攻擊或隨機式恐怖行動這類新聞報導，而感覺他們好像是一群很可怕人。最近是企圖建立自己的國家的

「伊斯蘭國」（IS），在那之前有二〇〇一年發動九一一攻擊（發生在美國的恐怖攻擊）的蓋達組織，皆引發全世界震驚。

在此要為不太了解伊斯蘭教的人簡單扼要地介紹這個宗教，伊斯蘭教（阿拉伯語念作al-'islām）是信仰唯一且無與倫比的真神阿拉，其信徒稱為穆斯林。阿拉全知全能，創造出人類和天地，同時也將帶來末日。

「這不是和基督教的上帝一樣嗎？」有這樣疑問的人，觀點很犀利。沒錯，是一樣的。

同一位「神」，在此之前派了猶太教的創始人摩西（阿拉伯語念作Musa），接著是基督教的耶穌（阿拉伯語念作Isa）這兩位「先知」，但神的教誨並未確實傳達給人們，因此派來「最大且最後一位先知」，這人就是先知穆罕默德。而這就是伊斯蘭教。

另外，將先知穆罕默德以阿拉伯語口述的阿拉話語集結而成的《可蘭經》（阿拉伯語念作Quran），後來便成了伊斯蘭教的經典。

穆斯林要按照《可蘭經》所記載的阿拉的教誨過生活。比方說，基督教的羅馬天主教在各地設有教會，有神職者作為上帝和信徒之間的媒介。而在伊斯蘭教裡，信徒是透過《可蘭經》直接面對神，所以既沒有天主教教會的神父那樣的神職人員，也沒有教會。硬要說的話，大概就是近似於基督教新教的無教會派。

伊斯蘭教的清真寺（禮拜場所）也和天主教的教會不同，充其量只是信徒進行禱告用的共同禮拜場所。說到日本具代表性的清真寺，最有名的就是東京澀谷區代代木上原的「東京大清真寺」，近來由於在日本生活的穆斯林增多，全國各地都有這樣的清真寺。

■遜尼派和什葉派有何不同？

電視和報紙上經常會出現「伊斯蘭教遜尼（素尼）派」、「伊斯蘭教什葉派」的用語。各位知道遜尼派和什葉派之間的差異嗎？

穆罕默德去世之後，就沒有為人傳遞阿拉旨意的先知存在了。可是，對信徒們來說，沒有一個負責指引、帶領的人，讓他們非常困擾。因此便設計出符合某項條件的人，就能成為穆罕默德的代理人、繼承人這樣的制度。這就是哈里發（阿拉伯語念作Khalīfa），由哈里發擔任指導信徒的角色。

一開始，穆罕默德死後在信徒的推舉下誕生了四位哈里發，他們被稱為「四大正統哈里發」。第四位哈里發名叫阿里，阿里遭人暗殺之後，伍麥亞家族的穆阿維亞便趁著這場混亂，靠實力自稱哈里發，自此開啟伍麥亞王朝。從此以後，哈里發漸漸變成世襲制。

順帶一提，伊斯蘭國（IS）的首領、自稱哈里發的巴格達迪，把原來的名字易

阿里（六五六～六六一年在位）

第四代正統哈里發。穆罕默德的堂弟，娶穆罕默德的女兒法蒂瑪為妻。在與敘利亞總督穆阿維亞爭鬥的過程中，被哈瓦利及派的刺客暗殺身亡。什葉派的第一代伊瑪目。

伍麥亞王朝（六六一～七五〇年）

史上第一個穆斯林世襲王朝。首都為大馬士革。西元八世紀初達到鼎盛，將勢力往東方和伊比利亞半島擴張，此外並把阿拉伯語定為官方語言、鑄造新貨幣等，採行中央集權化政策。因阿拉伯遊牧民族間的對立，和異民族改宗者的不滿升高，最後被阿拔斯王朝篡位。

卜拉欣改為阿布・貝克爾，一般認為可能與四大正統哈里發的「第一代」叫阿布・貝克爾有關。

之後，西元七五〇年伍麥亞王朝被推翻後建立了阿拔斯王朝，於是相當於穆罕默德叔父的阿拔斯家的子孫，便世世代代繼承哈里發之位。總而言之，把先前的四大正統哈里發，以及伍麥亞王朝、阿拔斯王朝的哈里發全部視為「合法的哈里發」的是遜尼派。

另一方面，阿里死後，「阿里派」的人不承認稱哈里發的伍麥亞家族的穆阿維亞和阿拔斯家族的哈里發們，他們認為先知穆罕默德的繼承人、「正統的哈里發」應當是阿里及其後代子孫，後來他們發展成宗派，就是現在的什葉派。不過，歷史上遜尼派幾乎總是占多數，什葉派一直是少數派，現在的話，只有伊朗和伊拉克是什葉派占多數。

「阿拉伯大征服」

再回來談伊斯蘭教的展開。穆罕默德死後，整個阿拉伯半島都進入伊斯蘭教的勢力之下，四大正統哈里發的第二代歐瑪爾時，信徒們和遊牧民族貝都因人等組成阿拉伯穆斯林軍團，這就是朝東、西蜂擁前進的「阿拉伯大征服」的開端。

阿拔斯王朝（七五〇～一二五八年）
阿拉伯的伊斯蘭王朝。西元七六六年巴格達作為新都興建完成以後，便一直是王朝的首都，除了八三六～八九二年間曾短暫遷都薩邁拉之外。阿布・阿拔斯獲得對伍麥亞王朝不滿者的支持，七四九年成為第一代哈里發，隔年便推翻伍麥亞王朝。確立君主專制、中央集權的統治體制，為八世紀後半到九世紀初的黃金時期奠下根基，之後日益衰退，一二五八年被蒙古大軍所滅。

貝都因人
從阿拉伯語的「badawi」（意指居住在沙漠、荒野等非城鎮地區的人）訛變而來的詞彙，指阿拉伯人的遊牧民族。故鄉原本在阿拉伯半島，現在已廣泛分布到北非、埃及、蘇丹、敘利亞、伊拉克、伊朗等地。

阿拉伯大征服

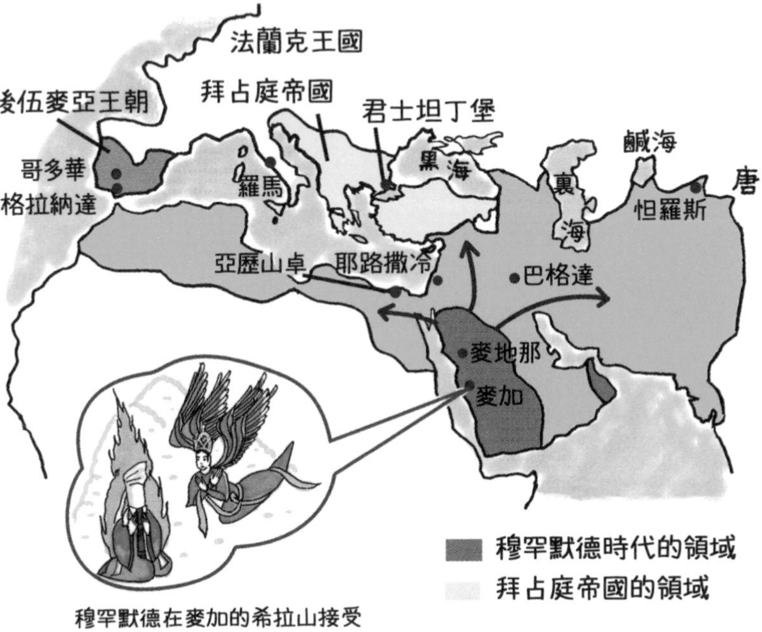

穆罕默德在麥加的希拉山接受
大天使加百列傳來阿拉啟示的
情景

總之，伊斯蘭教的勢力在阿拉伯半島上大為擴張，基於好奇而聚攏過來成為穆斯林的人，我猜多數都是生活在這片沙漠上的遊牧民族貝都因人。可能與蒙古遊牧民族展開遠征的情況類似，即靠著遊牧民族的機動力一鼓作氣。

首先在東邊，他們擊破薩珊王朝軍隊，導致薩珊王朝滅亡，接著繼續往東進入中亞，在阿拔斯王朝統治下，七五一年在現今吉爾吉斯共和國境內的怛羅斯河畔與唐朝的軍隊交戰，打敗唐軍。往東的進軍止步於此，但一般認為，在這場戰役之後，唐軍的敗軍俘虜中有抄紙工，因而將中國發明的造紙術傳入伊斯蘭世界，日後再逐漸傳到西方。

西邊也是，阿拉伯穆斯林軍團進攻拜占庭帝國，占領敘利亞和埃及，七世紀中征服北非的阿爾及利亞、摩洛哥一帶。進入八世紀後，更越過直布羅陀海峽侵入歐洲大陸，滅了伊比利亞半島的西哥德王國，到達法蘭西平原，但遭遇法蘭克王國墨洛溫王朝的軍隊抵抗，兩軍隔著庇里牛斯山脈對峙。

用了將近一世紀的時間，征服東自波斯薩珊王朝的廣大領地到中亞，西至過去羅馬帝國的南半部再加上伊比利亞半島，這就是「阿拉伯大征服」。

以「文字世界」的論點來看，「阿拉伯大征服」導致薩珊王朝的「巴列維文字世界」消失，並將過去羅馬帝國的南半部亦納入其中。阿拉伯語、阿拉伯文字也隨著伊斯蘭教的滲透，漸漸在其所征服的土地上扎根，尤其是在南半部，阿拉伯語甚至成

西哥德王國
西元四一八年，東日耳曼人一支的西哥德族在羅馬的領地亞奎丹（高盧三行省之一）所建立的王國。六世紀初被克洛維率領的法蘭克王國軍隊攻破，王國的中心便移到托利多，直到七一一年被伍麥亞王朝滅亡為止，一直統治著伊比利亞半島。

為母語，演變成今日「阿拉伯圈」的一部分。北半部的伊朗和土耳其民族之間，則繼續使用過去的波斯語、土耳其語當作母語，但在文字方面已慢慢接納阿拉伯文字。於是，一個新的文字世界「阿拉伯文字世界」便在這一帶逐漸確立下來。

■伊斯蘭式共存體系

這波伊斯蘭教勢力的擴大，在西元八世紀中葉暫時止住了步伐。提起伊斯蘭教，一般人常會有「一手拿經、一手拿劍」，要殺盡異教徒這樣的印象，然而從歷史的角度來看，完全不是如此。他們屬於相對較明智且採行不勉強主義，猶太教、基督教等的一神教徒確實處於不平等的地位，但若乖乖聽話繳稅（人頭稅），便能受到特別的「保護」（dhimma），成為「被保護民」（dhimmi），只要不違反伊斯蘭教的秩序，就能不改宗地繼續維持原有的信仰。

伊斯蘭世界有一批鑽研伊斯蘭教義的學者稱為烏理瑪，他們在九世紀前匯整出穆斯林的行為規範體系「沙里亞」。這就是「戒律」，當中還包含社會生活的規則「法律」。各位是否曾在報紙等媒體上看過「宗教法庭判某某某鞭刑」這類新聞呢？就是這個，換句話說，戒律也能用以裁判人的行為。日語有時會把沙里亞譯作「伊斯蘭教法」，但從嚴謹的角度來看，它雖然具有法律的一面，但到底還是宗教上的戒律，不是法律。

也就是說，在伊斯蘭教的認知裡，宗教的戒律和法律結為一體是「很正常」的事，因此他們認為異教徒的世界應該也大同小異。所以對「被保護民」（dhimmi）也是抱持「只要不違反伊斯蘭世界的秩序，你們異教徒可以在自己的圈子裡，自由地執行你們的法律，語言和宗教活動也隨你們高興」的態度。

日本到了明治時期也效法西歐列強，對朝鮮半島和台灣進行殖民統治，但卻要求當地人民說日語、參拜神社，伊斯蘭教的做法和日本人完全相反，非常大而化之。要打造大帝國掌管一個世界，沒有這樣的大而化之就會行不通。

「大英帝國」的英國人就比日本人聰明多了，他們統治印度時便利用穆斯林和印度教徒關係不睦進行分治。這麼做反而防止了他們團結起來反抗英國。我問英國人對這件事的看法，不料對方卻告訴我，不是這樣的，這是他們為印度人著想的 British Tolerance（英國式寬容）。

■完成伊斯蘭世界的榜樣

再回來談伊斯蘭世界的展開。又稱「阿拉伯帝國」的伍麥亞王朝，除了面臨剛才提到的阿里派的反感之外，貧富差距逐漸擴大也導致心懷不滿的階層日益增加。此外，這時期非阿拉伯裔、改宗成為穆斯林的人被稱為馬瓦里，受到差別對待。馬瓦里以從瑣羅亞斯德教改宗的伊朗人為主，在他們的不滿高漲之時，吸納他們的勢力藉以掀起革命運動的正是阿拔斯家族。於是，阿拔斯家族在西元七五〇年推翻伍麥亞王朝，開啟以伊拉克為據點的阿拔斯王朝。不久之後建設完成的新都就是巴格達。

阿拔斯王朝非常繁榮興盛，並發展成一個跨種族與民族、屬於伊斯蘭世界的「世界帝國」。不僅如此，「統治組織」和伊斯蘭制度的原型也在這段時期逐漸形成，之後伊斯蘭世界也繼續沿用下去，「世界標準」可說已幾近確立。

剛才提到的伊朗人新改宗者，在官僚組織的形成上扮演很重要的角色，他們學會阿拉伯語後，成為被稱為「書記」（kātib）的實務官僚。由於伊斯蘭勢力急速擴大，征服地常常會力圖保存原有的統治組織，而帝國中央的組織在相當程度上，也是以過去薩珊王朝時代的組織為範本。伊朗人因為具有阿契美尼德王朝以來的統治經驗，便妥善地加以利用，慢慢建立起可以凝聚整個大帝國的行政組織。

另外在軍事方面，阿拉伯穆斯林軍團說起來也算是高度自律的組織，站在逐漸轉變成專制君主的哈里發的立場來看，當然會想要一個更聽命於自己的專屬軍事組織。因此他們想出來的做法就是，把奴隸當軍人用。也就是成為君王直屬軍隊、稱為馬木路克（Mamlūk）的奴隸軍人制度。

馬木路克成為了伊斯蘭世界的榜樣，後來即使改朝換代，依然繼續沿用這樣的制

馬木路克
阿拉伯語，意指奴隸。自九世紀初開始被阿拔斯王朝當作軍人重用，之後伊斯蘭圈的王朝也開始建立各自的馬木路克軍團。主要是土耳其人和切爾克斯人等。以騎兵為主，鄂圖曼帝國的耶尼切里（步兵軍團）則是例外。馬木路克王朝時代還設立軍事訓練學校培育年少的奴隸，不只軍事技術，還教授阿拉伯語、伊斯蘭各種學問。

度。自阿拔斯王朝以來，馬木路克一直是以騎兵為主，但日後鄂圖曼帝國的步兵軍團「耶尼切里」，無疑也是鄂圖曼版的馬木路克。

沙里亞與烏理瑪

另外在伊斯蘭教的制度方面，則是完成剛才提到的戒律體系沙里亞的建置。同時，社會上也開始出現一批專門闡述伊斯蘭教的戒律和教義、稱為烏理瑪的學者階層，負責指導穆斯林該如何看待《可蘭經》上未記載的新現象等。比方說，伊斯蘭教認為豬是不潔淨的動物，不可食用，但科學不斷地進步，出現了用豬萃取出的蛋白質做成的化妝品和食品等，而能否使用或食用這樣的商品，主要便由這些烏理瑪們判斷做決定。順便說一下，使用動物性蛋白質或酵素製成的食品和化妝品，只要是和豬有關的都禁止使用。

這些烏理瑪作為「最了解神的旨意的人」，漸漸受到穆斯林的信賴，之後更擔負起教育和司法的重任。年長的朋友也許還有一些印象，一九七九年伊朗革命的領袖何梅尼就是什葉派的烏理瑪，而且他是獲得全伊朗屈指可數的「大阿亞圖拉」稱號的大學者。

伊斯蘭教漸漸在征服地扎根之後，沙里亞基本上也跟著傳入。而沙里亞一旦傳

耶尼切里
鄂圖曼帝國在十四世紀末創設的常備步兵軍團。最初是強制徵集巴爾幹半島等地的基督教少年施以特殊訓練，為直屬於君王的精銳部隊，後來對歐洲造成威脅。

伊朗革命
貧富差距擴大，加上對強硬推動現代化的巴勒維王朝第二任國王穆罕默德・禮薩・沙的不滿情緒加劇，反國王勢力以流亡中的何梅尼（伊朗什葉派的領袖）為核心集結。一九七八年十二月，國王被迫流亡海外；隔年二月，革命政府掌握所有權力後，成立伊朗・伊斯蘭共和國。

入，一定會需要通曉戒律解釋的烏理瑪，於是烏理瑪便進入當地開辦私塾，收在地人為徒。

這麼一來，便會出現在地出身的烏理瑪，然後又會有來自地方、有心想了解伊斯蘭教的人向他學習……，伊斯蘭教原本的體系便是以這樣的方式逐漸擴散出去。伊斯蘭教雖然沒有教會，也沒有教宗，但藉由沙里亞和烏理瑪成組傳入的方式，而得以保持統一。

■逐漸分裂的伊斯蘭世界

再回到原來的話題，阿拔斯王朝為恐垮台的伍麥亞家族的餘黨死灰復燃，而予以徹底鎮壓。有一則很有名的傳聞，阿拔斯家族邀集伍麥亞的主要王族舉辦宴會，當宴會進行到高潮時，在一旁埋伏的軍隊便衝出來殺光所有王族。而且在大批人尚未斷氣、痛苦呻吟之時便鋪下地毯，繼續舉行宴會，真是好一幅駭人的景象（笑）。

唯有一個名叫阿卜杜·拉赫曼的人一眼失明，勉強逃脫保住一命，橫渡到伊比利亞半島在那裡建立新的王朝。感覺好像在伊豆開創新局的源賴朝。這位阿卜杜·拉赫曼建立的就是以哥多華為首都的後伍麥亞王朝（七五六～一〇三一年）。這使得阿拔斯王朝所體現的伊斯蘭世界的政治統一，終於被打破。

因此到了九世紀後半，阿拔斯王朝的統治體制也漸趨脆弱，出現群雄割據的情況。十世紀初在北非的馬格里布，出現了以穆罕默德的女兒法蒂瑪和阿里（第四代哈里發）的後裔之名為號召，自立為哈里發的什葉派法蒂瑪王朝。後伍麥亞王朝起初也有所顧慮，未自稱哈里發而稱埃米爾（郡守），但從第八代起也開始稱為哈里發，於是伊斯蘭世界便形成三位哈里發並立的狀態。

除此之外，十世紀興起於伊朗的什葉派布維西王朝控制了巴格達，儘管擁戴遜尼派阿拔斯王朝的哈里發，但實權其實掌握在布維西王朝的大埃米爾（大將軍）手中。而西邊的法蒂瑪王朝又將勢力延伸到埃及、敘利亞，使得什葉派暫時占上風。然而進入十一世紀以後，土耳其人出現新的動態。

土耳其人原本是在蒙古高原北方活動的遊牧民族，後來逐漸遷徙到西南方的中亞。阿拔斯王朝國力強大穩固之後，便未再前進，但九世紀以後，阿拔斯王朝分割成幾個地方政權後，十一世紀初屬於土耳其人的遜尼派塞爾柱集團便一舉進入伊朗、伊拉克，推翻布維西王朝。

阿拔斯王朝的哈里發由於一直受到布維西王朝什葉派政權的控制，因此非常歡迎這支土耳其人的遜尼派勢力，允許他們自稱蘇丹，於是誕生了大塞爾柱王朝。十一世紀末，大塞爾柱王朝向西挺進，進入一直在西鄰拜占庭帝國控制下的安那托利亞。另外，位於阿富汗的土耳其人所建立的伊斯蘭王朝古爾王朝也往東邊的印度進軍，馬木

布維西王朝
西元九三二年興起於裏海西南山區的伊朗人什葉派王朝。九四六年趁阿拔斯王朝混亂之際，進入巴格達。擁戴哈里發，並以大埃米爾（大將軍）之姿掌握實權。統治現今伊朗、伊拉克一帶，但因王室內鬥，加上塞爾柱集團進入，而於一〇六二年滅亡。

大塞爾柱王朝
屬於土耳其人一支的遊牧民族，改宗伊斯蘭教後所建立的塞爾柱王朝的本宗（一〇三八～一一五七年）。一〇五五年進入巴格達城，接受阿拔斯王朝的哈里發授與的蘇丹稱號。安那托利亞的魯姆塞爾柱王朝（一〇七七～一三〇八年）是從大塞爾柱王朝分裂出的一個小王朝。

路克（奴隸軍人）出身的艾伊拜克，後來以北印度的德里為據點建立了奴隸王朝。

■令西歐驚豔的伊斯蘭科學實力

十一世紀同時也是伊斯蘭世界再度擴張的時期。在非洲，吉哈德（聖戰）往西部的撒哈拉以南進行，並透過貿易等活動逐漸擴大到非洲東部的印度洋岸，和東南亞現在的馬來西亞與印尼等沿岸區、島嶼區。

非洲東部的肯亞和坦尚尼亞等地的官方語言中，有一種是使用人口多達數千萬人的斯瓦希里語。這是當地語言受到阿拉伯語影響而發展出的語言，在西歐殖民統治下雖已習慣使用羅馬字母表記，不過在那之前一直是以阿拉伯文字書寫。而「斯瓦希里」這個名稱，即是來自阿拉伯語中意指「沿岸」的「sawāhil」。

如上所述，若以政治體來看伊斯蘭世界，分裂變成是一種常態，但相反的，在社會、經濟、文化面上卻相當充實。首先在地理上，由於伊斯蘭世界廣布在三大陸的交接處，因此陸地上串連了東西的大動脈「綠洲之路」，也就是絲路的大半都要通過伊斯蘭世界，而且如同先前談到的，從印度洋分出的三股「海路大動脈」往西的終點，也形同由伊斯蘭世界所掌控。

伊斯蘭世界作為東西文明傳播的中繼地，尤其是將東方文物傳入西方的主要力

奴隸王朝

一二〇六年，由土耳其奴隸出身的古爾王朝武將艾伊拜克（？～一二一〇年）在德里創建的印度最早的伊斯蘭王朝。統治著北印度。奴隸王朝之名來自於其蘇丹和有權勢者大多皆為宮廷奴隸出身。一二九〇年，因為叛亂而被屬於土耳其人一支的卡爾吉王朝推翻。

量。例如：「漢字世界」的中國所發明的「火藥」、「羅盤」和「造紙術」；以及「梵字世界」的印度所發明的「印度數字」、「零的概念」等，這些先傳入伊斯蘭世界，然後再被傳到「希臘文字世界」和「拉丁文字世界」。

現代的日本人也將數字寫作1、2、3……。這些在西歐被稱之為「阿拉伯數字」。其實原本是誕生於印度的「印度數字」，傳入伊斯蘭世界後外觀改變，這回換成西歐世界接納了它，於是有了現在這個名稱。

除此之外，伊斯蘭世界在學問方面也很充實。希臘的思想、文化等經典，直接從希臘語的原典或是敘利亞語的譯本，不斷地被翻譯成阿拉伯語，並結合東方的知識漸漸有了獨特的發展，大約在九～十二世紀，伊斯蘭世界在人文、社會、自然科學等領域均大為活躍，並開始出現種種發明。

這些成果在十字軍運動方興未艾之時逐漸傳入西歐。比如「alcohol（酒精）」、「alkali（鹼）」、「algebra（代數）」這類科學用語都是來自阿拉伯語。英語中稱化學為「chemistry」，這也是由阿拉伯語的「al kimiya」（鍊金術）轉變而來。

到了十一世紀時，有一本由名為伊本．辛那的伊朗穆斯林學者所寫的醫學書《醫典》，這本書一被譯成拉丁語，立刻被譽為中世紀歐洲最傑出的醫學書，歐洲大學的醫學系甚至用它當作基本教科書，直到大約十七世紀為止。

■「希臘、西里爾文字世界」的登場

接下來讓我們大略看一下「阿拉伯文字世界」的西鄰，以拜占庭帝國為中心的「希臘文字世界」的展開。

七世紀前半，拜占庭帝國與波斯薩珊王朝之間為了敘利亞和埃及不斷對抗，就在它好不容易奪回埃及之時，這回卻迎面遇上「阿拉伯大征服」的巨浪，因為輕忽阿拉伯穆斯林軍團對敘利亞和埃及等地的侵犯，而失去了帝國的南半部。據傳，當時連帝國的首都君士坦丁堡都數度遭到包圍，是靠著液態燃燒兵器「希臘火」擊退阿拉伯海軍才勉強挺住。

另一方面，屬於印歐民族的斯拉夫人和土耳其人一支的保加爾人，開始進入巴爾幹半島。斯拉夫人和保加爾人沒有自己的文字，拜占庭的神職人員認為這樣有礙基督教的傳布，於是在希臘文字的基礎上創造出格拉哥里文字，後來在十世紀發展成西里爾文字。

剛才提到了基督教，其實基督教世界在這段期間也發生了巨大的變化。歸結起來，羅馬帝國在四世紀末分裂成東西兩半後，經過了數百年，其間雙方教會的關係漸趨淡薄，對教義的解釋和教會組織的存在方式等，開始出現相當大的歧異。於是，西羅馬帝國的羅馬教會和東羅馬帝國的君士坦丁堡教會各自集結成派，終至雙方互相開除教籍，東西教會正式分裂，這是西元一〇五四年的事。

至此，羅馬天主教便在西歐世界傳布，而東正教則從拜占庭帝國傳播到北方的斯拉夫圈。西歐世界的天主教在那之後又分出新教等派別，所以在宗教上，我把西歐世界稱為「基督教世界」。

另一方面，「希臘文字世界」到了九世紀後半，黑海北方出現斯拉夫人建立的基輔公國，統一了相當於現今的俄羅斯南部和烏克蘭地區。東正教開始在這裡傳布，十世紀時成為國教。也就是說，「希臘文字世界」的東正教，和源自希臘文字的西里爾文字世界逐漸往北方擴散。我將這些地區合併稱作「希臘、西里爾文字世界」。

「封建制」下的西歐世界

接著來看七世紀以後，西歐世界的展開情形。

歐洲在西羅馬帝國滅亡後，日耳曼人諸部落建立了法蘭克王國的墨洛溫王朝，後來成為當時歐洲的中心。到了八世紀前半，「阿拉伯大征服」的浪潮席捲而來，直到伊比利亞半島都在阿拉伯穆斯林的掌控之下。加上地中海的制海權也被穆斯林奪去，商業衰退，經濟停滯的狀況一直持續到十世紀左右。

基輔公國
西元九～十三世紀以俄羅斯的基輔為中心興起，是東斯拉夫民族最早的國家。與東羅馬帝國（拜占庭帝國）有很深的關係，接受希臘正教。十三世紀遭到蒙古人侵略而瓦解。

法蘭克王國在八世紀中葉由卡洛林家族奪取王位，變成卡洛林王朝的法蘭克王國，由於羅馬天主教教會方面也希望獲得有力君王的庇護，因此授與卡洛林王朝第二任國王查理大帝「羅馬皇帝」的皇冠。

不過，查理大帝一去世，法蘭克王國便立刻被他的三個兒子分割成東法蘭克、中法蘭克和西法蘭克三個王國。後來固定下來，分別成為現在的德國、義大利和法國的原型。

在西歐世界，因為是繼承過去西羅馬帝國衣缽的「拉丁文字世界」，所以在西羅馬帝國滅亡後，並未出現一個顛覆此狀態的「世界帝國」。於是在政治上也就一直維持分裂的狀態。

會演變至此，我想應該和西歐既獨特又根深柢固的統治體系「封建制」有關。這套封建制的規則是，由主君賜予臣下領地，臣下則透過提供軍事服務等為主君效力，國王與諸侯、諸侯與騎士之間則分別簽訂這樣的授封契約。也就是說，國王和擁有所有權力的專制君主截然不同，非常近似分權式的政治體制。

但在農業方面，集中管理農地，輪種與休耕放牧並行以防止地力變得貧瘠的三圃制，自十世紀左右開始擴大，使得農業生產增加，商業和城市也隨之復甦。於是一進入十一世紀，西歐世界也恢復了活力。

卡洛林王朝

西元七五一年，奧斯特拉西亞的宰相丕平（三世，矮子丕平）掌握了法蘭克王國墨洛溫王朝的王權後，所創建的王朝。在法國一直延續到九八七年，在德國延續到九一一年。

■對伊斯蘭展開的收復失地運動和十字軍

這樣的活力，後來引發西歐世界向外進軍的浪潮。

其中一例就是，宗教騎士團之一的德意志騎士團發動的「北十字軍」運動。這是到當時還是異教徒的立陶宛人所居住的歐洲東北部傳布基督教的運動，此運動擴及斯拉夫人所在的區域，那裡後來成了布蘭登堡藩侯國。也就是十八世紀成立的普魯士王國的前身。

而向外進軍活動中規模最浩大的，就是收復失地（重新征服）運動，這也可以說是對控制伊比利亞半島的伊斯蘭勢力的反攻，以及十字軍。

被驅趕到伊比利亞北部的基督教勢力，自八世紀起便開始推動收復失地運動，直到十一世紀以後才全面展開。儘管如此，穆斯林的抵抗依然強勁，要到很久以後的十五世紀末，也就是一四九二年才攻陷最後一個穆斯林王朝的首都格拉納達。

另一方面，十字軍運動則始於十一世紀末，土耳其穆斯林的大塞爾柱王朝占領長期由拜占庭帝國統治的安那托利亞。拜占庭帝國因此向羅馬教宗乞求援助，加上又傳來前往基督教聖地耶路撒冷朝聖的基督教徒遭穆斯林迫害的消息，既然事已至此，那就從穆斯林手中奪回聖地吧！於是便展開十字軍的遠征。可以說就是「阿拉伯文字世

布蘭登堡藩侯國
德國東北部領有布蘭登堡的藩侯（封建諸侯的稱號之一。法蘭克王國、神聖羅馬帝國為防禦邊境而設置的邊境地區的君主）的領地。一四一五年以後，由霍亨索倫家族世襲藩侯，並在柏林建造宮廷。

界」和「拉丁文字世界」的正式對決。

這場多次反覆遠征，直到十三世紀才落幕的十字軍運動，為伊斯蘭和西歐兩個世界帶來非常大的變革。在伊斯蘭世界，於十字軍東征時擔任援軍指揮官、表現非常出色的遜尼派庫德族人薩拉丁，即便在西歐世界也是眾所周知的兼具寬容與武勇的將軍，他推翻什葉派的法蒂瑪王朝，建立埃宥比王朝，將埃及打造成遜尼派的國家，決定了遜尼派對什葉派的優勢，且此優勢一直延續到後世。

另一方面，西歐世界也趁著這場運動，開始在拜占庭的領地內占有自己的管轄地，從結果來看，這也成了西歐世界不用再隔著中間的拜占庭帝國，可以直接與伊斯蘭世界展開貿易的契機。

雖說是對抗伊斯蘭的「聖戰」，但事實上有很大的成分是，西歐世界企圖得到長期被拜占庭帝國壟斷的東西貿易利益。尤其是義大利商人開始積極投入東西貿易，財富漸漸累積在威尼斯、熱那亞，使得兩地變得非常繁榮。

以上種種最重要的是，十字軍運動和收復失地運動結合起來，讓西歐世界得到與阿拉伯的文明、文化直接接觸的機會。他們開始接觸阿拉伯語後，能看懂阿拉伯文字的人也愈來愈多。當時的西歐世界早已遺忘希臘語，也不再讀希臘文字了，因此他們讀到用阿拉伯文字寫成的文獻後大為驚豔。於是，從亞里斯多德、柏拉圖、托勒密到歐幾里得，西歐人開始把這些被譯成阿拉伯語的著作，再從阿拉伯語翻譯成拉丁語來

十二世紀文藝復興
十二世紀發生在歐洲的文化復興

閱讀。

這波拉丁語翻譯運動，在那之後發展成西歐世界的知識復興運動——「十二世紀文藝復興」。

「梵字世界」和伊斯蘭教的影響

接著再談位於新興的「阿拉伯文字世界」東側的「梵字世界」的情況。

其中心地的印度，在佛教熱度減退的同時，根據婆羅門教改革而成的印度教開始成為多數派。隨著這樣的發展，日後西歐人稱為「種姓制」的 varṇa（身分）、jāti（職業）也逐漸被制度化，同時浸透到印度全域。以政治體的角度來看，雖然笈多王朝和曷利沙．伐彈那王朝（戒日王朝）曾經統一過印度北部一段時期，但基本上王朝一直處於分裂割據的狀態。

伊斯蘭教登場後，這地區也受到相當程度的影響，十一～十二世紀時，將根據地設在阿富汗的穆斯林加茲尼王朝和古爾王朝便逐漸往北印度推進。到了十三世紀初，古爾王朝馬木路克（奴隸軍人）出身的土耳其人艾伊拜克占領德里，建立了奴隸王朝。以此奴隸王朝為開端，連續五個建都於德里的穆斯林王朝被統稱為德里蘇丹王朝。在它們的統治下，印度北部日益伊斯蘭化、穆斯林化。

運動。羅馬法、教會法和神學的發展，再加上希臘語和阿拉伯語文獻的拉丁語譯本湧入，使得運動大大向前躍進。

笈多王朝
古代印度的王朝。西元三二〇年左右，原本統治摩揭陀這個小地方的旃陀羅笈多一世握有恆河中游的霸權之後，自稱為「王中之王」，在第三代旃陀羅笈多二世時代掌握了印度北部和中部。重用婆羅門，定梵語為官方語言，奠下日後印度教發展的基礎。在從屬的國王們紛紛獨立等因素之下，於西元五五〇年左右滅亡。

德里蘇丹王朝
以印度德里為首都的五個伊斯蘭王朝的統稱。土耳其人的奴隸王朝（一二〇六～一二九〇年）、卡爾吉王朝（一二九〇～一三二〇年）、圖格魯克王朝（一三二〇～一四一三年）、賽義德王朝（一四一四～一四五一年）、阿富汗人的洛迪王朝（一四五一～一五二六年）五個王朝。在洛迪王朝之後，蒙兀兒帝國成立。

另一方面，雖然佛教在印度逐漸降溫，但上座部佛教卻在斯里蘭卡慢慢確立「正典」，同時發展起來。其正典並非梵語，而是以梵字系統的文字拼寫出的巴利語，後來在十一世紀左右傳入東南亞的緬甸，再逐漸傳往各地。這時期緬甸是蒲甘王朝；到了十三世紀，素可泰王朝在泰國中部成立，泰國便以源自梵字的高棉文字為基礎，發展出泰國文字。

■由唐入宋

再來是「漢字世界」七世紀以後的動態。在中心地的中國，隋朝滅亡後，西元六一八年唐朝建立。第六代皇帝玄宗的開元年間（七一三～七四一年）被稱為「開元之治」，與唐朝第二代皇帝太宗的「貞觀之治」皆備受讚譽，迎來和平繁榮的治世。關於玄宗寵愛楊貴妃一事用不著我在此多做說明，姑且不論他的心思是否全放在美女身上，「開元之治」的背後其實存在內政開始出現破綻、地方軍事勢力逐漸抬頭的隱憂。

而頭號人物就是三度兼任華北地區節度使（邊境藩鎮的長官），父親為粟特人、母親為土耳其人的武將安祿山。安祿山因為與宰相陽國忠不和而起兵叛變，占領帝都長安，玄宗旋即退位逃往四川。這場「安史之亂」（七五五～七六三年），靠著西北方屬於土耳其人一支的回鶻（維吾爾）人幫助勉強鎮壓下來，但也種下帝國的繁榮走向終局的遠因。

順帶一提，「安史之亂」即將發生前的西元七五一年，唐朝遭受來自西方伊斯蘭世界的阿拔斯王朝軍隊入侵，在「怛羅斯河畔之役」迎擊的唐軍敗北。假使這場敗戰發生在動搖帝國全土的「安史之亂」期間，恐怕後果會更嚴重。站在唐朝的立場來看也許是運氣好，不過在那之後，圍繞著內政主導權的鬥爭一直持續，國政的不穩定性日益加劇。

而且農民的叛亂頻仍，在最大一波叛亂的「黃巢之亂」中，長安再度被占領。事態演變成武人勢力的霸權之爭，最後，朱全忠於西元九〇七年以梁為國號，自立為皇帝。中國從此進入地方節度使出身的武人爭霸的五代十國。在掌控了自南北朝以來不斷開發，致使農業和產業日益發展的江南後，於九七九年再次統一的宋（北宋），為長達一個多世紀的動亂時代，畫下了休止符。

宋朝是許久不曾出現的純漢人王朝，開國始祖趙匡胤也是軍人，帶有「軍閥王朝」的性格，但基於對地方軍人蓄積龐大的軍事力量而導致唐朝瓦解的反思，開始貫徹文治主義，並將權力集於皇帝一身。

宋代的一大特徵是，經過隋唐時代逐漸成形的科舉制度在宋代確立下來。隋唐時代仍然殘存的門閥貴族階級，因五代十國的戰亂而沒落，報考科舉者幾乎全是大、中地主階級。也就是說，宋代的皇帝與地方的地主階級形成聯盟關係，這使得君主的專制化、中央集權化可以有更大的進展。

另外，江南在經濟面上也凌駕華北；在科學方面，中國在火藥和羅盤上的創新已進入實用階段，尤其是羅盤，開始實際被用於海上交通。而在文化方面，宋畫和山水畫、青瓷和白瓷這類陶瓷器等，都達到非常高的水準。

不過，北方遊牧民族、狩獵民族勢力，在宋代仍舊是最大的威脅。尤其是五代十國時期，契丹人建立的遼在後晉建國時助其一臂之力，因而獲得後晉割讓長城內的燕雲十六州（現今的河北、山東省北部），使得北方異民族入侵中原變得更加容易。因此進入十二世紀後，通古斯人一支的女真人所建立的金國，便南下占領了當時宋朝的首都開封。

這時皇帝欽宗和同時也是知名畫家的前任皇帝徽宗，雙雙淪為金的俘虜，華北失守後，出逃的宋朝皇室後來在江南重建宋朝，這就是一般所說的南宋。

「漢字世界」周邊地區的動態

這裡我想稍微談一下「漢字世界」周邊的朝鮮半島和日本。

這個時期的朝鮮半島，正從高句麗、百濟、新羅的三國時代，迎來由新羅統一整

通古斯人
阿爾泰語系中，講通古斯語的各民族的統稱。分布於東北亞。

個朝鮮的時代；進入十世紀以後，自稱高句麗後裔的高麗取代新羅，統一朝鮮半島。

另外，日本受隋唐的刺激，在八世紀初完成《大寶律令》的制定，並以隋唐為範本建置律令國家的基本架構，同時進入奈良、平安時代。但在西元八九四年（平安時代）廢止遣唐使後，便將關注目光轉向日本島內，開始走向文化的「國風化」。後來到了十二世紀，武士階級崛起，開始介入京都的中央政治，最後誕生了源賴朝開創的鎌倉幕府，也就是武家政權。而在越南，十世紀時終於脫離中國的統治，成立自己的王朝。

前面已經說過，在比較周邊這三個地區時，有一項特徵就是對科舉制度的接受度。三個地區各自在歷史的演進中，從中國傳入漢字、漢文、佛教、律令制、儒家思想等「漢字世界」的世界標準，並漸漸固定下來。用筷子吃飯的規矩也是其中之一。然而，儘管科舉制度傳入了朝鮮半島和越南，且一直延續到近代，卻仍然沒有傳入日本。

再者，中國在隋唐時代對儒家的重視勝過佛教，姑且不論佛教的教義如何，作為儒家行為規範的禮，並沒有以完整的體系傳入日本。周邊地區在接受先進文化上，為何會出現這樣的差異，也是非常值得玩味之處。先岔題一下，比方說使用筷子的規矩，在發源地的中國、日本和越南，都是端起飯碗用筷子吃飯，唯獨韓國是把碗放在桌上，用湯匙舀來吃。在韓國，據說用手端起飯碗很沒有禮貌。順帶說一下，湯匙也

高麗
西元九一八年，王建合併新羅和後百濟後，在朝鮮半島上建立的國家。首都設在開城（開京）。後來起初承襲新羅的各種制度，後來仿效唐的制度並加以修改，建立起黃金時代。進入十三世紀之後開始受到蒙古侵犯，十三世紀後半降服蒙古，成為附庸。國力衰退，一三九二年國王被李成桂廢黜後滅亡。

有傳入日本，但漸漸不為人使用。除了日本，中國、朝鮮半島和越南都有使用湯匙。筷子的擺法也是，中國和韓國都是直著擺放，日本和越南則是橫著擺放。單以筷子為例，就因為傳入的地區不同而出現這麼大的差異。

此外，如同日本誕生武家政權般，朝鮮半島在高麗時代的一一七〇年也出現與日本相似的武臣政權。朝鮮的情況是十世紀引進科舉之後，在制度上文臣的地位優於武臣，因而引發武臣的反抗。

朝鮮半島的武臣政權後來因蒙古人的侵略而瓦解，儘管王政復古，高麗王卻淪為蒙古的屬國之王。我對朝鮮的武臣政權非常感興趣。我知道歷史沒有「假設」，但如果當時沒有蒙古人來犯，武臣政權一直持續下去的話，朝鮮半島也許會發展出完全不同於後來中國的宋、明的權力結構。我甚至認為，說不定會出現與日本的武家政權相似的體制。不過這是題外話了。

■「蒙古遠征」開始

前面概略地介紹了各「文字世界」在十三世紀以前的發展情形。而在十三世紀發生了一件大事，對「舊大陸」所有的「文字世界」全都造成了影響。那就是「蒙古遠征」。

蒙古帝國的最大疆域

烏蘭巴托的成吉思汗像

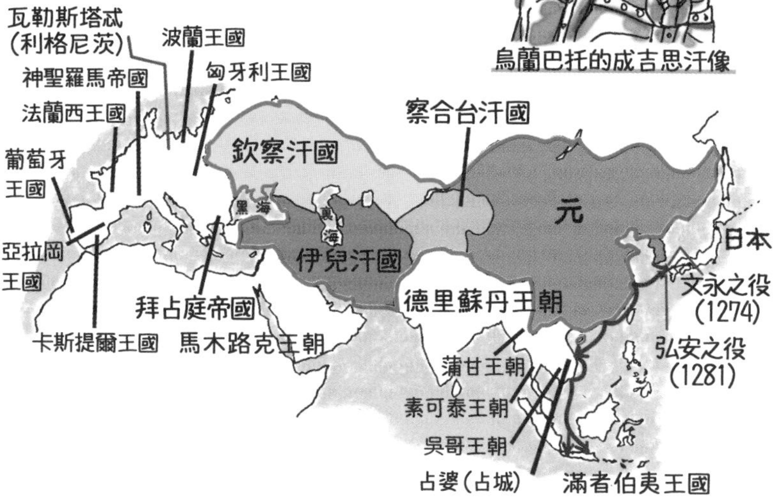

在中國，南宋偏安江南，金則挺進到華北，但在金也逐漸「華」化的十三世紀初期，北方的遊牧民族蒙古出現了新的動態。率領強大勢力的鐵木真在一二〇六年統一蒙古高原的各個部落，即位「大汗」（統治者），成為成吉思汗。並自隔年起親自率軍往東、西出征，轉眼間便攻占西方的高昌回鶻、東南的金，將黃河以北置於其統治之下。

這時期，統治中亞到伊朗、伊拉克、敘利亞一帶的，是大塞爾柱王朝滅亡後由土耳其穆斯林新建立的花剌子模王朝。成吉思汗向西展開遠征後擊潰花剌子模王朝，席捲中亞一帶。

西北方面則由成吉思汗的孫子拔都率領另一支軍隊，朝俄羅斯平原前進，打敗正教徒的羅斯諸公國軍隊，攻陷基輔。拔都繼續西進，在波蘭近郊的瓦勒斯塔忒擊破波蘭和德意志的聯軍，並打敗匈牙利國王軍，逼近到維也納郊外。

那之後，成吉思汗在即將征服藏語系党項羌人的西夏前去世；十三世紀中葉，成吉思汗的孫子忽必烈成為第五代大汗。忽必烈以大都（現在的北京）為首都成立「元朝」，並滅掉南宋，將整個中國納入蒙古人主政的元朝統治下。

長達半世紀一代又一代的征服，蒙古帝國從歐亞大陸的東端橫跨到歐洲東部，成為名副其實的世界史上最大的帝國。

其影響遍及當時的「五大文字世界」。在其腳下的「漢字世界」，不但雄霸一方

回鶻

土耳其人一支的騎馬遊牧民族所建立的王國，主要統治地區為蒙古高原。起初受東突厥的統治，西元七四四年獨立建國（回鶻汗國），並滅了東突厥。以國力強盛自豪，不過八世紀末開始內訌加劇，遭到土耳其人一支的吉爾吉斯人乘機入侵，於八四〇年滅亡。逃脫的一派在天山方面建立高昌回鶻，之後又在河西走廊建立甘州回鶻。

花剌子模王朝

在中亞、阿姆河下游的花剌子模地區成立的伊斯蘭王朝。被任命為該地總督的塞爾柱王朝的土耳其奴隸軍人，於一〇七七年脫離塞爾柱王朝獨立。推翻塞爾柱王朝後攻進伊朗，滅了古爾王朝，連阿富汗也納入掌中。一二三一年遭蒙古入侵後滅亡。

的中國被蒙古勢力劫持，周邊朝鮮半島的高麗也成了蒙古的屬國。日本雖有著名的「元寇」兩度跨海來犯，但靠著武士的活躍表現等將之擊退，但也因為被動員的武士們對賞賜不滿而動搖了北條氏的執權政體，並影響到日後的建武新政，及繼之而來的南北朝的動亂。越南也遭到忽必烈的侵略，陳朝雖一度歸順，但得到南宋流亡人士的幫助，持續抵抗直到元軍撤退。

蒙古對各「文字世界」造成的衝擊

以「梵字世界」來說，作為中心的印度，西北部的德里蘇丹王朝雖然受到蒙古軍的威脅，但不知是不是都是遊牧民族的關係，雙方有進有退，始終僵持不下。不過，如果換個角度來看，這也可以說是德里蘇丹王朝發揮了一種像是防波堤的作用，使得印度中央的印度教世界得以免遭侵略。

只是東南亞的「梵字世界」因為元軍的進犯，導致爪哇的信訶沙里王朝和緬甸的蒲甘王朝滅亡。爪哇在那之後擊退元軍，建立新的滿者伯夷王國，緬甸也在日後成立東固王朝。

在中亞以西，蒙古帝國第二代大汗窩闊台一死，立刻爆發權力鬥爭，很快地在十三世紀中便開始出現分裂的徵兆。中亞一帶成為成吉思汗次子察合台的察合台汗

西夏
西元一〇三八年，藏語系党項羌人以蒙古鄂爾多地區為中心建立的國家（大夏）在宋朝的稱呼。金進軍華北後，西夏成為金的附庸，同時靠著貿易繁榮興盛，後來因成吉思汗的侵犯而於一二二七年滅亡。

國；蒙古帝國第四代大汗蒙哥的弟弟旭烈兀，則在伊朗、伊拉克建立伊兒汗國。順帶一提，一二五六年旭烈兀攻陷巴格達，處死阿拔斯王朝最後一位哈里發穆斯台綏木，阿拔斯王朝的哈里發因而滅絕。不過阿拔斯王朝的一族逃到開羅，勉強算是保住了哈里發的命脈。

此外，進入黑海北方的俄羅斯平原的拔都，在窩闊台死後也停止繼續進兵，在當地成立欽察汗國。

在東邊的「希臘、西里爾文字世界」，雖然其核心的拜占庭帝國本體沒有遭到侵犯，但北方的基輔公國則因蒙古的入侵而滅亡。因此，屬於「西里爾文字世界」的斯拉夫圈的重心，遂更往北移到在那之後成立的莫斯科大公國。

而在「拉丁文字世界」方面，拔都的軍隊儘管進逼維也納，但接到窩闊台大汗去世的消息便停止進軍，因而得以躲過更大的災難。之後，西歐世界為求共同對抗伊斯蘭勢力及東西貿易，漸漸開始與蒙古帝國接觸。

■「蒙古遠征」和「阿拉伯大征服」的決定性差異為何？

蒙古確實建立了空前的大帝國，將歐亞大陸的東側到歐洲的廣大空間連為一體。其結果是，陸上連結東西的交通路線和海上交通路線，即波斯灣航路的東、西向終點被置於統一的空間裡，使得東西貿易比以前更加活絡，我想這應該是事實。

基於這一點，因而有專門研究蒙古史的學者提出「蒙古帝國將世界帶入全球化新階段」的推論。這樣的想法並非不能理解，但當我用「文字世界」的角度重新掌握世界史時，便立刻產生「真是這樣嗎？」的疑問。

正如前面概略介紹時提到的，當時五個「文字世界」全都受到「蒙古遠征」的影響。但沒有一個文字世界在被蒙古統治後，因為想沐浴在其優越的「文明」光輝之下而採納蒙古語，或向蒙古學習進而改變自己的文字。更何況在蒙古帝國形成的階段，蒙古人根本沒有文字，如同我在前文提到的，蒙古雖然根據古代回鶻文字創造出沿用至今日的蒙古文字，但除了蒙古人以外，幾乎沒有傳布出去。忽必烈時發明了源自藏文的「八思巴文字」，但這個也並未普及、扎根。

之後的發展反倒是相反的。打倒中國的「元」維持不到一個世紀便瓦解，中國再度成立由漢人統治的「明」朝。而且，中亞到黑海北方分立的各個汗國也逐漸伊斯蘭化、穆斯林化，甚至是土耳其化，結果幾個世紀便消失了蹤影。

將蒙古遠征與七世紀起延續一個世紀的「阿拉伯大征服」相比，應該就會更加清楚。伊斯蘭世界當時征服的地方，除了後來被西歐基督教世界收復的伊比利亞半島以外，現在幾乎依然是伊斯蘭圈，多數至今仍是「阿拉伯文字世界」。

統一東西的空間，促使東西交流變活絡確實可說是蒙古的「功績」，但我們也可以這麼想，蒙古不過是大規模地活用遠在那之前就已為人們所利用的海陸東西貿易通道，不是嗎？

這樣想來，蒙古帝國既沒有發生足以使日後的世界出現決定性改變的技術革新，也沒有在其廣闊的領土上留下蒙古語和蒙古文字，就連蒙古的「文化」也只留下斷簡殘篇。

因此所謂的「蒙古遠征」，感覺有如靠著槍砲火藥尚不發達的時代的最強武器「馬」和「弓箭」，加上其軍事組織的機動力、瞬間爆發力這種軍事上的「相對優勢」，一舉擴散開來，類似一種「海嘯」的現象。如果把「蒙古遠征」看作「海嘯」的話，那伊斯蘭世界的出現，是不是可以比作在空無一物的海面上隆起一塊大陸的「地殼變動」呢？

「阿拉伯文字世界」的成立，導致本章一開頭介紹的七世紀初在「舊大陸」的「文字世界」幡然改變。同時，一直持續到今日的新「五大文字世界」也終於形成。

第8章

西歐人的「大航海」時代改變了什麼？
十四～十六世紀的世界

「舊大陸」東側的文明一直以來便遠高於其他地區，導致此情況出現變化的是西歐人主導的「大航海」時代。讓西歐世界取得「相對優勢」的是槍？鐵？病菌？還是？

■「漢字世界」明朝的成立

接著我們來看「蒙古遠征」以後，從十四世紀到大約十六世紀中葉的世界脈動。如果要用一句話來形容這個時代，感覺會像在講解天氣一樣，那就是「東高西低」，即「舊大陸」東側的諸文明對西側仍保有壓倒性相對優勢的意思。然而卻因為某個事件，使文明「東高西低」的狀態開始出現逆轉。那就是十五世紀末由西歐人揭開序幕的「大航海」時代。

先簡單介紹「漢字世界」在這段期間的展開情形。蒙古人建立的元朝在開國始祖忽必烈去世後，立刻爆發皇位之爭，使政治變得不安定。在這樣的過程中，如白蓮教叛亂等活動在各地風起雲湧，而將之匯流成一大勢力的朱元璋，在征服元朝的首都大都（現在的北京）後，長達約一個世紀的元朝滅亡了。於是，從貧農之子一躍而上的朱元璋即位成為洪武帝，在一三六八年建立中國新的朝代明朝。

經過一百年的異族統治，到底還是留下了一些影響，比方說，比較現代的中國話和以前的漢文便會發現，文法上有相當程度的差異，有研究者便主張元朝時的改變尤其明顯。中國話屬於漢藏語系，但據說受到阿爾泰語系的蒙古話影響，中國話已阿爾泰語化。

明朝也建立起一定程度的君主專制、中央集權式的「統治組織」。元朝時曾一度廢除的科舉也正式復活，但宦官在明朝頗受重用，開始掌握權力，並會干預政策。

總的來說，明朝屬於「重視農村」型，喜於鞏固國內統治，不太向外發展的王朝。這個時代面臨「北虜南倭」兩大外患，也就是北方的蒙古遊牧民族和南方的倭寇，尤其是進入十五世紀後，蒙古高原上一支名為瓦剌的遊牧民族逐漸崛起，不斷南下進犯，對明朝造成威脅。

忽必烈（一二一五～一二九四年在位）
廟號世祖。為成吉思汗的孫子，四十六歲成為蒙古帝國第五代皇帝，五十七歲即位為元朝第一代皇帝。一二七九年滅南宋，統一中國。另外還收服高麗、安南、緬甸、爪哇，並嘗試征服日本，曾兩度進犯。

倭寇
十四～十六世紀，主要橫行於朝鮮半島到中國東南沿岸的日本海盜（後期以中國人為主）。因豐臣秀吉的嚴厲取締而逐漸平息。

鄭和的南海遠征

在此當中，明代值得特別一提的，應該是自第三代永樂帝時代起，多達七次的鄭和南海遠征吧。鄭和是出身雲南的穆斯林宦官，他率領近六十艘船和多達三萬人的大艦隊，從南海經麻六甲海峽前往印度洋。船隊分成數小隊前進，一部分到達現今東非肯亞境內的馬林迪，並進入紅海到達伊斯蘭教的聖城麥加。

可以像這樣航海，我認為可能和鄭和是穆斯林有很大的關係。也就是說，從東南亞經印度洋前往阿拉伯半島和東非，這條航路的沿岸一帶向來是由穆斯林掌管的海上貿易路徑，即「海上絲路」，因此他可以以穆斯林的身分，遊走其間。

一般認為，鄭和的南海遠征，使得過去與中國完全無緣的眾多國家開始向明朝進貢。順帶說一下，鄭和的海上遠征，應該可以說是中國歷史上首次向海洋探路。整體而言，中國這個國家比較屬於陸上帝國，不知是不是對海洋不太感興趣，那之後也幾乎未再往海洋發展。不料到了二十一世紀，中國竟提出「一帶一路」的構想，也就是昔日的「陸上絲路」，加上「海上絲路」所串連起的印度洋到東非，意圖打造一個由中國主導的經濟圈。這無疑是自明朝「鄭和」以來的嘗試。

綜觀明朝歷代皇帝，便會發現不乏泛泛之輩。即便如此，明朝仍然延續了近三百

永樂帝（一四〇二～一四二四年在位）

明朝第三代皇帝。一開始受封燕王，戍守北疆。一四〇二年舉兵（靖難之變），攻占首都後登上皇位。遷都北京。此外並重用宦官，一邊強化君主專制，一邊採取積極的對外政策，打造出充滿活力的時代。

年，推測應該是因為以江南為中心，農業和商業都較為活絡，除此之外，為了彌補皇帝的資質不足、使統治得以持續的「統治組織」，以及補充人才的科舉制度，應該也發揮了相當程度的作用。

由蒙兀兒帝國統一的「梵字世界」印度

接著我想扼要地談一下「梵字世界」的印度和「阿拉伯文字世界」的發展動向。

前文已經提到，德里蘇丹這個伊斯蘭王朝在印度北部形成，其有如蒙古勢力入侵印度的防波堤般，使得印度教世界的心臟地帶基本上未受到蒙古的影響。於是，北方的穆斯林勢力南下探路，印度諸王朝起而反抗這種形式的對抗，在印度一直持續著。

掌控中亞的察合台汗國因穆斯林武將帖木兒得勢，十四世紀後半被篡奪汗位，改為帖木兒王朝，雖然一度入侵到德里，但十五世紀時德里蘇丹王朝仍然一點一點地繼續南下，往德干高原滲透。

帖木兒死後，帖木兒王朝立刻分裂，被驅逐到中亞的巴布爾（帖木兒的五代孫）進攻阿富汗，將矛頭指向印度。巴布爾推翻德里蘇丹王朝之後，在印度北部成立了蒙兀兒帝國。

蒙兀兒帝國在那之後不斷擴張領土，十七世紀時幾乎統一了全印度，結束自古印

帖木兒王朝
一三七〇年，蒙古武將帖木兒在中亞到西亞一帶所建立的王朝。首都為撒馬爾罕（日後遷至赫拉特）。以城市為中心綻放出燦爛的宮廷文化。在政權分裂和王位之爭下，一五〇七年被土耳其民族建立的昔班尼王朝所滅。

蒙兀兒帝國
曾幾乎統治印度全域的伊斯蘭王朝。一五二六年，帖木兒的後裔巴布爾推翻印度德里蘇丹王朝中的洛迪王朝後建國。第二代皇帝胡馬雍時面臨崩解的危機，但得到波斯薩非王朝的援助，成功再起。進入十八世紀後開始衰退。因印度兵叛變，導致一八五八年被英國廢除，印度從此成為英國直屬殖民地。

16 世紀「舊大陸」的東側

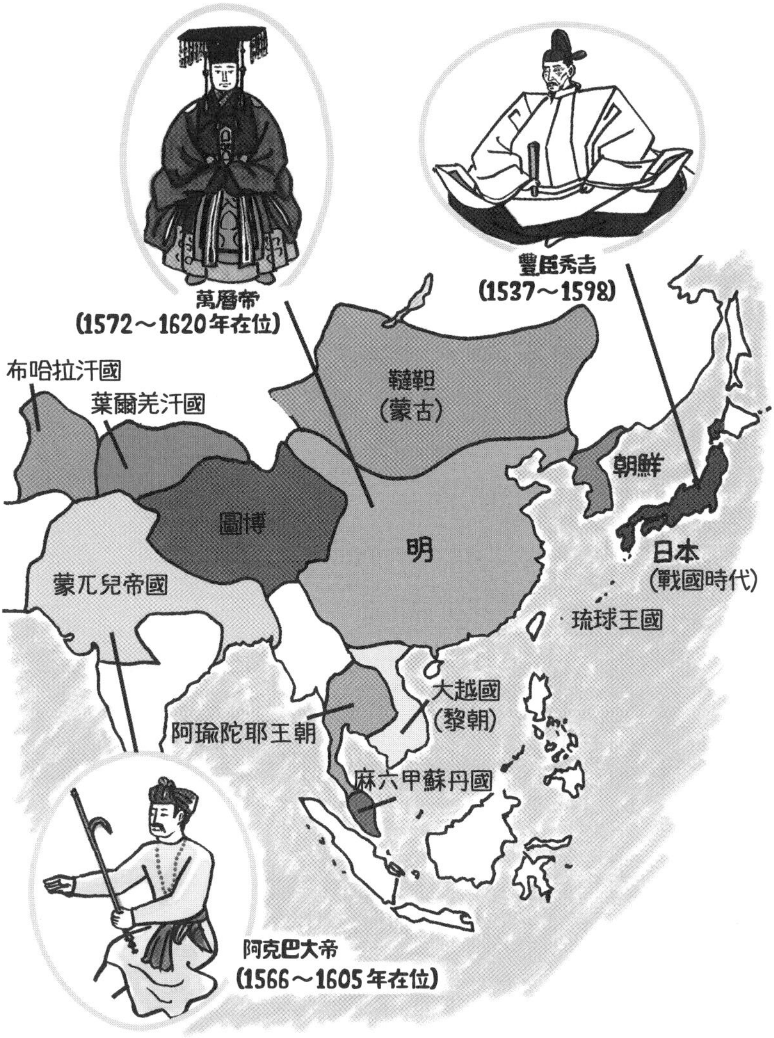
萬曆帝
(1572～1620年在位)
豐臣秀吉
(1537～1598)
布哈拉汗國
葉爾羌汗國
韃靼
(蒙古)
朝鮮
圖博
明
日本
(戰國時代)
蒙兀兒帝國
琉球王國
大越國
(黎朝)
阿瑜陀耶王朝
麻六甲蘇丹國
阿克巴大帝
(1566～1605年在位)

度孔雀王朝以來政治上長期分裂的狀態。

穆斯林嚴禁偶像崇拜，但融合政策卻讓穆斯林可以統治屬於異教徒的印度教徒。如同我在前文中告訴各位的，伊斯蘭世界在阿拔斯王朝時代對於基督教、猶太教這類一神教的異教徒，已建立只要繳納人頭稅（jizya）就視其為「受啟示者」給予保護（dhimma）的機制。他們還將保護對象擴大到非一神教的印度教和耆那教信徒。而且第三代的阿克巴大帝時代更免除了人頭稅，儘管地位依然不平等，但算是能夠共存。

在穆斯林和印度教徒共存的空間裡，有如印度教的神祕主義和伊斯蘭教的蘇非主義互相調合出的印度、伊斯蘭哲學，以及印度、伊斯蘭建築所開出的美麗花朵。知名的泰姬瑪哈陵，亦是蒙兀兒帝國第五代皇帝沙迦罕為死去的皇后穆塔茲．瑪哈所建的陵墓。

鄂圖曼帝國的出現

「梵字世界」的鄰居「阿拉伯文字世界」因蒙古的入侵，在伊朗和伊拉克地區出現了由蒙古人統治的伊兒汗國。不過，受到已深植於這地區的伊斯蘭教影響，第七代君主合贊改宗成為穆斯林。

伊兒汗國同樣是因為統治集團的蒙古人之間的權力鬥爭不斷，於是漸漸衰退，但

耆那教

西元前六世紀左右興起於印度的宗教，創始人為伐達摩那。否定《吠陀》的權威。並主張真理是相對的，否定片面式的判斷。奉行不殺生主義，重視斷食作為最終的實踐。

相較於其他伊斯蘭世界，伊朗這個地方有一點特殊。

伊朗原本是以城市和農耕民族為主的世界，遊牧民族的比重說起來算小，可是後來土耳其人來到此地，遊牧民族的勢力日益增強。加上受蒙古的伊兒汗國統治，那樣的情況便幾乎成了定局而一直延續到近代。

因此，伊朗社會未能發展成定居式城市、農村型的高度社會，而一直保留著昔日的社會結構，「西化」改革也比其他伊斯蘭世界落後很多。前面提到一九七九年發生由何梅尼領導的伊朗革命，當時發揮很大作用的是市集商人，和支持他們的烏理瑪（伊斯蘭教的知識分子）。在同屬伊斯蘭世界的土耳其和埃及，這類社會階級成為革命運動的核心，幾乎是不可能發生的事。

閒話先擱一邊，在伊朗、伊拉克以西的安那托利亞，從大塞爾柱王朝衍生出的魯姆塞爾柱王朝成為伊兒汗國的附庸國，這裡的穆斯林、土耳其人勢力強大，開始出現侯國割據的情況。此地西北方的盡頭，十三世紀末出現一股勢力，日後導致伊斯蘭世界發生翻天覆地的改變。那就是奧斯曼一世率領的鄂圖曼土耳其集團。

他們積極征服拜占庭帝國的領土，進入十四世紀，到了第二代首領奧爾汗時代的一三二六年，征服了拜占庭的地方城市布爾薩。並以此地作為首都，逐漸充實侯國的體制。

那之後，奠立穩固的基礎並逐漸走向「帝國」化，應該是在第三代穆拉德一世

穆拉德一世（一三六二年左右～一三八九年在位）
鄂圖曼帝國第三代君主。三十五歲時即位。攻陷安卡拉和阿德里安堡，並征服保加利亞。在科索沃大敗塞爾維亞軍，但在陣中遇刺。並以創設耶尼切里著稱。

的時代。鄂圖曼軍原為騎兵軍團，但在這時期則仿效阿拔斯王朝建立的馬木路克（奴隸軍人），組織了一支應當稱為鄂圖曼版的禁衛軍耶尼切里（新軍）。耶尼切里是以步兵為主的軍事組織，特別是在進攻敵方城池之際，發揮了相當大的功效。

在武器方面，起初是使用長槍、刀、弓箭這類傳統武器，但到了大約十四世紀末，大砲、臼砲等火砲自西歐經由義大利傳入。十五世紀又傳入使用起來更方便的步槍，於是耶尼切里開始配備步槍，建置砲兵軍團和用於搬運大砲的砲車兵軍團等，成為伊斯蘭世界和地中海地區最先進的軍事組織。

鄂圖曼帝國便趁著這股氣勢開始向東、西挺進，在十四世紀中葉取得安那托利亞和巴爾幹大部分地區。十五世紀初的一四〇二年，在安卡拉戰役中敗給東方的帖木兒軍，一度面臨存亡危機，最後好不容易挺過去。一四五三年第七代穆罕默德二世的時代，拿下拜占庭帝國的首都君士坦丁堡，拜占庭帝國的所有版圖幾乎全在它的控制之下。這使得長達一千年以上一直是「希臘、西里爾文字世界」中心的拜占庭帝國，終於覆亡。

邁向伊斯蘭世界帝國

進入十六世紀後，鄂圖曼帝國的擴張之勢未減，並迎來極盛期。不但打敗東邊伊

穆罕默德二世（一四四四～一四四五、一四四五～一四四六、一四五一～一四八一年在位）
鄂圖曼帝國第七代君主。一四五三年攻陷君士坦丁堡，滅了東羅馬帝國後，隨即遷都於此。併吞特拉比松帝國，收服克里米亞汗國等，又稱為征服者。

朗的什葉派薩非王朝，更進一步將領土擴大到安那托利亞的東方，並順道征服了當時伊斯蘭世界經濟和文化中心的埃及與敘利亞，以及掌控伊斯蘭教兩大聖城麥加和麥地那的遜尼派馬木路克王朝。

馬木路克的騎兵是從十幾歲就開始接受徹底鍛鍊的精銳部隊，過去還曾經在平地戰中打敗入侵敘利亞的蒙古軍。鄂圖曼軍巧妙地利用騎兵，並結合擅長用步槍和大砲作戰的耶尼切里將它擊破。於是在軍事上也獲得「相對優勢」的鄂圖曼帝國控制了伊斯蘭世界的核心，終於踏上成為「伊斯蘭世界帝國」之路。

實現這個大帝國的是第十代皇帝蘇萊曼一世（大帝）。蘇萊曼的時代（一五二〇～一五六六年）奠定了帝國的基礎，是最輝煌的時期，因此西歐又稱他為「壯麗者（The Magnificent）」。

鄂圖曼帝國在這個時期也向西邊的西歐世界進軍，掌握了大半的匈牙利，不僅是東地中海，更嘗試奪取西地中海的制海權。除此之外，還威脅到當時西歐世界最強盛的哈布斯堡帝國，甚至包圍其根據地維也納。

倘若這是史上第一招，來自地中海東側、且是經由陸路讓伊斯蘭勢力打進西歐的話，那麼土耳其人的穆斯林勢力包圍維也納，也可說是世界史轉換期的一件大事。第一次包圍維也納（一五二九年）雖然並未成功，但已帶給西歐基督教世界前所未有的震撼。鄂圖曼帝國這時以西歐世界最大的外在威脅之姿出現了。

薩非王朝
伊朗的什葉派王朝。一五〇一年起源於蘇非教團（伊斯蘭教的神祕主義者），以屬於土耳其人的土庫曼遊牧民族為基底。阿巴斯一世時迎來鼎盛期，靠著貿易興盛的城市伊斯法罕十分繁榮，甚至被譽為「世界的一半」。一七二二年首都遭阿富汗人占領，一七三六年滅亡。

蘇萊曼一世（一五二〇～一五六六年在位）
鄂圖曼帝國第十代君主。二十七歲即位。不僅對外征服匈牙利、包圍維也納，還贏得普雷韋扎海戰、稱霸地中海等等，在內政方面也充實制度，奠定帝國的鼎盛時期。他的大名在歐洲也如雷貫耳，在土耳其有「立法者」，在歐洲有「壯麗者」的稱號。

莫斯科大公國抬頭

現在來稍微談一下「希臘、西里爾文字世界」的中心「拜占庭帝國」被鄂圖曼帝國滅亡之後的情形。

拜占庭世界因此併入了伊斯蘭世界，「文字世界」的中心便移到十三世紀開始崛起、位於北方的莫斯科大公國。大公伊凡三世與拜占庭末代皇帝的侄女索菲亞結婚，他以身為拜占庭，即所謂「羅馬帝國」的正統繼承人自豪。

莫斯科大公國在與鄂圖曼帝國的蘇萊曼同一時代的伊凡雷帝（伊凡四世）時期，也完成了巨大的變革。對內方面，利用君主直屬的射擊隊成功打倒貴族勢力，實施君主專制體制。

外來的威脅來自過去蒙古帝國的一派，亦即占領黑海到俄羅斯平原此一廣大區域的遊牧民族勢力欽察汗國。不過到了十五世紀，欽察汗國也因王族間的權力鬥爭而漸漸分裂成四個汗國。

莫斯科大公國靠著火砲這個在軍事上占有相對優勢的武器，在十六世紀接連征服了仰賴傳統騎兵的克里米亞汗國，外加三個汗國，甚至還出兵征服了東方廣闊的西伯利亞。到了十七世紀後半，莫斯科大公國是非「西歐世界」第一個積極推動「西

伊凡雷帝（伊凡四世，一五三三～一五八四年在位）
三歲即位為莫斯科大公，被大貴族的專橫玩弄於股掌間，十八歲時正式稱「全俄羅斯的沙皇」，開始真正親政。俄羅斯帝國實際上的創始者。壓制大貴族，推動專制化，並致力於朝南俄羅斯、西伯利亞擴張領土，以及強化農奴制。

16 世紀「舊大陸」的西側

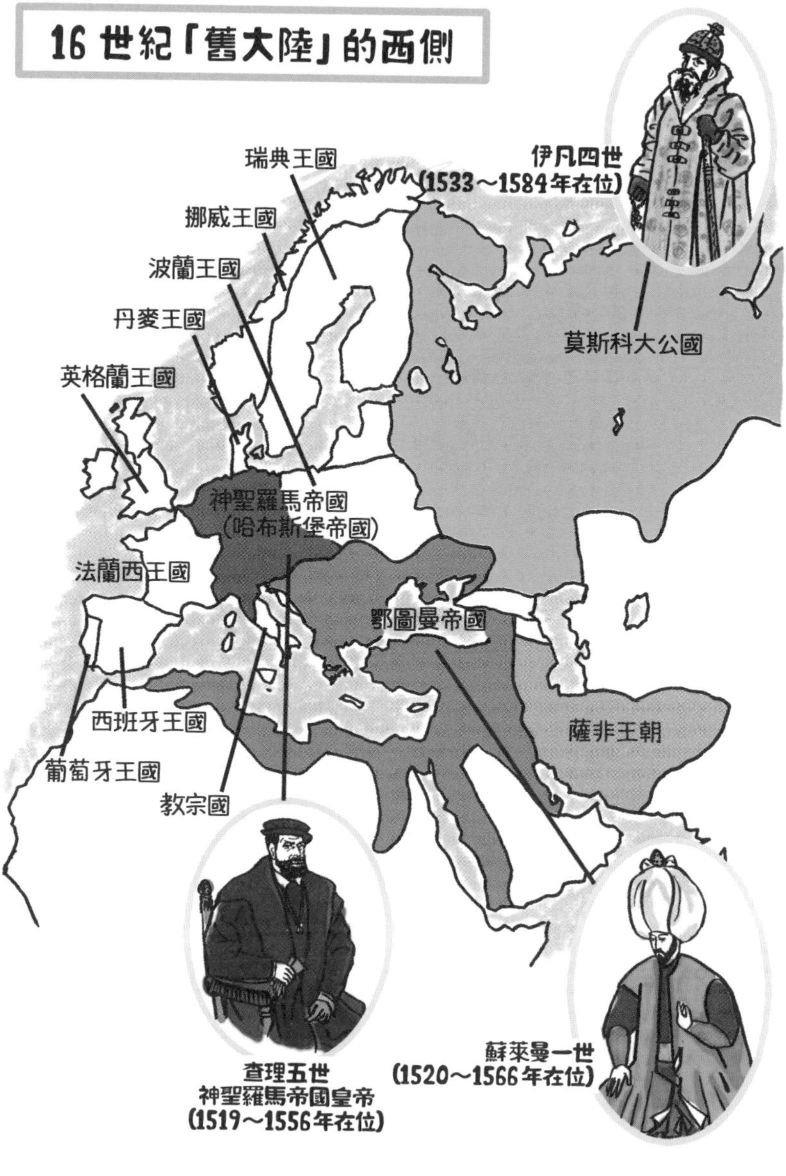
瑞典王國
挪威王國
波蘭王國
丹麥王國
英格蘭王國
伊凡四世
(1533～1584年在位)
莫斯科大公國
神聖羅馬帝國
(哈布斯堡帝國)
法蘭西王國
鄂圖曼帝國
西班牙王國
葡萄牙王國
教宗國
薩非王朝
查理五世
神聖羅馬帝國皇帝
(1519～1556年在位)
蘇萊曼一世
(1520～1566年在位)

化」改革的國家，並以北方新興強國之姿開始嶄露頭角。

■鄂圖曼帝國為何能壓倒西歐諸國？

前面我們由東邊起，快速地看過「漢字世界」、「梵字世界」、「阿拉伯文字世界」和「希臘、西里爾文字世界」在十四～十六世紀的情形。

像這樣用宏觀的角度來看，在十六世紀以前，「阿拉伯文字世界」的伊斯蘭世界和「漢字世界」的中國，在文明上明顯比「拉丁文字世界」的西歐世界優越得多。歸結起來，自七世紀後半的「阿拉伯大征服」以來，中間確實短暫受到蒙古人如「海嘯」般的侵襲，但在十五世紀末西歐進入的「大航海」時代之前，在歐亞大陸中央和其西半部，以及東南亞到印度洋一帶，握有強勢霸權的是伊斯蘭世界。

使這樣的霸權形於可能的一項因素是，藉由控制連結三大陸的陸上和海上絲路所帶來的莫大財富。鄂圖曼帝國用以脅迫西歐的軍事力量，也是靠著這異文化世界間的貿易所產生的巨大利益和來自廣大領土的稅收來支撐。

另外還有一項因素是，中世紀西歐未能實現的君主「一元化支配」型「統治組織」。這要在徵稅權和裁判權都集中於君主一人的情況下，才可能實現。

舉個簡單易懂的例子。西歐世界發明的火砲，從義大利傳到了鄂圖曼帝國。然而在如何使用火砲這一點上，恐怕在十六世紀中葉以前，鄂圖曼帝國的技術更在當時的西歐之上。各位知道為什麼嗎？

當時的西歐，以義大利製造的槍炮性能最佳，不過這要靠精良的手工打造，因此無法大量生產。應該說，當時義大利處於城邦分立的時代，根本就不存在那種會一次大量訂貨的大領主。

由於鄂圖曼帝國能夠一元化地動用龐大的財政，於是開始在帝國內設立砲兵工廠，大量生產槍砲，並充實常備步兵軍團耶尼切里的配備。這種做法與美國有些相似，假使我們把鄂圖曼帝國比作「優衣庫」的大量生產方式，那麼西歐就像是「高級成衣」，所以數量上當然比不過人家。

這樣的比喻也適用於軍事組織上；相對於鄂圖曼帝國用龐大的財源設置永久性的常備軍，中世紀西歐全是規模較小的封建制國家，無法一次動員大量兵力。

這種君主專制、中央集權式的統治組織，說起來最早是形成於地中海沿岸的羅馬帝國，但在繼承其遺緒的西歐世界卻長期遭到遺忘。而在伊斯蘭世界，阿拔斯王朝時代承襲過去波斯帝國到薩珊王朝時代所建立的組織，其原型已完成，之後也繼續以它為範本不斷地進行改良。

不過，文明上「東高西低」的結構，在十七世紀以後也漸漸逆轉過來。接著就要來看率先「扭轉乾坤」的西歐「大航海」時代。

「大航海」時代揭開序幕

西歐基督教世界一直持續進行收復失地運動，立志奪回在「阿拉伯大征服」中被穆斯林占領的伊比利亞半島，尤其是卡斯提亞女王伊莎貝拉和亞拉岡國王斐迪南結婚，形成聯合統治的關係，終於在一四九二年攻下穆斯林的最後一個據點格拉納達，收復伊比利亞半島。

基督教徒因成功收復失地而激起的熱情並未消褪，那股熱情讓他們的眼前浮現了新的目標——由陸地轉向海洋。

其動機有兩個。對西歐世界來說，東邊的伊斯蘭世界依舊是個威脅，所以會覺得想要做點什麼。他們之間自古就有「約翰長老的傳說」，即遙遠的東方有個基督教徒約翰長老（祭司王約翰）所統治的王國。他們因為想認真找出這個王國而建立聯合作戰的關係，試圖藉著東西夾擊以消除伊斯蘭教勢力。

另一個動機是，一直掌握在伊斯蘭世界手中的東西貿易。尤其是來自印度和東南亞的各種香料在西歐世界價格高昂，他們打的如意算盤是，如果自己能開闢出海運路徑，即可獲得莫大的財富。

打先鋒的是較早完成整合的葡萄牙王國。大約自十五世紀中葉起，有「航海王

卡斯提亞
西班牙的一個地區，位在伊比利亞半島中央。西元一〇三五年，奉基督教為國教的卡斯提亞王國在此建國。一二三〇年併吞雷昂王國。接著又征服伊斯蘭王朝的統治據點安達魯西亞地區，成為伊比利亞半島上最強大的國家。一四六九年，卡斯提亞女王伊莎貝拉與亞拉岡國王斐迪南二世結婚。十年後，與亞拉岡王國完成整合，成立西班牙王國。卡斯提亞在那之後依然是王政的中樞。

子」之稱的恩里克王子便組織了一支船隊，嘗試沿著非洲西海岸南行，繞過非洲大陸的南端到達伊斯蘭勢力所壟斷的印度洋。恩里克在此過程中亡故，但瓦斯科．達伽馬成功通過非洲南端的好望角進入印度洋，於一四九八年到達印度。一般常說瓦斯科．達伽馬是「印度航路的發現者」，但這說法並不正確。他真正的偉業是繞行好望角，從大西洋進入印度洋。因為從那裡再過去的非洲東岸到印度的航路，從很早以前就有穆斯林在經營了。

葡萄牙控制了「海上絲路」

另一個進軍海洋的是，後來更名為西班牙的卡斯提亞和亞拉岡的共主邦聯。此時熱那亞人哥倫布提出了一項大計畫，指出地球是圓的，所以只要向西橫越大西洋，一定能到達印度。這計畫使哥倫布到達了位於「新大陸」加勒比海的伊斯帕尼奧拉島。當時的人並不知道「新大陸」的存在，一般認為哥倫布直到死為止都相信那裡就是他立志要到達的印度。

「大航海」時代就這樣揭開了序幕，之後的發展非常迅速。瓦斯科．達伽馬到達印度西岸的卡利卡特是在一四九八年，短短五年後的一五〇三年，葡萄牙人就在印度西南部、自古便是香辛料交易要衝的科契建立要塞，並設置印度總督。

印度洋西北岸的古吉拉特蘇丹王朝向埃及的馬木路克王朝請求支援，馬木路克的艦隊一度擊敗葡萄牙艦隊，但隔年葡萄牙增派艦隊，這回換馬木路克艦隊被打敗，於是一五一〇年葡萄牙占領了印度西南岸的港口城市果阿。從此以後，果阿便成了葡萄牙進出印度洋的一大據點。

葡萄牙的氣勢從此更盛，接二連三拿下非洲東海岸的港市國家基爾瓦、蒙巴薩，和波斯灣口的荷姆茲等要衝；在東方則占領連結南海和印度洋的穆斯林據點麻六甲，以及以香料聞名的摩鹿加群島等，長期為穆斯林所壟斷的「海上絲路」轉眼間便被葡萄牙控制。

至於「新大陸」也是同樣的情形。進入墨西哥的西班牙人科爾特斯，在一五二一年征服了阿茲特克王國的首都特諾奇提特蘭；另一方面，同為西班牙人的皮薩羅則深入南美的印加帝國，俘虜了皇帝阿塔瓦爾帕，一五三三年入侵首都庫斯科，將其納入西班牙的統治之下。

■靠船堅砲利取得相對優勢的西歐世界

究竟為何會演變成這樣呢？真要說的話，當時的西歐其實像是長期深居在歐亞大陸西端的世界，與東側的「漢字世界」和「阿拉伯文字世界」相比，不管是在「文

摩鹿加群島

又稱馬魯古群島。位於印度尼西亞東部的蘇拉威西島、帝汶島和新幾內亞島之間的島嶼群。生產豐富的香辛料，丁香和肉豆蔻原本只有此地區生產，一五一二年葡萄牙艦隊到來後，西班牙、英國、荷蘭等各方勢力展開激烈的爭奪戰。十七世紀時，荷蘭在此確立其霸權地位。

特諾奇提特蘭

阿茲特克王國的首都（現今的墨西哥市）。建於十四世紀中葉左右的一座湖上城市，位在業已消失的特斯科科湖上的一座小島。十六世紀初期，人口達二十～三十萬人，並建有棋盤狀的馬路、運河，中央有壯麗的神殿，周圍則有宮殿。

明」的程度和「文化」的洗練度上，都很難稱得上有超越之處。之所以會發生轉變，我認為決定性的因素在於，「大航海」時代以降，西歐人在「船」和「火砲」方面確立了高於其他「文字世界」的「相對優勢」。

任何一個世界都有「船」，但西方人的創新在於，可以在大陸之間長距離移動的遠洋航海型帆船及其航海技術，另一項是大口徑的大砲。

若說遠洋帆船是改變世界史的大發明，一點也不為過。看下一頁的圖會比較容易理解，在瓦斯科．達伽馬到達印度洋的十五世紀末，遠洋帆船才剛問世，當時還很脆弱。然而身經百戰、透過不斷改良的結果，變成兩舷裝設成排大砲，且能在巨浪中持續航行的加利恩帆船。

以載人的功能來說，一般認為中國的大型戎客船和西方的遠洋帆船也不相上下。可是遇到海戰的話又如何呢？很可惜，在「大航海」時代，中國的戎克船和西歐的遠洋帆船不曾發生過海戰，所以很難說，但我認為以兵器的優劣來說，還是反應靈敏的西歐遠洋帆船略勝一籌吧。值得一提的是，雖然是過了很久以後才發生的事，十九世紀中葉的鴉片戰爭，大清的戎克船可謂一敗塗地。

歸結起來，在因海運而顯繁榮的印度洋上，幾乎不曾見過有組織大艦隊互相爭奪據點的想法。從歷史來看，印度洋是非常平靜的海洋，圍繞著海上霸權的競爭，主要都是在地中海展開。地中海自古即是「戰爭之海」，從波斯和希臘的「薩拉米斯海

西歐的遠洋帆船

15 世紀

聖瑪利亞號 全長 23 公尺
(哥倫布橫越大西洋時所使用的船)

17 世紀

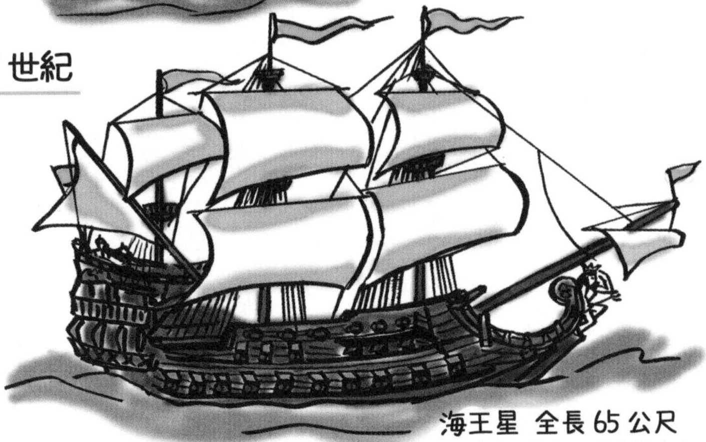

海王星 全長 65 公尺
(西班牙的加利恩帆船)

戰」（西元前五世紀）開始，到十八世紀末拿破崙率領的法蘭西艦隊，和納爾遜領軍的英國艦隊爆發的「阿布基爾戰役」，世界主要的海戰十有八九都發生在這片地中海。

到了十九世紀前半，遠洋帆船完成進一步的進化之後，蒸汽船登場了。無需風力也能靠蒸汽機推進的蒸汽船的出現，確定了西歐的優勢地位，並形成除非擁有蒸汽船，否則無人能贏過西歐文明的局勢。「上喜撰（譯註：日本一種高級茶的名稱，與「蒸汽船」的讀音相同）喚醒太平夢，僅僅四杯便夜難眠」，這是首吟詠黑船來航（一八五三年）時的著名狂歌（譯註：江戶時代流行的通俗、滑稽的和歌），結果日本也因蒸汽船而被納入西歐的全球體系。

再來看火砲。火藥原本是中國的發明，後來經由伊斯蘭世界傳到西歐世界，但在中國和伊斯蘭世界，從不曾被正式當作武器使用。當然，十五～十六世紀鄂圖曼帝國也開始大量地使用火砲，但畢竟是西歐人設計出使用這種火藥的實用火砲，並努力提高其性能，結果才得以靠軍事力量壓倒其他文化世界。

到了一八六〇年，機關槍（格林機砲）登場。在那之前，射擊手必須一發一發地裝填子彈再擊出，但現在就可以自動連續射擊。對火砲來說，這也是相當關鍵性的發明，甚至有人認為，機關槍的出現，使得像法國大革命那樣在城市中發生的革命幾乎變得不可能。即使市民武裝起來，在城市裡築路障與之對抗，只要被機關槍噠噠噠地一掃射，沒兩三下就撐不住了。

換句話說，西歐人成為核心，打造出最初的全球體系，其背後的驅動力可說就是「船」和「火砲」，不是嗎？

《槍砲、病菌與鋼鐵》中沒寫到的事

順帶一提，賈德・戴蒙先生寫了一本名為《槍砲、病菌與鋼鐵》的暢銷書。或許有人已經讀過了，就剛才所談的話題，戴蒙先生認為西歐圈相對於其他文化圈之所以能保有「相對優勢」，就是因為槍砲、病菌和鋼鐵。

關於「新大陸」方面，確實如書中所指出的，原住民對西方人帶進來的傳染病不具免疫力，這是導致文明滅亡的一大要因，除此之外，西歐人帶入的槍、馬匹和鐵製武器，對完全沒有這些東西的「新大陸」文明，在軍事上具有壓倒性的相對優勢。因此一直到十八世紀結束，「新大陸」的大半地區都淪為殖民地，北美為英、法和西班牙的殖民地，中南美為西班牙和葡萄牙的殖民地，而「文字世界」方面則「拉丁文字世界」化。

不過，這本書對於西歐的競爭對手、位於「舊大陸」上的「亞洲」則少有著墨。以病菌來說，鼠疫和霍亂等多數傳染病都是從「亞洲」由東向西傳，使西歐人身受其苦。因此，「舊大陸」上的人對於疾病都已具備某種程度的抵抗力，只有「新

賈德・戴蒙（一九三七～）
美國著名生理學者、演化生物學者、生物地理學者。加州大學洛杉磯分校教授。曾經榮獲美國國家科學獎、泰勒環境貢獻獎，並以全球暢銷書《槍砲、病菌與鋼鐵》獲頒普立茲獎。

大陸」的人沒有。

即便是鐵，西歐人原本也沒有。是居住在西亞安那托利亞的西臺人學會製造鐵器，由東往西傳入後，西歐才進入鐵器時代。中國等地區更是厲害，當其他地區都還在用木炭煉鐵，中國在大約十一世紀時，便率先開始使用煤炭了。也就是說，位於「舊大陸」的西歐在確立對其他文明的「相對優勢」上，鋼鐵和病菌很難說是決定性因素。

因此，「舊大陸」在十八世紀以前，除去菲律賓等的島嶼區，被西歐人控制的是沿岸地區，而且也僅止於一小部分。「舊大陸」上各個異文化世界的政治體還算是穩固，因此西歐勢力未能滲透到內陸地區。

不論如何，得到「船和大砲」的西方人拿它的威力、能力當作武器，打造出以西歐為中心的全球體系應是事實。這套體系進一步擴大到經濟領域，並發展成真正的全球化經濟體系。

葡萄牙人控制的據點有項共通點。就是多數都屬於港市國家。港市國家是往來貿易的駱駝商隊的休息地，近似沙漠上管理當地商業交易市場的「綠洲國家」。也就是說，擁有可供船舶停靠的港口、管理交易市場的就是港市國家。

這一類港市國家屬於「輕量級」國家，管理區域只限市場和港口，沒有強大的軍事力量為其特徵。並且在周邊國家都能遵守道義的狀態下，除去遭遇海盜等突發性攻擊之外，還算能和平地存續下去。沙漠的綠洲國家也是同樣的情況，除了騎馬的遊牧民族等從遠方來犯之外，就算沒有堅強的軍事力，也還過得去。

其實沖繩的琉球王國也屬於這一類的港市國家。它作為沖繩與日本和中國的對外貿易中繼地，雖然腹地大了點，但基本上只是軍事力量弱小的「輕量級」國家。所以當習於四處征戰的薩摩攻來，轉眼間就被納入其統治之下。

■掌握海上交通的西歐世界

只是，「大航海」時代的進展為十六世紀以後的西歐帶來活絡的經濟活動，使得西歐世界漸漸成為全球化經濟體系的中心而受人矚目。

一是南美波托西銀山的開採，當地出產的大量白銀後來被運往西班牙。這件事甚至在西歐世界引發銀價暴跌、物價高騰的「物價革命」，這些白銀後來還流入遙遠的中國。順便說一下，南美的哥倫比亞出產全世界公認的高品質祖母綠，這也經由西歐被運到當時的鄂圖曼帝國。而土耳其托普卡匹皇宮的珍寶之一，著名的「托普卡匹短劍」，據說上頭裝飾的大顆祖母綠，其實也是產自哥倫比亞。

不僅如此，西歐世界過去除了印度洋以外，只用到沿岸地區的大洋交通狀況，也因為「遠洋帆船」的出現而幡然改變。這項改變催生出往來三大洋（大西洋、太平洋、

波托西銀山
位於南美玻利維亞波托西市東南方的銀礦產地。一五四五年被發現，一度以全球最大的銀產量為傲。十九世紀初礦產枯竭。

印度洋）、連結包含「新大陸」在內的五大陸的航路，並讓西歐世界掌握了海上貿易的主導權。

當然，葡萄牙人積極從事東西海上貿易之初，其實並沒有那麼大的利益。這麼說是因為，一般認為過去使用穆斯林的貿易路徑運送胡椒到威尼斯的成本，和葡萄牙人從東南亞的帝汶島經由海路運到里斯本的成本，兩者差異並不大。畢竟，以當時的帆船要在大洋上長途航行，遇難等的風險也很大，要花相當多的金錢才能維持海運網絡，所以初期利用加利恩帆船的海路運送相較於陸路並沒有太大的「優勢」。

尤其葡萄牙這國家因為小國小民，無力負擔龐大的海運成本，所以中途甚至改弦更張，在自己設置據點開闢出的印度洋航路上，對穆斯林的船隻收取通行費。

不過，之後隨著西歐世界的霸權之爭，海上的霸主也跟著易位，海路對陸路漸漸開始擁有相對優勢。到了十七世紀，西歐世界的三大洋五大陸聯絡網有了相當程度的發展，以往擔起舊大陸東西貿易的海、陸絲路，可說逐漸「地方」化了。

文藝復興的根基

前面看過西歐世界對外的動態後，接下來我想簡單追溯西歐世界內部從十四世紀到十六世紀的發展情形。

這時期的西歐世界，整體經濟是不斷往上走的趨勢，當中尤以義大利的情況最佳。當時的義大利為眾多城市分立自治，可說就像是「一群城邦」所組成的世界。

以十字軍為契機，開始與馬木路克王朝、日後的鄂圖曼帝國等伊斯蘭世界進行貿易後，各城市一面發展商業、手工業，一面開始聚積大量的財富，尤其是成為東方貿易據點的熱那亞和威尼斯等城市。

在由此奠立的基礎上，十五世紀於義大利興起的就是文藝復興，也就是古典文化的復興運動。正如我已經說過的，在西歐世界，古希臘的高度文明已為人所忘，希臘語也漸漸沒人看得懂了，後來遇見在伊斯蘭世界被譯成阿拉伯語的希臘經典，人們才「重新發現」古希臘文明。不但如此，學者和文人們隨著眾多希臘語的書籍文獻，從被鄂圖曼帝國掌控的拜占庭帝國逃亡到義大利，一般認為這也讓義大利人有機會接觸到希臘的經典。

於是自十五世紀末起，包括李奧納多．達文西、米開朗基羅、拉斐爾等巨匠接連登場，這股浪潮在西歐世界蔓延的同時，新的文化運動也漸漸在自然科學和藝術等領域展開。

西歐世界為何會發生宗教改革？

另外一項大變動是「宗教改革」。其發生也與十字軍運動有很密切的關係。

說起來，十三世紀中十字軍以失敗告終也是部分原因，這使得當初召喚這場運動的羅馬教宗的權威被蒙上一層陰影。十四世紀初，與法蘭西國王對立的羅馬教宗波尼法修八世被監禁在義大利的阿納尼，之後又為了教宗選舉相爭不下，演變成三位教宗並立的局面，導致教宗的權威變得更加搖搖欲墜。

在這樣的情況下，有人對天主教教會的現狀提出異議，要求純粹根據《聖經》得到救贖的行動逐漸擴大。波希米亞（現在的捷克）查理大學的校長揚・胡斯也是其中一人，當他被以火刑處死，支持者們旋即在全境暴動。

教廷為了十字軍等耗費巨款，正面臨財務困難。為填補缺口，這時期開始致力於贖罪券（免罪符）的販售。按規定，基督教徒如果犯了罪，不能不償還罪過，不過向教會購買贖罪券，即等於「罪債已償還」。最早是教會在招募十字軍時，以「從軍的話便發給贖罪券，抵償你的罪過」，勸說人從軍開始的。

有些地區在贖罪券的販賣上相當惡質，使得人們對教會更加不滿，在這樣的情況下出現的就是眾所周知的路德。在薩克森大學教授神學的路德，一五一七年公開批判贖罪券的不當。

教會方面視路德為異端，但路德不打算改變自己的意見。那之後德意志的有力諸侯也站出來支持路德，當時出身哈布斯堡家族的德意志皇帝查理五世一直在對付法蘭西和鄂圖曼帝國，為了爭取路德派諸侯的援助，因而向路德派妥協。由於這緣故，路德派的新教便在德國逐漸生根。

這樣的變化在西歐世界的其他地區也引發連鎖反應，法國出現了喀爾文派，在天主教勢力的鎮壓下逐漸擴散開來。在英國，十六世紀初即位的亨利八世為了離婚問題所苦，加上未獲教宗同意，於是憤而接管教會，自任教會領導人。因此而創立的就是英國國教會（聖公會）。順帶一提，日本有好幾所基督教系統的大學，其中立教大學即屬於英國國教會。

英國國教也屬於新教，但因改革並不徹底，後來又出現「改革派」，即清教徒。他們後來成為十七世紀前半推翻君主專政的市民革命——「清教徒革命」的原動力，同時也是從英國渡海到「新大陸」北美、延續至今日的美利堅合眾國在宗教上的主要骨幹。

查理五世（神聖羅馬皇帝，一五一九～一五五六年在位）
哈布斯堡家族出身。神聖羅馬帝國皇帝，得到卡斯提亞國王、亞拉岡國王等七十個以上的稱號，並立志建立一個基督教的世界帝國。力圖統一宗教但未果，一五五五年簽訂《奥格斯堡和約》，承認路德派，同意諸侯的封地有選擇天主教或路德派的權利。

喀爾文派
屬於新教教派，相信法國宗教改革者喀爾文（一五〇九～一五六四年）對教義的闡述。認為唯有信仰能為靈魂帶來救贖，重視生活道德、勤勞。

■沙勿略為何來到日本？

由新教勢力主導的宗教改革持續進行的同時，天主教方面也出現了內部改革的動作。就是被稱為「反宗教改革」的運動。

天主教教會說起來就是以羅馬教宗為頂點，再由其下的梵蒂岡（羅馬教廷）負責統領世界各教區的「宗教組織」。也就是說，過去一直是靠著這個組織讓天主教在西歐世界傳布，並維持教義的統一，所以組織的改革自然是朝如何使現行制度更加完備的方向去進行。

具改革的典型形式的，大概就是聖依納爵．羅耀拉在一五三四年設立的修道會耶穌會。閒談一下，日本私立大學之一的上智大學，即屬於此耶穌會系統。

新教勢力在西歐世界日益壯大，即代表天主教信徒日趨減少。而且教會方面會向每個教區徵收「教區稅」，所以信徒減少，連帶的這筆收入也會變少。

為了設法解決這樣的狀況，最簡單的方法就是利用「大航海」時代開拓出的海上網絡，到「無主之地」傳教。也因為這樣，耶穌會得到羅馬教宗的批准，前往世界各地進行傳道。

於是，一五四九年來到遠東的日本傳布基督教的，就是耶穌會創始人之一的聖方濟·沙勿略。結果，基督教在日本的傳教活動遭到豐臣秀吉的伴天連追放令（譯註：伴天連是葡萄牙語「padre（神父）」一詞的日語漢字翻譯。追放即表示驅逐），以及江戶時代的禁教令鎮壓，不過在「新大陸」，中南美幾乎全變成天主教的世界。即便是現在，天主教在全球基督教人口中的占比仍達將近五成，這也許表示他們當初的策略是正確的。

從政治方面綜觀十六世紀的西歐世界便會發現，這個時代歐洲最強大的是統治奧地利、德國，還有北邊的芬蘭、南邊的西班牙到南義大利的哈布斯堡帝國（神聖羅馬帝國），其皇帝查理五世從西班牙國王，後來變成神聖羅馬帝國的皇帝。他將從「新大陸」不斷運至西班牙的黃金和白銀，大量用於歐洲的統一事業和對新教勢力的鎮壓，另外針對掌控地中海霸權、同時從東邊進犯的鄂圖曼帝國，則展開了保衛攻防戰。

一進入十七世紀，這樣的情況又出現巨大的轉變。西歐世界飛快地迎來一般所說的「近代」，在「文明」的各個面向上，創新接連發生，同時開始超越其他各文化世界。下一章就讓我們來看看這全新的局面。

第9章

西歐世界何以能掌握世界霸權？

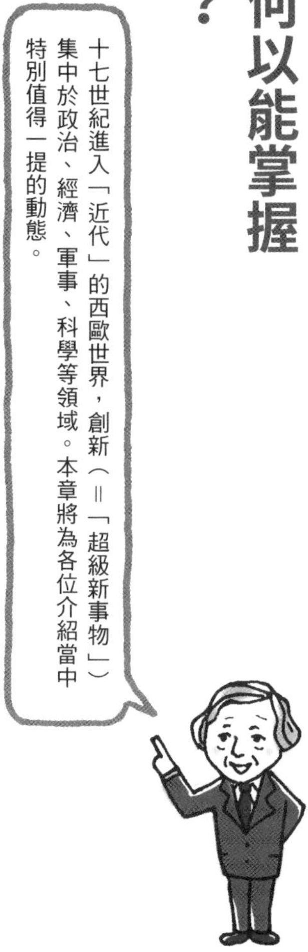
十七世紀進入「近代」的西歐世界，創新（＝「超級新事物」）集中於政治、經濟、軍事、科學等領域。本章將為各位介紹當中特別值得一提的動態。

■何謂「近代」？

前一章，我們看了大約到十六世紀為止的世界的發展情形。現在終於要進入「近代」，來看從「近代」到現在，也就是十七世紀以後的世界脈動。

正如前文所述，十六世紀以前，「舊大陸」東側的各個文明對西歐一直保有壓倒性的「相對優勢」。然而十五世紀末，由西歐人主導的「大航海」時代，促使世界邁向新階段，也就是所有人類社會都被編入單一體系的「全球化」。

在此同時，原本文明程度相對較低的西歐世界，從這時起，「軟體」和「硬體」兩方面開始密集地出現創新，在各個領域漸漸凌駕東側的各個文明。而且到了十九世紀，不管哪個世界都不敵西歐，於是只好紛紛引進西歐文明，誠然是迎來西歐「獨占鰲頭」的局面。

在此我想要稍微整理一下「近代」這樣的時代劃分法。對於「近代」這種分期法，研究者所給予的定義也是分歧的。不過，如同我在前文所說的，本書中我把所謂的「近代」，視為「近代西歐成了驅動力，使世界逐漸連成一體，同時接連不斷地進行各種創新，演變成其他異文化世界也得效法西歐才能迎頭趕上的時代」。

若依這樣的定義，那麼西歐大約從十七世紀便開始進入「近代」。西歐以外的異文化世界則因地區不同而出現時間差。

以雄霸「阿拉伯文字世界」的鄂圖曼帝國舉例來說，「近代」的開端被認為是正式著手「西化」改革的塞利姆三世即位的一七八九年左右，其改革在「軟體」和「硬體」方面均以近代西歐為範本，志在達成自我變革。另外，在同屬「阿拉伯文字世界」的埃及，根據當地學者專家的說法，則是法國的拿破崙入侵埃及之後的一七九八年。

如果將目光轉向「漢字世界」，中國的「近代」起因於鴉片戰爭，所以是始於一八四〇年代。日本的話，如同各位所知，可以看作是黑船來航的一八五三年以後。

塞利姆三世（一七八九～一八〇八年在位）
鄂圖曼帝國第二十八代君主。二十九歲即位。面臨歐洲列強的威脅而推動西化改革，但因受到耶尼切里等保守派勢力的反對而遭廢黜、殺害。

至於「梵字世界」的東南亞，舉例來說，泰國大約是從一八六〇年代後半開始走向近代化。因為扎克里王朝的拉瑪四世（蒙固國王）即位，這時才開始正式著手推動「西化」改革。

順帶提一下，這位拉瑪四世就是過去因電影或音樂劇而為人所熟知的《國王與我》中，國王一角的原型。這部《國王與我》的原著是美國女作家瑪格麗特・蘭登，她根據拉瑪四世聘雇來教育王室子弟的英國女性安娜的回憶錄，創作了小說《安娜與暹羅王》。

音樂劇中，對拉瑪四世和安娜的感情逐漸加深的描寫，在歐美被當作異國君主與西方女性的羅曼史，非常受歡迎，並成為劇院的招牌劇碼不斷上演。不過在泰國當地，據說則以內容汙衊王室為由禁止上映。拉瑪四世原本是位出家僧侶，潛心向學，過了中年後，由於本應繼承王位的堂兄弟亡故，才「還俗」接任國王。因此在我的想像中，他本人應該和音樂劇中描寫的不一樣，是位相當有風度的人。

西歐世界內的霸權競爭和「南蠻人渡來」的關係

閒談暫且擱到一邊，回來談西歐世界。十六世紀時，依然是各國國王和諸侯分立的局面，若與同時代中國的明朝和伊斯蘭世界的鄂圖曼帝國相比，各個政治體的規模

拉瑪四世（一八五一～一八六八年在位）
泰國現在執政的王朝扎克里王朝（亦稱曼谷王朝、拉達那哥欣王朝）第四代國王。四十八歲登基為王。採取積極的近代化政策，與歐美各國簽訂不平等的通商條約，對中國採取自由貿易政策。

也較小。另一方面，西歐世界內部的競爭，可說就是霸權爭奪，也相當激烈，各政治體之間也不時發動戰爭。

率先揭開「大航海」時代序幕的是葡萄牙，可是當時它的人口僅有兩百萬人。葡萄牙在「新大陸」確保住廣闊的巴西作為殖民地，並在東非到香料群島之間控制多處據點，到此為止的表現確實都不錯，但它卻沒有足夠的人力能維持這樣的網絡。再加上十六世紀末被併入哈布斯堡家族統治的西班牙王國，於是很快就從霸權爭奪中出局。

與葡萄牙爭霸，在「新大陸」和菲律賓等世界各地廣設殖民地，成為「日不落帝國」的西班牙也一樣，它以眾所熟知、俗稱「無敵艦隊」的海上艦隊攻打敵對的英格蘭，卻在著名的「多佛海峽之戰」中敗北。另外，一直屬於西班牙管轄的荷蘭在一五八一年完成實質獨立後，取代走向沒落的西班牙，大約在十七世紀初開始掌握全球網絡的霸權。

西歐世界的霸權變化也影響到遠東地區的日本。即所謂的南蠻（譯註：日本在十五世紀開始與歐洲人貿易之後，「南蠻」一詞特別用以指西班牙、葡萄牙等歐洲和東南亞的人和文物）人渡來和南蠻貿易。

首先是以東南亞的麻六甲為根據地的葡萄牙人，開始來到中國、日本；一五四三年葡萄牙人搭乘中國倭寇的船，後來漂流到種子島，將西歐的火槍傳到日本。之後不

荷蘭

荷蘭（尼德蘭）在神聖羅馬帝國皇帝查理五世時，完全成為哈布斯堡家族的領地，之後由查理五世的嫡子菲利普二世統治，但強制信仰天主教等暴政引起人民反彈，一五六八年各地接連起義。天主教徒占多數的南部十省中途放棄對抗，繼續接受西班牙的統治，北部七省則在一五八一年宣布成立尼德蘭聯邦共和國，持續作戰。一六〇九年達成實質上的獨立。一六四八年簽訂《威斯特伐利亞和約》，獲得國際承認。

到十年，日本畿內的堺（譯註：畿內指的是都城和皇宮附近的區域，相當於現在的大阪、京都、兵庫、奈良一帶。堺是地名，即現在的大阪府堺市）便開始生產火槍。我感覺這火槍被拿來當作新武器使用，似乎讓戰國時代的天下統一提早了大約半個世紀。

很有名的就是，織田信長軍和武田勝賴軍爆發衝突的長篠之戰（一五七五年），面對織田軍由火槍步兵新組成的火槍隊，武田引以為傲的騎馬隊也敗下陣來。

關於長篠之戰似乎也有不同的說法，有人主張未使用火槍的地方也死了許多實力戰將，所以並不是單靠火槍的威力。不過這裡很重要的是，因為導入火槍的關係，使得軍隊的編組從過去以騎兵為中心，改為重視火槍步兵。另外，因為把可能遭遇大砲攻擊當作前提，日本的築城方法也因而完全改變。

因此要與長篠之戰的真實情況分開來看，我覺得軍事組織的改變應該是相當關鍵的因素。不過進入江戶時代，不再打仗之後，槍砲成了美術品般的存在，其操作方法也變成所謂的砲術，真要說的話，感覺比較像是一種技藝，在日本並未出現武器上的創新。因此到了幕末，便成了完全派不上用場的東西。

話題扯遠了，繼葡萄牙人之後來到日本的是，以菲律賓的馬尼拉為根據地的西班牙人。葡萄牙人和西班牙人成了南蠻貿易的核心，日本產的白銀開始被大量運出。不過，隨著基督教的傳教漸漸成為問題之後，幕府開始將其背後勢力的兩國視為威脅。

接著在一六〇〇年來到日本的是，繼葡萄牙和西班牙之後，漸漸掌握全球網絡霸權的荷蘭人。荷蘭在一六〇二年成立荷蘭東印度公司，以爪哇島的巴達維亞（現在的雅加達）為根據地開始把持亞洲貿易。而且荷蘭也開始透過長崎的出島，與進入江戶時期後採行鎖國體制的日本進行貿易。最早設立洋行的英國在這時期中途退出，這與荷蘭在十七世紀初成為全球網絡的霸主有很大的關係。

然而十七世紀中，英國經過清教徒革命，在國內完成大規模的結構改革後，力量逐漸壯大起來。十七世紀後半，英國制定在貿易上排除荷蘭船隻的《航海法》等，導致英、荷兩國三度開戰，最後荷蘭戰敗。

於是，霸權之爭變成由英、法兩國對決，尤其在印度統治權的問題上，兩國競爭得更是激烈。結果是由在普拉西戰役中獲勝的英國，登上霸權國家的寶座。

西歐在文明「軟體」上的創新

那麼，到底西歐世界為何能掌握全球網絡的霸權呢？

如果用一句話來概括，就是在西歐世界內部不斷競爭的背景之下，文明的「軟體」和「硬體」雙雙發生了巨大的變革。我想先看相當於「軟體」的部分，究竟出現了什麼樣的創新。以下我會依照領域列舉自「近代」西歐世界中產出的幾個文明的「軟體」。

普拉西戰役
一七五七年，背後有法國撐腰的孟加拉王公和英國東印度公司之間展開的戰鬥。最後英國獲得壓倒性勝利，確立其在印度的優勢地位。結果導致孟加拉王公淪為傀儡，加深英國對印度的控制。另一方面，法國轉而將勢力伸向印度支那。

政治領域

中央集權型統治組織（君主專制）
近代官僚制
近代國際法
領土主權國家
民族國家（Nation State）
議會制
憲政主義
人民主權論

軍事領域

常備軍
徵兵制
士官學校

經濟領域

產業資本主義
股份有限公司制度
工廠制機械工業

先概略地來看政治、軍事領域，正如前文所說的，中世紀的西歐世界是君主與諸侯們、諸侯與騎士們簽訂契約並分別治理的封建制度社會。在這樣的制度下，君主雖然能指揮命令與自己簽有契約的諸侯，但不能擅自對沒有與自己直接簽約的騎士徵稅。換句話說，在封建制度下，君王的權力是十分有限的。

十六世紀左右起，當經濟表現活絡時，西歐世界權力集中於君主一人的趨勢也慢慢形成。這時會對君主造成妨礙的就是貴族階級，因此貴族的特權一點一點地遭到剝奪。到了十七世紀，君主可以一手掌握國內的徵稅權、裁判權，並進行一元化支配的

「君主專制」形成。

很早就形成君主專制政體的是西班牙，當初對伊比利亞的穆斯林展開的收復失地運動，有助於讓權力集中於君主身上。而英國是因為在十一世紀的「諾曼征服」中，諾曼人征服了盎格魯-撒克遜，由上而下強力地壓制，促進了中央集權化。直到現在，英國的上流階級絕大多數仍是諾曼人的後裔。只是，英國在除去大貴族之後，換成地方的地主階級得勢，他們漸漸不聽從中央的命令，使得君主和地主之間開始互相爭權。

哈布斯堡帝國的中央集權化則比這兩個國家晚很多，原因也是來自於外在壓力。哈布斯堡帝國為了對抗鄂圖曼帝國的攻勢，請求諸侯援助，課徵臨時稅（土耳其稅），此一徵稅之舉被認為與日後皇帝完全握有徵稅權有關。

唯有法國不是因為外在因素，而是王權這方花時間慢慢將權力集中於君主，靠著努力促使它實現。十七世紀的路易十四時期，君主專制政體相當穩固，但貴族與神職人員仍繼續保有不必繳稅的特權。

不過到了十八世紀後半，接連的戰爭導致國家財政困窘，於是試圖向貴族、神職人員課稅。在君主和貴族們為此針鋒相對的過程中，為糧食不足所苦的民眾終於決心起義，最後引發使路易十六遭到處決的法國大革命。

另一方面，德國和義大利的君主一元化支配制度發展得很慢。德國的邦國之間，

諾曼征服

這是指一〇六六年，法國的諾曼第公爵威廉從英格蘭南岸登陸，在黑斯廷斯戰役中獲勝，征服了英格蘭。他並以威廉一世之名即位為王，開啟諾曼第王朝，建立以諾曼人統治的強大君權。

路易十四（一六四三～一七一五年在位）

法國國王。被稱為太陽王。六歲即位，由母親攝政，等同於由宰相馬薩林主政。馬薩林去世的一六六一年開始親政。立志統治歐洲，採取對外擴張的政策，晚年四度發動戰爭導致財政惡化，國力疲弊不堪。並以興建凡爾賽宮聞名。

義大利則是城邦之間，彼此互相傾軋的狀況一直持續，政治上的統一相當晚，要到十九世紀後半才實現。

就這樣，西歐世界的統治組織也朝君主專制、中央集權化進行「革新」。不過，如果單從君主一元化支配體制這一點來看，中國在唐、宋時代早已確立；在伊斯蘭世界，鄂圖曼帝國更進一步將阿拔斯王朝的中央集權式統治組織發揚光大，與同時代的西歐相比，占有「相對優勢」。

不過，這之後的展開速度可就完全不同了。西歐世界後來仍然不停地「革新」組織，在各方面皆凌駕了伊斯蘭世界和中國。

■革新的「軍事組織」

絕對君權在西歐世界逐漸確立後，遂有了近代官僚制以為支撐，並以中央集權化後規模變得龐大的國家財政為基礎，設置強而有力的常備軍。

說到官僚制，日本人對「官僚」一詞的使用多半帶有負面含意，如「官僚式文章」、「官僚式想法」等，但它本來是指一套用以有效率地達成組織目標的體系。這套體系包含培育官僚組織的「人才養成系統」，即針對受過高中、大學這類高等教育而獲得知識的年輕人進行選拔考試，達到一定水準以上的人即予以錄用，這套用人制

法國大革命

包藏各種對立，於一七八九～一七九九年發生的法國革命。這場革命推翻了絕對君權，廢除封建制度，頒布人權宣言，並在一七九一年制定規範君主立憲制的憲法。試圖逃往國外的國王一家遭到逮捕、被處刑後，建立共和政體。之後歷經革命政府，和後來推翻革命政府成立的督政府，政治上照樣不安定；一七九九年，拿破崙發動政變掌握政權，為法國大革命畫下了休止符。

度，在西歐慢慢地被建立起來。

另外，常備軍也可以說是在過去舊有的軍事組織上進行的「革新」。尤其是軍事組織要透過戰爭，才能清楚知道何者具有「相對優勢」。

原本在封建制度下，君主得大費周章才能進行大規模的軍事動員。比方說，諸侯和君主雖然訂有君臣契約，但君主並不能直接動員與諸侯簽訂契約的騎士們。

到了中世紀後期，西歐世界開始利用傭兵作為軍事力量。不過，君主和傭兵之間同樣需要簽訂載明期間是多長、報酬是多少的契約。舉個例子來說，假如契約到期戰爭卻還在進行的話，君主若不支付「延長費用」，傭兵們可是會說撤退就撤退的。

在「中世紀」的西歐，出借傭兵給各國的是瑞士。瑞士是個位於山區的小國，沒有什麼特別值得一提的產業，所以將訓練過的傭兵輸出可算是一大產業。順便告訴各位，現在守護梵蒂岡（羅馬）羅馬教宗的衛兵也是瑞士傭兵。

先不談這個，這樣的情況也是造成哈布斯堡帝國被能動用龐大常備軍的鄂圖曼帝國壓制的一個原因。

不過，西歐世界的君主在絕對君權下確保了一元徵稅權後，財政規模隨之擴大，軍事組織也從傭兵逐漸改採給予俸給的常備軍，換句話說，就是所謂的職業軍人。後來更進一步改為徵兵制以補充兵源，並設置士官學校培育職業軍人等，促使更為現代化且強大的軍事組織形成。

由西歐世界確立的「國與國」關係

隨著中央集權式政治體逐漸成形，西歐世界內部同時出現新的「國家」概念，和試圖讓國與國之間的關係規則化的趨勢。這就是建立在「領土主權國家」或人民主權論等基礎上的「民族國家」（Nation State）這類的政治單位，與約束各「政治體」之間關係的《國際法》。

那正是我們現在生活的二十一世紀，國際間的關係得以維持運作的根基。比方說，不僅是日本，每個國家都有邊界。日本因為是島國，四周圍繞著海洋，所以缺乏以邊界與鄰國劃分的觀念。然而海洋有領海，天空也有領空，現在的世界便是靠著「到這裡為止屬於貴國擁有的主權，其他國家不能片面侵犯」這樣的規則維持運作。像這樣規定一個「國家」在法的面向上的架構，便稱為「領土主權國家」。

「領土主權國家」的觀念得到確立後，接下來是「主權國家」間的關係需要一個共同遵守的規則。現在我們提到國際關係，當然指的就是「國家」與「國家」的關係，但在中世紀的西歐可能會被視為是君主和君主間的關係，規則同樣是適用約束人與人的關係的《羅馬法》。漸漸的，在城邦林立的義大利便開始出現「國家」間的關係這樣的新概念。

然後到了十七世紀前半，發生以德國為舞台、眾多西歐國家皆參戰的國際戰爭「三十年戰爭」，一六四八年戰爭結束後，參戰各國簽訂了議和條約《威斯特伐利亞和約》。互相尊重國家的主權和領土此一國際關係的基本觀念，在這時獲得確立。這就是日後逐漸建立理論、系統，一直持續到今日的《國際法》。

只不過，這個《國際法》起初帶有「唯有屬於基督教社會的西歐各國之間存在『平等』原則」的性格。現在則是不論任何宗教、體制，所有國家都是平等的，但在當時並不允許異教徒的國家加入，頂多只准許雖非天主教、新教，但還算是基督教系統的「正教世界」的俄羅斯加入。後來這樣的論點漸漸行不通，於是又提出沒有像西歐那樣「文明化」的國家不適用。

十八、十九世紀時，西歐各國在與「非基督教國家」締約之際，都堅持「不接受用『野蠻人』世界的法律來審判我們西歐人，這是我們的原則」，因而強迫別人接受西歐人享有治外法權等。這就是日本與美國簽訂的《日美修好通商條約》等，一般所謂的「不平等條約」。

■「人民主權」的新國家模型登場

假設剛才所談的「領土主權國家」是國家法理的一面，那麼接下來我想簡單談

三十年戰爭
一六一八～一六四八年，歐洲各國皆參戰、以德國為戰場斷斷續續進行的戰爭。圍繞著強迫信仰天主教的問題，並以波希米亞的叛亂為開端，逐漸擴大為整個神聖羅馬帝國內，天主教和新教兩派諸侯間的戰爭。後來西班牙加入天主教陣營，丹麥和瑞典則援助新教陣營等，因而發展成國際戰爭。此外，法國的參戰顯露出戰爭已變得帶有對抗哈布斯堡家族的霸權之爭。

《威斯特伐利亞和約》
一六四八年三十年戰爭結束後，參戰各國所簽訂的議和條約。會議在德國威斯特伐利亞地區的城市舉行。喀爾文派獲得與路德派同等的權利；另外，法國得到哈布斯堡家族讓渡其在阿爾薩斯地區享有的各項權利等；瑞典獲得西波美拉尼亞等地，並取得波羅的海的制海權等；瑞士和荷蘭的獨立獲得承認。神聖羅馬帝國的各邦國被承認擁有幾乎完整的獨立主權等，西歐的主權國家體制於焉確立。

一下，國家的「內涵」在近代西歐世界出現了怎樣的轉變。

在絕對君權規範下的國家，直截了當地說就是國王是主權的擁有者。這乃是國王需要有擁有主權、統治權的理由。我想有些人以前在高中學過應該還記得，那就是一般所謂的「君權神授說」，即認為國王統治國家的主權是神所授與的。這麼一來，被統治的國家組成分子就是「臣民」。在《明治憲法》規範下的日本也一樣，日本人不是國民，而是「臣民」。

西歐世界在那之後，國王和臣民之間開始為了主權問題發生爭奪戰。那就是「市民革命」，十七世紀發生在英國的革命即為其先例。

英國在十六世紀脫離羅馬教會成立英國國教會，但宗教改革進行得並不徹底，儘管是新教卻保留強烈的天主教要素。為了進一步改革而出現的就是清教徒（Puritan），這在前文已經提過了。這些清教徒在議會漸漸形成一股大勢力。

議會意圖限制時任國王的查理一世的大權，因而導致英國國內分成兩派——議會派（反國王派）和國王派，並引發內戰。之後由克倫威爾率領的反國王派革命軍拿下勝利，處死查理一世，成立共和國。

此共和國不久便垮台，於是君權復辟，但因國王重新恢復對天主教的重視和積極推動加強君主專制的種種措施，反國王派於是請求尼德蘭身為新教徒的奧蘭治親王威廉來當國王。當時的國王詹姆斯二世因而流亡在外，實現了不流血的市民革命，亦即

查理一世（一六二五～一六四九年在位）
英國國王。二十六歲即位。因面臨財政危機而計畫課稅，但遭議會反對，一六二九年解散議會，實行專制政治直到一六四〇年。在蘇格蘭強制人民改宗國教，結果爆發叛亂。為了進行鎮壓而召開短期議會，再次提出增稅案並與議會對立，後來發展成英國革命（清教徒革命），遭到議會派處死。

克倫威爾（一五九九～一六五八年）
英國政治家。英國革命的核心人物。幼年起便在清教主義的影響下長大。二十九歲時成為下院議員，並獲選為長期議會議員。革命爆發後率領騎兵隊（鐵騎隊）大勝保皇派。帶領議會派取得優勢地位。議會派分裂後作為獨立派的領袖表現活躍，處死國王，建立共和制。一五五三年組織軍事獨裁政權。

「光榮革命」。

議會接受威廉和其妻子，即詹姆斯二世的女兒瑪麗為共同君主，由共同君主簽署議會提出的文件，制定明示議會主權的《權利法案》。憲政主義和議會制因而得到確立，國王將統治權轉讓給議會，「國王君臨而不統治」的原則於焉誕生。

與英國這場「光榮革命」齊名的市民革命，正是發生於十八世紀的「法國大革命」。這裡不詳述法國大革命的經過，但假使我們把英國的光榮革命視為保留君主制，同時將主權歸於人民所有的「軟著陸」型革命，那麼法國大革命可說是將國王處決、廢除君主制的「硬著陸」型革命。結果，英國和法國分別成為君主立憲制與共和制兩種不同的政體。

不過，不論何者，這時新的「國家」模型，即主權在民的「民族國家」（Nation State）在西歐世界登場，並對其他異文化世界造成莫大的影響。

■經濟和科學技術的「革新」

如上所述，在政治領域方面，「統治組織」相繼出現革新的同時，西歐世界在經濟上也發生了巨大的變革。

其中尤為重要的是，全球網絡霸主的英國自十八世紀後半開始進行的「工業革命」，和在工業革命下日益發展的「產業資本主義」制度。

由於科學技術的發展，十七世紀末蒸汽機等屬於「硬體」的產業機械被發明出來，使得過去一直是手工操作的紡紗和織布機被機械化，大量生產於是變成可能。

這種「工廠制機械工業」後來逐漸朝鋼鐵等重工業和化學工業發展，廉價的工業製品除了在生產地的西歐各國國內販售，為了追求更高的利潤而開始往外尋求海外市場。

後來被用在擴大這類商業活動規模的，乃是誕生於西歐世界的「股份有限公司制度」。成立公司之際募集出資者，出資者則以股票形式保有自己的持分並負擔出資額範圍內的責任，這個制度的濫觴，起於一六〇二年荷蘭東印度公司成立時募集資金的做法。

「股份有限公司制度」這種新的資金籌措方法的出現，使得以工商業為主、規模更大的事業經營成為可能，對此挹注資金的投資活動也變得更加活絡。這麼一來，將資本用於投資各種事業以提升利潤，再將獲得的利潤投入擴大生產的「產業資本主義」制度，便在西歐世界日益發展。

西歐人很有意思的地方在於，他們不會放任某項知識或技術一直停留在原地不動。他們一定會探究「為什麼是這樣」，並試圖找出系統化的理由。那就是在西歐世界特別發達的「科學技術」。

原本「東方」世界也具備那些科學技術的基礎，並且擁有與技術相關的龐大知識，但卻欠缺透過系統化方式想出那些技術的創造力。發明火藥的是中國，但由於中國不像西歐那樣諸國林立、彼此短兵相接，相對較為安定，也許因此不容易產生想不斷研究、改良，做出最強武器的動機。

中醫的「漢方」也是如此，雖然試過所有的植物、動物和礦物，累積了什麼有效、什麼沒效的龐大知識，但對於「為何有效」卻不怎麼感興趣，也就是不求甚解。

然而西歐人不會就此感到滿足，他們經由伊斯蘭世界「重新發現」古希臘的科學，並將其系統化的結果，使得他們的科學在這個時代產生了爆炸性的創新技術。

蒸汽機變成蒸汽火車，進而催生出鐵道；帆船變成蒸汽船，使交通運輸工具本身得到「革新」，能源也從蒸汽進步到石油、再到電力，二十世紀更使核能發電邁入實用階段。軍事上也從黃色炸藥到機關槍、戰車、飛機、導彈，甚至發明出核子武器。以最近的例子來說，電腦、網際網路等也是如此；總之，「超級新」的關鍵性創新泉源，幾乎全部集中在西歐。

這一點可說顯示出，在文明的「硬體」和「軟體」兩方面，西歐世界皆以「微觀與宏觀的利用、控制、開發能力」維持高度的相對優勢。不過，站在二十一世紀初的現代放眼全世界，感覺以往那種「西歐獨勝」的「壓倒性」優勢，似乎已開始慢慢朝「相對」優勢轉變了。

第10章

異文化世界如何面對「西方的衝擊」？

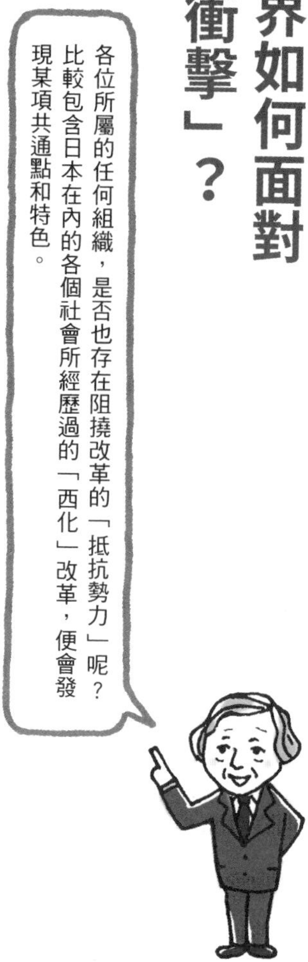
各位所屬的任何組織，是否也存在阻撓改革的「抵抗勢力」呢？比較包含日本在內的各個社會所經歷過的「西化」改革，便會發現某項共通點和特色。

■西歐成為各「文化世界」的威脅

如同前一章所述，十六世紀到十七世紀，西歐世界出現了效率遠比中世紀的封建制度更好的「統治組織」。而且文明的「硬體」和「軟體」都開始凌駕其他異文化世界，若不接受西歐世界的「世界標準」，異文化世界便無法與之抗衡的狀況，自十八世紀以後日益加劇。

這就是所謂「西方的衝擊」。只是從世界史的角度來看，「西方的衝擊」並非對所有異文化世界都造成同等的壓力，其強弱和影響程度也不一。

如果試著比較其中的差異會有怎樣的發現呢？作為這種「比較史」的嘗試，本章我想談一談關於伊斯蘭世界的中心、屬於「阿拉伯文字世界」的鄂圖曼帝國，以及「漢字世界」的中心中國（清朝），與「梵字世界」的東南亞中唯一躲過歐美列強殖民統治的泰國，還有位處「漢字世界」邊陲的日本所受到的「西方的衝擊」。

若要簡單提一下十八世紀以後的情況，當中最早遭到西歐控制的是陸地與其接壤的鄂圖曼帝國。而在「梵字世界」中心的印度，在掌控相當大區域的蒙兀兒帝國逐漸弱化、分裂的情況下，法國和英國的東印度公司逐漸侵吞印度。十八世紀末，英國東印度公司的勢力勝過法國，十九世紀更將印度納入英國的殖民統治之下。

東南亞也在十八世紀中遭到西歐列強的侵吞，不過仍只限於菲律賓、今日的印尼等島嶼區和據點，可是到了十九世紀，越南、柬埔寨成了法國的保護國，緬甸被併入英屬印度帝國等，大陸區的殖民地化也逐漸加劇。

另一方面的「漢字世界」，整個十八世紀清朝一直維持著非常強大的體制，可是快到十九世紀中葉時，西歐便成了十分迫切的威脅。舉德川幕府體制下的日本為例，十八世紀末正是時任老中的松平定信因推行寬政改革而聞名的時期，這時開始便屢屢有俄羅斯等外國船隻駛來，日本還只是「感覺怪怪的」；當清朝在鴉片戰爭中敗給英國後，日本開始覺得「世道變得很不安寧」；終於到了十九世紀中葉的一八五三年，培里提督率領的黑船抵達浦賀，日本這下才驚覺大事不妙了。

■鄂圖曼帝國面臨的「西方的衝擊」

首先一起來看看，長期在陸地上與西歐世界互相競爭的「阿拉伯文字世界」中，對勢力最大的鄂圖曼帝國來說，所謂「西方的衝擊」是怎樣的狀況吧。

十六世紀鄂圖曼帝國包圍哈布斯堡帝國的大本營維也納，使西歐世界為之震驚，不過到了十七世紀末，兩者的力量卻漸漸出現逆轉。事實上鄂圖曼帝國在那之前便開始慢慢轉弱，可是十七世紀後半還是有西歐人認為鄂圖曼帝國比自己強大，甚至還有分析「土耳其人為何成功？」的書出版。

關於這段時期，以前都認為十六世紀是鄂圖曼帝國的黃金時代，之後便逐漸走下坡，到了十八世紀末則開始以近代西歐為模範，重振帝國雄風。可是，我也研究過這段歷史，看來並非如此。那大概是出於西歐式「近代化」史觀的見解，西歐和俄羅斯確實奪走了它的領土，但伊斯蘭世界內的土地幾乎都沒被奪走。

也就是說，在伊斯蘭世界裡，鄂圖曼帝國在統治組織和軍事技術上並未失去相對優勢，把它理解成「發展」的進程差異而非「走下坡」，我認為才是正確的。

導致鄂圖曼帝國地基下陷的一大要因，是他們原本掌控的陸海絲路的「地方」

化。西歐人以「大航海」時代為契機，開始掌握三大洋五大陸體系的霸權，鄂圖曼帝國則失去了以往帶給它巨大利益的「異文化世界間交易中心」的地位。

另一方面，西歐對鄂圖曼帝國的「相對優勢」，透過戰爭已昭然若揭。那就是一六八三年鄂圖曼帝國再度挾著大軍入侵奧地利的「第二次維也納之圍」。

就結果來看，鄂圖曼帝國輸了這場戰爭，一六九九年將領有的匈牙利大半領土割讓給奧地利（《卡洛維茨條約》）。進入十八世紀後，鄂圖曼帝國再度與奧地利和威尼斯發生戰爭，亦同樣落敗，因而徹底失去了匈牙利。於是，鄂圖曼帝國在軍事技術上也失去了對西歐擁有的相對優勢。

■任何時代都避免不了的「抵抗勢力」

長期處於劣勢的狀態，終於讓鄂圖曼帝國的統治菁英開始意識到，繼續原來的做法可能無法與西歐相抗衡。基於這種「相對劣勢」的自覺，一七三〇年即位的第二十四代蘇丹馬哈茂德一世的時代，展開了採納「近代西歐模式」的做法，即一般常說的「西化」改革。

首先還是從西歐的武器、軍事組織、用兵這類軍事領域的改革著手。鄂圖曼軍的核心一直是步兵軍團耶尼切里，但它已變成巨大的既得權益集團，因而未被列入改革

第二次維也納之圍
一六八三年鄂圖曼帝國以大軍包圍維也納，但因波蘭等的援軍而被擊退。此後，很明顯的鄂圖曼帝國的勢力在西歐開始退潮。

對象，「西化」改革便從砲兵等周邊單位開始進行。

任何組織都有這樣的傾向，尤其是愈深入核心的改革，抵抗力便愈強。軍隊這種組織，一旦更換武器就必須改變組織編隊，所以連換一個武器都會嫌麻煩。因此第二次世界大戰期間的日本，明明海軍的作戰方法已變成以航空母艦和戰機為主，但日本海軍卻未能捨棄一直以來的大艦巨砲主義。有一本由研究組織論的學者和研究戰爭史的學者，針對日本軍隊的組織共同寫成的《失敗的本質》，這是本非常有意思的書，請各位不妨一讀。

言歸正傳。進入十八世紀後，鄂圖曼帝國不再只是受到西北方的西歐世界打壓，還有來自北方的壓制。那就是先前提到的，在異文化世界中最早推動「西化」改革的「希臘、西里爾文字世界」之雄——俄羅斯。十七世紀莫斯科大公國時代，國力變得相當強盛，十八世紀初在彼得大帝的統治下，甚至在列強中占有一席之地，並獲西歐各國認可為「皇帝」，開始自稱俄羅斯帝國。俄羅斯為了取得「不凍海」地中海的控制權，正式揮軍南下。

鄂圖曼帝國經過與西歐和俄羅斯的多次戰役，領土慢慢流失。不過，帝國內的改革持續遭到以耶尼切里軍團為中心的守舊派勢力的抵抗，要到馬哈茂德二世時代的一八二六年以後，才總算壓制反抗勢力，得以著手進行真正的系統化軍事改革。這一年，馬哈茂德二世終於廢止耶尼切里軍團，創設有「穆罕默德常勝軍」之稱的新式

彼得大帝（一六八二～一七二五年在位）
俄羅斯皇帝。十一歲即位。獎勵學習西歐的技術和學問，盡全力推動近代化、強國化。在對外政策上，曾一度搶下亞速海的制海權，日後又被鄂圖曼帝國奪回，並從瑞典手中拿到波羅的海的霸權，建設首都聖彼得堡。成功提升俄羅斯的國際地位。

馬哈茂德二世（一八〇八～一八三九年在位）
鄂圖曼帝國第三十代君主。廢止耶尼切里軍團、引進近代的政府機關制度、開辦世俗學校等，致力於接受西歐模式的近代化、以中央集權化為中心的各項改革。另一方面也招來地方勢力等的反彈，對外則苦於應付希臘的獨立和俄羅斯的干預。

軍隊。

始於馬哈茂德二世去世的一八三九年，終於一八七六年鄂圖曼帝國憲法頒布的「西化」改革，被稱為「坦志麥特改革」。這與日本的「明治改革」（我刻意用這樣的稱呼來指涉以明治維新為開端的明治時期的改革）非常相似，在政治、軍事、教育等所有領域推動「西化」，街上西洋建築林立，連文學、音樂等「文化」方面也開始出現近代西歐的形式。

到了一八六〇年代，出現與「來自上層的改革」相反，要求「下層參與」的立憲主義運動——「新鄂圖曼人」運動。這雖然也近似日本的自由民權運動，但日本的自由民權運動不論是在社會階層和空間上都擴散得較廣，相對於此，「新鄂圖曼人」運動則只限於帝都伊斯坦堡的菁英階層。受到來自守舊派相當強烈的鎮壓，這部分與後續會談到的清朝「變法運動」的情況很類似。

運動領袖們一面亡命西歐一面繼續活動，以法語發行報紙和雜誌，同時利用屬於治外法權的外國郵局，繼續將具有思想性的出版品郵寄到母國。就這樣，有別於君主專制，「民族主義」的思維逐漸在帝國內滲透，結果在一八七六年頒布鄂圖曼帝國憲法和建立議會制。

鄂圖曼帝國「西化」改革的特徵也表現在「服裝」的改革上。舉例來說，馬哈茂德二世捨棄傳統的土耳其裝和頭巾，採用西裝配土耳其氈帽（菲斯帽），官僚和軍人也都改為穿戴「西裝、土耳其氈帽」。只是和日本比起來，日本的「斷髮令」是針對所有臣民，但鄂圖曼帝國西服化的範圍則相當有限。

逐漸變為西歐殖民地的「梵字圈」

接著我想來看「梵字圈」十七世紀以後的動向。首先是核心的印度，這裡因為十六世紀建立的穆斯林蒙兀兒帝國十分強大，在印度次大陸和巴基斯坦的絕大部分地區均保有廣大的疆域，所以十七世紀中以前，被葡萄牙等西歐人勢力侵占的地區，不過是果阿和迪烏這類沿岸區的據點。

不過，可說是擴大蒙兀兒帝國版圖的傑出統治者奧朗則布皇帝，則一改過去對印度教的寬容政策，恢復課徵人頭稅，使得印度教徒的反抗浪潮在十七世紀遍布。十八世紀初奧朗則布一死，印度教勢力引起的紛爭立刻擴大，由諸侯領導的印度教徒的馬拉塔同盟在印度中部的德干高原成立，開始顯露出蒙兀兒帝國的統治愈來愈無力。

利用這樣的狀況為自己製造機會的是英國和法國。十八世紀以後，雙方的東印度公司皆巧妙地利用蒙兀兒帝國的分裂狀況擴張自己的勢力，英屬東印度公司終於在十八世紀末勝過法屬東印度公司。

在那之後，英國透過東印度公司積極推動殖民地化，將印度主要地區都置於其支

馬拉塔同盟

十八世紀中葉到一八一八年存在的印度政治聯盟。十七世紀中葉時，印度西部的諸侯集團馬拉塔建立印度教的國家馬拉塔王國。不久王國衰微，變得有名無實，但十八世紀時，握有實權的宰相與一群有力諸侯締結同盟，即馬拉塔同盟。將勢力往南、北印度擴大，但因內鬥，最後在與英國的戰役中敗北、瓦解。

配之下。十九世紀中葉，發生以印度人傭兵為主的大規模反英叛變「印度兵叛變」，但英國一面鎮壓一面將蒙兀兒帝國的皇帝處以流刑，蒙兀兒帝國就此覆亡。接著在一八七七年，英國建立以維多利亞女王為女皇的英屬印度帝國，同時將東鄰的緬甸一起納為殖民地，直到二十世紀中葉。

東南亞的梵字圈和阿拉伯文字圈，以及唯一一個屬於漢字圈的越南，進入十九世紀後接連淪為西歐世界的殖民地。緬甸和馬來西亞成為英國屬地，現在的印尼成為荷蘭屬地（荷屬東印度）。而漢字圈的越南和梵字圈的寮國、柬埔寨，則納入法國屬地（法屬印度支那聯邦）。菲律賓在十九世紀末以前為西班牙領有，之後成為美國的屬地。

與明治改革（明治維新）非常相似的泰國的「朱拉隆功改革」

在這樣的局勢下，唯一倖免於西歐列強殖民統治的是泰國。泰國的西邊為緬甸，東邊和北邊有柬埔寨和寮國的包夾，也就是位於把緬甸變成殖民地的英國，和控制柬埔寨與寮國的法國這兩大勢力之間的「緩衝地帶」，可以說，泰國就是因為處於這種微妙的平衡下，才沒有成為殖民地。

泰國在與日本的明治維新同一時期，在一八六八年登基的拉瑪五世朱拉隆功大帝時代，展開了被稱為「朱拉隆功改革」的「西化」改革。拉瑪五世的父親為拉瑪四

印度兵叛變
駐紮在德里東北部的印度兵（英國為統治殖民地而雇用的印度人士兵）擁立蒙兀兒皇帝，並向英國宣戰。各地的印度兵也紛紛響應，相繼起義，而對英國的不滿情緒日益加劇的舊統治階層、農民、民眾等廣泛階層的人進一步加入，最後擴大到北印度全域。不過遭到英國鎮壓，一八五八年蒙兀兒帝國滅亡，印度也被置於英國的直接統治之下。

拉瑪五世（一八六八～一九一〇年在位）
泰國現在執政的王朝扎克里王朝（即拉達那哥欣王朝）第五代國王。十六歲時登基。在弟弟們的扶持下，儘管為英法殖民地主義勢力的壓力所苦，仍然確立中央集權體制、廢除奴隸制度等，致力於藉由各項制度的西化帶來近代化。此外，並在一部分不平等條約的修訂上獲得成果。

世蒙固國王，他就是先前提到的《國王與我》中，國王一角的原型。

若與日本做比較，在新政府的大久保利通和西鄉隆盛等人主導的集團領導體制下，明治天皇是象徵性的存在；但泰國則是由拉瑪五世本人主導，進行相當徹底的「西化」改革。他一面排除長期把持國政的汶納家族等大貴族勢力，一面強化君權，即所謂「來自上層的改革」。

泰國的改革非常有趣的一點是，和日本一樣也招聘「外國人」協助改革。比方說，在法律的建置上，聘請曾在美國攻讀法學的政尾藤吉；在教育改革上，則有東京女子大學創立者之一的安井哲協助創設皇家女子學校。換句話說，泰國透過日本也參考了「近代西歐的模型」。

只不過，泰國「來自上層的改革」的性格強烈，「下層參與」的希求出現得未免太晚。因此，泰國在日本的《大日本帝國憲法》頒布大約四十年之後的一九三二年，才制定了憲法。

建立史上最大疆域的「清帝國」

接著，漢字世界中心的中國所面臨的「西方的衝擊」，又是怎樣的情況呢？

把時間倒回到十六世紀，「大航海」時代開始不到半個世紀的十六世紀中葉，葡萄牙人早已來到明代的中國，並以澳門為據點展開貿易。之後，西班牙人開始用從新大陸帶來的白銀採購中國特產的絲綢和茶葉，大量的白銀漸漸流入明帝國。因為這個緣故，明朝甚至取消過去用米、麥之類的實物繳納的農地課稅制度，改採用白銀納稅的一條鞭法。

明朝延續宋朝，江南的經濟尤其發達，但多數君主並不怎麼有才幹，宦官干預政治，使得中央政治有不穩定的傾向。另外，十六世紀末接連不斷的叛亂加上豐臣秀吉入侵朝鮮等，使得財政惡化，各地農民開始起義。

李自成從中崛起，形成一大勢力，拿下洛陽、西安後，一六四四年攻入帝都北京。另一方面，由於中國東北地區統一女真族的努爾哈赤之子皇太極率領清軍逐漸南下，明軍為了對抗清軍集結在山海關，於是被李自成乘虛而入。明朝崇禎皇帝因此自縊身亡，明朝滅亡。

在那之後，清軍在投降的明朝武將吳三桂的請求下進入北京，擊破李自成的軍隊，遷都北京，成為中國新的王朝。

清是一個由滿洲人與蒙古人結盟、對漢人進行支配的征服王朝，強制漢人接受滿洲人的辮髮習俗等也為人所知。其統治組織的特徵就是稱為八旗的軍事、行政組織，以三百名成年男子組成的「佐領」集團為基本單位，授與身為旗人的成員土地，旗人一面靠此收益維持生活，一面承擔兵役。

皇太極（一六二六～一六四三年在位）
清朝第二代皇帝。廟號太宗。是統一女真族、建立清朝（後金）的努爾哈赤的第八個兒子。三十五歲時越過諸位兄長繼承汗位，奠定清朝的根基。壓制內蒙古、朝鮮，改國號為清，並將族名改為滿洲。

清帝國的中央集權式統治組織便以八旗為基礎，同時承襲科舉制度和明朝的政治機關，在十八世紀的一百年間逐漸建置完成。清朝在軍事上的力量也遠比明朝強大，十八世紀中葉的乾隆皇帝時代壓制了圖博和回部（東突厥斯坦），實現除了元以外，中國歷代王朝最大的版圖。

順帶一提，乾隆皇帝和他的父親雍正皇帝的時代，被認為是清帝國的鼎盛時期。雍正皇帝僅統治短短的十三年，但為組織重新鎖緊所有的螺絲，是位非常能幹的君主。從清晨到深夜戮力從公，最後因過勞而死。然後進入乾隆皇帝長達六十年的統治時代。乾隆皇帝在一七九五年退位，直到法國大革命的十年後才去世，這段期間清朝的根基穩若磐石，直到十八世紀末為止。加上經濟力和文化的洗練度高，乾隆皇帝時代甚至確立了北京的宮廷料理。

此外，農業發展狀況良好，原產自新大陸的玉米、番薯和花生等作物的生產也落地扎根，農作物收穫量出現飛躍式的成長。同時，清朝的人口在十八世紀末已達到三億人，不論是經濟和人口皆以世界最大規模傲視群倫。

就算與西歐世界相比，在整體「文明」和「文化」的程度上，恐怕直到十八世紀後半，清帝國的水準可說都是遠遠高於西歐世界吧。

乾隆皇帝（一七三五～一七九五年在位）
清朝第六代皇帝。廟號高宗。二十五歲時即位。編纂眾多圖書等獎勵文化，並壓制東突厥斯坦等外族，擴大領土，建立清朝最大版圖，在對內治理和對外征服上皆有輝煌的成果。但晚年政治日益腐敗。

■確定西歐「相對優勢」的英法聯軍之役

北方很快就接受「西歐近代模型」的俄羅斯，向東挺進到西伯利亞，十七世紀中葉開始沿著中國北方的黑龍江南下。為此，清朝的康熙皇帝和俄羅斯的彼得大帝於一六八九年簽訂《尼布楚條約》，確定邊界劃定等事宜。這也是清朝根據西歐的《國際法》所簽訂的第一個條約。

《尼布楚條約》的簽訂，使得俄羅斯在十八世紀中，不至於對清朝構成多大的外在威脅。一七九三年，英國使節馬戛爾尼為求擴大通商謁見乾隆皇帝，但未談成；接著在一八一六年，阿美士德來到北京。當時的中國把英國也當作朝貢國看待，使節在謁見皇帝時被要求如臣下般行「三跪九叩之禮」。阿美士德拒絕這項要求。

不過，進入十九世紀後，這樣的狀況也開始出現轉變。

占中國對外貿易比重近一半的國家是英國，在十八世紀中葉以前，茶葉和絲綢等中國產品的輸入大幅超出輸出，呈現入超狀態。站在英國的立場，這代表作為支付的白銀單向地流向中國，為了導正此狀態，只能把某樣東西輸出到中國。

這時英國看上的是印度生產的鴉片。十八世紀後半起，鴉片開始被大量輸出到中國，十九世紀以後清朝正式禁止鴉片輸入，這下子變成用走私的，鴉片不但繼續流

英法聯軍之役
英、法對中國清朝發動的侵略戰爭。一八五六年，清朝官吏將停

入，而且數量還進一步擴大。

到了一八三九年，清朝終於動用強制力將輸入的鴉片沒收銷毀，不料英國面對此舉決意出兵，展開了所謂的鴉片戰爭。當英軍占領上海等地進逼南京時，清廷旋即投降似地與英國簽訂《南京條約》。

《南京條約》的簽訂，迫使清朝開放上海等五個港口、割讓香港、承認英國享有領事裁判權等。不過，清朝認為鴉片戰爭的敗北只是輸了一場地方的局部戰役，並未對其結果抱有太大的危機感。

然而隨後發生的英法聯軍之役（一八五六～一八六〇年），英法聯軍甚至攻入北京，離宮圓明園被破壞殆盡，為數眾多的寶物遭到掠奪，使清朝受到強烈的衝擊。其結果，清朝不僅被迫將九龍半島尖端割讓給英國、同意開放天津港，還將烏蘇里江以東的沿海省分割讓給參與議和斡旋的俄羅斯，這也使得內部改革的機運終於開始萌芽。

在西歐勢力的干預一點一點加劇的同時，國內不安定的狀況也逐漸擴大。十九世紀中葉起，受基督教影響的洪秀全領導的太平天國革命愈演愈烈，一八五三年演變成占領南京的事態。

單靠清廷的正規軍已平息不了亂局，於是科舉官僚出身的曾國藩和李鴻章等人投入討伐，在地方組織臨時的私人軍隊「湘軍、淮軍」。

李鴻章等人這時目睹到英國軍人戈登率領的中國人傭兵部隊「常勝軍」的西式

泊中掛有英國國旗的亞羅號帆船上的水手，以有海盜之嫌予以逮捕，英國領事對此抗議清廷不當逮捕、侮辱英國國旗，因而爆發亞羅號事件。英國以此為藉口派遣遠征軍。法國也趁此機會以傳教士遭殺害事件為藉口參戰。英法聯軍在一八五八年占領天津之後，與清朝簽訂《天津條約》，但為了互換條約批准書的問題，清廷開砲攻擊，戰爭再啟。首都北京被英法占領，隨後簽訂《北京條約》。

李鴻章（一八二三～一九〇一年） 中國清朝的政治家。曾率領淮軍（李鴻章在故鄉組織的義勇軍）討伐太平天國、鎮壓捻軍（農民反叛軍），表現出色。擔任直隸總督、內閣大學士，對軍隊的近代化、軍事工業的扶植等，以及礦山的開採、鐵路建設等做出貢獻。此外，他還扛起外交重任，擔任中日甲午戰爭《馬關條約》的全權代表、一九〇一年有關義和團事件的《辛丑條約》，也全權代表處理。

裝備。誠然是遇見了近代西歐軍事技術所擁有的壓倒性「相對優勢」。

■止於「體制內改革」的清朝「西化」改革

自此，李鴻章開始以「近代西歐」為典範，改革自己所領導的淮軍的組織和裝備。不僅輸入西歐式的火槍和大砲，還聘請德國軍人當教官、派士官赴德國留學。此外，在軍人教育方面，還創設天津武備學堂，可說是西歐式陸軍士官學校的中國版。順帶一提，李鴻章也致力於北洋海軍的建設，成了近代海軍的開端。

清朝中央的統治組織，也漸漸可見「西化」改革的趨勢。這一連串的改革運動被稱為「洋務運動（譯註：即自強運動）」，即相當於日本的「明治改革」。

將這波「洋務運動」與日本和鄂圖曼帝國的改革一比較，果然還是會發現中國的特徵。一言以蔽之，就是十分拘泥於自身傳統的「文化」、「文明」。

比方說，在清朝內部也有愈來愈多人具備近代西歐的各種知識，因此有人主張不應該只引進西歐的技術，還要進行體制改革，也就是康有為等人推動的變法運動。

只是，這場變法運動並未如同日本的自由民權運動那樣擴散開來、在地方扎根。因此一旦守舊派反擊，其芽苗便輕易地遭到摘除。儘管軍隊確實已達成一定程度的近代化，但一面倚賴守舊傾向強烈的袁世凱的北洋軍閥，一面由思想極為傳統的西太

袁世凱（一八五九～一九一六年）
中國政治人物、軍人。得到李鴻章的信任，中日甲午戰爭之後從事西式新陸軍（新軍）的建設。李鴻章死後就任直隸總督、北洋大臣。致力於軍政的統一、產業的振興，一度是清朝握有最大實權的人。一九一一年辛亥革命爆發，立刻受朝廷全權委任與革命方交涉。隔年，逼宣統皇帝（愛新覺羅溥儀）退位，就任中華民國臨時大總統。一九一三年鎮壓反袁世凱的二次革命，成為正式大總統，強化獨裁。一九一五年宣布帝制復辟，引發三次革命，隔年取消復辟，不久便病逝。

「西方的衝擊」與服裝的變化

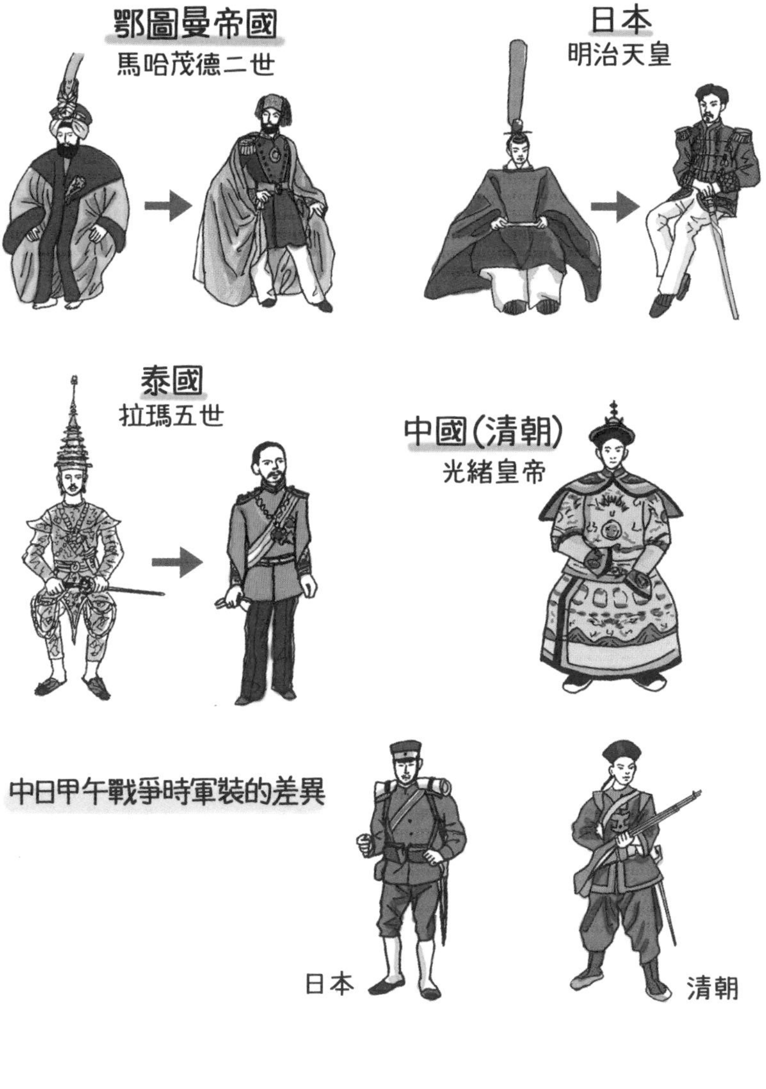

后專政的情況依舊持續著。也就是說，洋務運動與屬於「體制變革」的明治維新相比，可說僅止於由科舉官僚主導的「體制內改革」。

另外，在日本和鄂圖曼帝國，國軍已被統一為近代西歐式的新式軍隊，不過清朝依然停留在有力高官的私人軍隊改革。經濟方面也是，日本自明治以後民間資本投資的產業已普及，相對於此，清朝則是以國家、官僚參與經營的「官督商辦」（官民合營）為主。

清朝傳統的限制之強大，看服裝便一目了然。請看上一頁的圖。與馬哈茂德二世主動改穿西式服裝，把官僚和軍人的服裝也改為西裝配土耳其氈帽的鄂圖曼帝國，和取消傳統式的結髮、帶刀，天皇自己斷髮、改穿西服的日本不同，清朝是皇帝、官吏，連新式軍隊都依舊維持傳統裝束的滿洲服和辮髮。

■日本為何能飛快地完成「西化」改革？

接下來終於要談日本所面臨的「西方的衝擊」。不過，在此我不會詳細追溯日本「近代化」的過程。那部分就讓給《再讀一次山川日本史》之類的書，總之我想告訴各位的是，關於日本為何是「亞洲」各個社會中最快完成「西化」改革，並能提升實力到足以與西歐列強匹敵的地步。

西太后（一八三五～一九〇八年）
慈禧太后，清朝第九代皇帝咸豐皇帝的側室（妃子）。第十代皇帝同治皇帝的生母。同治皇帝即位後，隨東太后（咸豐皇帝的正室）一起攝政，掌握實權。同治皇帝死後，讓妹妹的兒子即位為光緒皇帝，繼續以攝政之名掌握實權。開始親政的光緒皇帝著手變法，她立刻發動政變，將皇帝軟禁，再度掌握實權。幫助義和團，招致列強的侵略後，一改以往的態度，致力於各項制度的改革，但光緒皇帝一死，隔天也結束她的一生。

這種事並非一蹴可幾。可能還是需要回溯歷史的發展去思考。

戰國大名割據的時代，在十六世紀後半靠著織田信長和豐臣秀吉完成統一；十六世紀末「決定天下誰屬」的關原之戰，在德川陣營獲勝後，家康隨即於一六〇三年在江戶開設幕府，日本的「近世」由此展開。

戰國時代雖然是分裂的時代，但在嚴峻的競爭中，戰國大名漸漸開始主張領地的一元支配、一元徵稅權、一元裁判權。這是用以統治的政治體制的發展過程，從某種意義來說，戰國大名領地的形成，應該可以與西歐世界從「中世紀」過渡到「近世」的時期，由分權式封建制走向中央集權式君主專制的各領邦的形成、發展過程，形成對比。

家康建立的體制是由統領全國的幕府中央的統治組織，和治理各藩的各大名的統治組織所組成，其特色可說是建立在集權制和分權制的平衡之上。

舉例來說，若與鄂圖曼帝國極度中央集權的統治組織做比較，地方統治組織的上層是由帝國中央任命的人擔任，任職滿一定期間後再回任中央。這種做法會出現帝國中央的人才教育蓬勃發展、人才濟濟，地方則培育不出人才的傾向。

相反的，江戶時期的日本由於是分權制，因此各地都蓄積了一些具有一定程度的技術、文化，以及具備政治、經濟方面的知識而能肩負重任的人才。

日本的城下町非常有趣，所謂的大名殿下，若要打比方的話，就像是綜合商社的社長。任何一位大名領內都有藩校這樣的教育機構，培育藩在經營上所需要的人才，從劍術老師、儒學者，以至於廚師、甜點師傅、製作家具等工藝品的師傅，保有各種人才。或許比喻成百貨公司的老闆還比較正確。

除了分權制這樣的優點之外，還有一個應當關注的背景因素。江戶的幕府和藩的統治組織原本是由武士，也就是軍人所組成的戰鬥組織。不過因國內禁止戰爭，而且在「鎖國」的形式下對外關係極端受限，對外也未發生戰爭，就結果來說，這樣的情況持續了兩百年以上。

換句話說，江戶的「近世」是不允許軍事上的競爭，但非常贊成經濟和文化方面競爭的時代。若問這樣會發生什麼情況，就是承擔幕府和藩的統治組織的武士們逐漸「文官」化。總之，在藩與藩的競爭只限於經濟競爭的情況下，藩政改革的重點漸漸被擺在「財政改革」上，尤其是江戶中期以後，適合全國市場的特產品的育成，變成各藩的重要工作。

日本江戶時期的這些特徵，我認為對日本在「西方的衝擊」下接受近代西歐模式這件事，起了非常大的效用。

日本江戶時期完成的「Nation」原型

明治以後，許多關於西歐各種知識的翻譯書在日本大量出版，帶來了新的商業模式。比方說，明治四年翻譯出版的英國思想家約翰·史都華·穆勒的著作《自由之理》，以帶給日本自由民權運動莫大的影響著稱。這本書可說是當時最先進的政治學書籍，內容頗為深奧，但在日本卻成了眾人閱讀的暢銷書。

若將這樣的狀況與當時鄂圖曼帝國的情況做比較，也許會更加有意思。鄂圖曼帝國在讀寫方面能夠自由使用法語的人，感覺遠比日本能讀懂外語的人要多得多，但這一類的翻譯書幾乎都賣不好，出版社也賺不了錢。總之，沒有人願意購買。說起來，若是能夠讀寫法語的人，直接買原文書就好了。

換句話說，日本的厲害之處在於，雖然不懂外語，但若有譯本就會想一窺堂奧的人非常多。也許至今仍是類似的狀況，這同時也意謂著，如此渴望吸收被轉譯成日語的西歐知識、能夠理解那些知識的人存在於全國各地。

明治十年代，各地民間人士開始「私擬憲法」也是如此。東京秋留野市的五日市町，由地主和地方上的領袖級人物合力制定的《五日市憲法》很有名，但各地都能擬出這樣的憲法，這在人才全被中央吸納的鄂圖曼帝國實在很難想像。

私擬憲法

民間自己擬定的憲法草案。有一部分是幕末做成的，但一般都是一八八〇年左右起，因憲法理論研究的發展和自由民權運動的高漲，各派、各人為了向同志和國民訴說自己對國家的構想所起草的憲法。現在已被確認的私擬憲法多達四十種以上。

西歐世界方面，好比是戰國大名逐漸專制君主化，在伴隨著激烈軍事競爭的「戰國時代」中，逐步邁入「近代」。相對於此，只限於經濟競爭的「近世」在日本持續了大約兩百五十年，在此過程中，社會已發展到相當成熟的地步，並慢慢建立起「Nation」和「國民經濟」的原型。

這裡所說的「Nation」指的是擁有相同的語言和文化，「相信」彼此屬於同一「民族」的一群人。當中的「相信」是關鍵，世界上有很多自稱「民族」的群體，但只要嚴謹地追溯他們的DNA，便會發現根本不值得一信。因此，我們是同一個民族不過是代表自己如此「相信」罷了。

從這個角度來看，這意謂著日本透過江戶時代慢慢建立起「Nation」的基礎，完成政治社會整體的統一。這一點非常重要，例如我們看鄂圖曼帝國的例子，其統一是建立在伊斯蘭教的基礎上，但在近代西歐的影響下逐漸崩解。想要阻止它崩解，或在崩解後打造與新的身分認同合一、共存的體系，可得花費相當大的力氣、精神。

反觀日本，為達成這種政治性統一所花費的成本明顯很低，因而得以將精力花費在其他種種改革上。

■「鎖國」是錯的嗎？

另一項「國民經濟」的原型指的是，以商業城市大坂為市場，並以北前船為中心的全國市場經濟網絡。比方說，堂島米會所（譯註：即位於堂島的稻米交易中心）等發展出高度且複雜的市場價格操縱技術，雖然只是內需中心，但已形成包含北海道「蝦夷（譯註：古代日本人對東北方民族的蔑稱）之地」到琉球王國的全國規模的流通市場。

而且在日本，著重於生產的「產品製造經濟」，要比透過交易使物品流通以賺取利潤的「物流式經濟」更為發達。江戶時代各藩在特產品的生產上，競爭似乎相當激烈，這樣的經濟結構基礎被認為可能對第二次世界大戰後的「製造業立國」帶來了影響。

順便說一下，鄂圖曼帝國的情況則是「製造業」不振，正是所謂的「物流式經濟」，因此一旦海上貿易路徑被西歐世界控制後，經濟便一下子崩塌。

回顧日本「近世」的特徵之後，我認為日本江戶時期的「鎖國」政策，未必是錯的。

近年的歷史研究一直強調「以鎖國來描述是錯誤的，毋寧說當時與海外的交流一直持續著」，但與對外總是門戶敞開的鄂圖曼帝國等例子相比，當時日本的對外關係

北前船

從江戶時代到明治時代，活躍於西迴航路（從北國經日本海、瀨戶內海前往大坂）上的海運定期船，或是大坂、京都一帶對用於此航線的船隻的稱呼。北陸地區又稱它弁財船。在北海道、東北與北陸採購昆布、鯡魚等海產，經下關海峽、瀨戶內海，在大坂將載運的貨物售出之後，再採購酒、鹽、雜貨等回到北國販售。

極為有限是事實，因此我認為稱之為「鎖國」並沒有不妥。

著名的哲學家和辻哲郎先生，有本著作叫做《鎖國》。正如其副標「日本的悲劇」，和辻先生認為日本採取「鎖國」政策是一大失敗。我猜想和辻先生的言下之意可能是，日本如果不「鎖國」，而是善用戰國時代打開的局勢向外走出去，說不定能稱霸世界。不過，假使日本真的這麼做會如何呢？也許日本反而會像葡萄牙和西班牙那樣，做了一場將近一世紀的美夢，但那之後便走向沒落。

■比較之後漸漸清晰的「西方衝擊」的特徵

前面舉出幾個文化世界為例，概略地看過它們面臨「西方的衝擊」時，各自是如何因應，以及它們接受近代西歐模式進行「西化」改革的情形。各位讀者從中獲得了怎樣的想法呢？

從比較史的角度去思考這樣的問題，可以看出幾種傾向。首先是異文化世界的中心地，因傳統「文明」的支配力非常強，使得「西化」改革有延遲的傾向。清朝可說是代表性的例子。

不過，「文明」的各項基礎建設要是不夠成熟的話，很可能也會導致難以「近代化」。例如非洲的剛果民主共和國，十九世紀後半淪為比利時國王的私人殖民地，日

和辻哲郎（一八八九～一九六〇年）
兵庫出身的哲學家、倫理學者、文化史家。早期曾發表《尼采研究》等存在主義者的研究。日後遊歷奈良飛鳥的古寺，為日本文化打開具先驅性且嶄新的視野，並透過對海德格的解釋，建立其重視人與人關係的獨特倫理學。並在《風土》中展開獨特的比較文化論。著作眾多，包括《古寺巡禮》、《日本精神史研究》、《風土》、《鎖國》等。

後變成比屬剛果，但它的支配方式是典型的「只取不予」型，在基礎建設的整備和教育上沒什麼像樣的建樹，而沉迷於掠奪礦產資源。當周邊國家實現獨立，剛果也興起獨立運動，其領導人帕特里斯・盧蒙巴成為首任總理，但盧蒙巴小學畢業後就到郵局工作，據說在當時的剛果，這樣已被當作一流知識分子對待。

過去曾被西歐的哪一個國家統治過，情況會大不相同，如果是英國，就會出現像聖雄甘地這種留學倫敦知名法學研究所「內殿法律學院」，並取得律師資格的真正知識分子，而比利時恐怕沒有提供當地人完善教育的想法吧。因此，即使好不容易獨立了，很快就陷入「剛果危機」的內亂狀態。

閒談過頭了。再來談另一項特徵，就是這類文化世界的周邊地區或周邊社會，它們進行「西化」改革的過程要比中心地順利得多。鄂圖曼帝國曾是伊斯蘭世界的中心，但在相當於周邊地區的埃及，總督穆罕默德・阿里主導的系統性「西化」改革，反而比鄂圖曼帝國中央進展得更快。

另外，清朝的「西化」改革也是沿海的上海、天津等地先啟動，日本亦是同樣的情形，長州和薩摩等周邊地區經歷過四國艦隊下關砲擊事件和薩英戰爭，並見識過西歐的相對優勢，因此得以比中央的幕府更快著手引進西歐的軍事技術。

再轉換一下視角，相當於「漢字世界」周邊社會的日本，「西化」改革進展的速度也比中心地的清朝更快。也就是說，只要「文明」的基礎建設夠充實，傳統的

穆罕默德・阿里（一七六九～一八四九年）
曾在鄂圖曼帝國轄下的埃及擔任總督，獨立性很強，也是埃及末代王朝穆罕默德・阿里王朝的遠祖。以阿爾巴尼亞人非正規部隊副隊長的身分前往埃及赴任，對抗拿破崙的埃及遠征軍。一八〇五年當上埃及總督。推動近代化政策，努力富國強兵，將統治區域往蘇丹、敘利亞擴大，但因列強的介入，不得不撤出埃及和蘇丹以外的地區。一八四一年，埃及總督的世襲權獲得承認。

支配力較弱的周邊地區反而比文化世界的中心更容易進行改革，我感覺似乎有這樣的傾向。

第11章

「文字」中顯現的近代世界

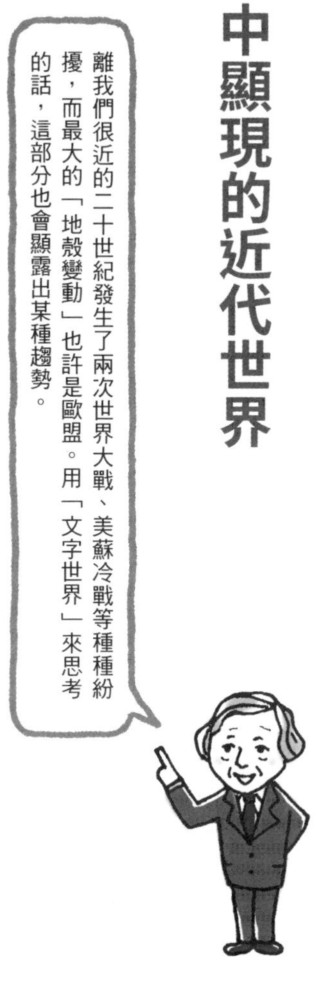
離我們很近的二十世紀發生了兩次世界大戰、美蘇冷戰等種種紛擾，而最大的「地殼變動」也許是歐盟。用「文字世界」來思考的話，這部分也會顯露出某種趨勢。

■被包覆在「全球體系」裡的「文字世界」

到此為止我們看了十九世紀左右以前，世界和歷史的大致演變。

我現在要說的內容會跟前面稍有重複。西歐人帶著關鍵性的創新「船」和「火砲」，自十五世紀末開始建構串連三大洋五大陸的「全球網絡」，不但如此，在文明的「對外在世界（大宇宙）的利用、控制、開發能力」上具有壓倒性「相對優勢」的西歐世界更成了驅動力，將地球上的全體人類編入「全球體系」，我想這應該是十八世紀到十九世紀發生的一大事件。

曾擔任第二次世界大戰後脫離英國獨立的印度首任駐北京大使，同時也是歷史學家的潘尼迦先生，對於十六世紀到十九世紀這個時代的描述是：「海洋性格的西方」支配「陸地性格的亞洲」的時代。我很認同這樣的說法，「海洋性格的西方」的支配起於印度洋世界，更進一步往南海世界延伸。

在這套「全球體系」形成以前，各個文化世界在相當程度上，都已形成對自我定義的完整性。比方說在東亞，中國位處「漢字世界」的中心，一直是以「漢字世界」的世界秩序「華夷之辨」及朝貢與冊封的制度，和接受其「文明」與「文化」影響的周邊社會交流互動。

然而一旦被編入更大的「全球體系」，自己獨特的冊封制度等便無法再維持下去。要是全世界的各個社會都被定位成西歐的「世界標準」——《國際法》底下的「領土主權國家」，那些便成了「全球標準」。

這麼一來，各個文化世界便失去以往對自我定義的完整性，逐漸成為「全球體系」的一部分（次體系），換個說法就是，從「文化世界」慢慢轉變成「文化圈」。

第一次世界大戰

那麼被編入「全球體系」的「文化圈」，在那之後情況如何呢？

進入二十世紀，從一九一四年開始到一九一八年結束的第一次世界大戰，對全球造成非常大的衝擊。這時期是西歐世界為尋求海外市場，在世界各地進行殖民地爭奪賽的「帝國主義」時代。當中，因領邦眾多、分裂狀態持續而落後的德國，終於在一八七一年完成統一，成為德意志帝國。

離題一下，一八六八年迎來明治維新的日本稍微穩定下來，一八七〇年代開始正式進行「西歐化」改革時，成為其改革範本的就是德國。為何會以德國為範本呢？因為那時的德國正是剛出爐的新帝國，看起來閃閃發亮（笑）。

順便說一下鄂圖曼帝國的情況，由於它比日本更早推動「西化」改革，因此當時的模範是法國。它也可能有參考英國，不過英國有些地方太特別，想學也學不來。比方說，想學它的法律制度，但卻沒有所謂的成文法。總之就是「不成文法」，法律存在於風俗習慣和判例中，有些部分只有專家才能處理很麻煩，急著要參考時很不方便。不過，不同於法國等國家，英國是海軍大國，所以鄂圖曼帝國和日本的海軍模型都是參考自英國。

言歸正傳，德國充分發揮晚起步的優點，那之後在化學工業、鋼鐵業和武器產業上展現驚人的發展，最後甚至對當時的霸權國家英國形成威脅。

以德國向英國挑戰這樣的布局為軸心，試圖壓制德國的英國、法國與俄羅斯簽訂了《三國協約》，其與德國之間的對抗和對立，後來因哈布斯堡帝國的王儲斐迪南夫婦在巴爾幹半島的塞拉耶佛遇刺，而突然演變成前所未有的大戰。

起初不過是哈布斯堡帝國和塞爾維亞的戰爭，其他西歐國家也以為只是局部的戰事，短時間內便能解決。不料，同屬斯拉夫正教圈的俄羅斯為了幫塞爾維亞而參戰，這下子聲援哈布斯堡的德國也參戰並入侵法國，對此，連英國也加入戰局，就這樣，參戰國的規模出乎預料地逐漸擴大。最後鄂圖曼帝國在德國的請求下也參戰，連在遠東的日本也以英日同盟為理由，出兵占領德國在中國的據點青島等處，加入戰局。

結果正如各位所知，德意志帝國、哈布斯堡帝國、鄂圖曼帝國方戰敗。德意志帝國皇帝退位、議和，改制為共和國。此外，哈布斯堡帝國變成奧地利共和國，鄂圖曼帝國變成土耳其共和國。

■俄羅斯和德國欲取得的「通往印度之路」

我要補充一點，德國統一是在一八七一年；義大利併吞教宗國最後一塊領地梵蒂

英日同盟
為了對抗遠東地區的俄羅斯南下（進軍滿洲、朝鮮），一九〇二年日本和英國之間締結的同盟。規定當某一方處於戰爭狀態時，另一方要保持中立，若有其他國家加入敵方陣營就要參戰。英日同盟成了日俄戰爭的背景因素，和日本參與第一次世界大戰的藉口。一九二一年因在華盛頓會議上簽署《四國公約》而廢除。

岡、完成統一是在一八七〇年。日本的明治維新是一八六八年，廢藩置縣是一八七一年，因此，在「晚發展的帝國」這層意義上，日、德、義三國非常相似。好不容易實現統一，想走出外面看看，結果四處張望一下，發現有價值的市場幾乎都是英國、法國的殖民地，便著急了起來。因此，在那之後便像是對先一步取得既得權益和建立秩序的列強各國唱反調似地，「日、德、義」三國締結同盟，後來漸漸變成為第二次世界大戰鋪路。

還有一點不能忘記，就是在演變成第一次世界大戰以前，在整個漫長的十九世紀裡，俄羅斯和英國為了英屬印度互相角力。失去印度，大英帝國就會沒落，印度就是地位如此關鍵的殖民地，俄羅斯為了拿下這裡嘗試南下，英國則試圖阻止它南下。

鄂圖曼帝國不但控制連通黑海到地中海的路線，日後更將通到印度又可通往蘇伊士運河的紅海航路，和波斯灣航路連接起來，所以後來鄂圖曼帝國與想確保一條通往印度之路的俄羅斯開戰，英國便和法國聯手站在鄂圖曼帝國這一邊對抗俄羅斯，這就是克里米亞戰爭（一八五三～一八五六年）。另外，俄羅斯也想在遠東打通一條太平洋通往印度的路線，英國為了阻止它便與日本結盟，即英日同盟，從世界史的角度來看，日俄戰爭的發生也可說是它的延伸。

起初，德國想進軍但尚未出手的獨立國家只有鄂圖曼帝國，因為看好它的市場潛力才接近。德國宣稱要為鄂圖曼帝國的軍人提供最新式的軍事教育，並派遣德國教

克里米亞戰爭

一八五三年爆發、俄羅斯和鄂圖曼帝國（英法薩丁尼亞聯軍予以支援）間的戰爭，主戰場在克里米亞半島。起因於俄羅斯以保護鄂圖曼帝國境內的東正教教徒為藉口展開軍事行動，對俄羅斯的南下保持警戒的英法和薩丁尼亞的聯軍以支援鄂圖曼帝國的形式參戰。最後以俄羅斯敗北結束戰爭，一八五六年召開巴黎和會。

官過去，總之，一開始是想要推銷自己國家製造的武器。到了德皇威廉二世即位後的十九世紀末，德國改提出三B政策，即建造連通柏林、拜占庭（伊斯坦堡）和巴格達的鐵路。這其實就是「通往印度之路」。

四個「大帝國」的瓦解

回到原本的話題，我在這裡想要強調的是，自「前近代」延續下來的「文字世界」的四大帝國，在第一次世界大戰前後已經瓦解的事實。

當中，與第一次世界大戰直接相關的有三個。首先是繼承神聖羅馬帝國的系譜，在「拉丁文字世界」內長期誇耀其權勢的哈布斯堡帝國，因為在這場大戰中敗北而徹底解體，主體以奧地利的名義繼續存在，周邊則分裂成多個民族國家。

另一個是雄踞「阿拉伯文字世界」的鄂圖曼帝國。鄂圖曼帝國也因敗戰而導致解體，其核心部分以土耳其共和國之名留下來，而原本在其支配下的阿拉伯穆斯林各地區，幾乎全部淪為英、法的殖民地或半殖民地。

第三個則是「希臘、西里爾文字世界」的大國俄羅斯帝國。這邊原本是英國陣營，應該是戰勝國，但在大戰即將結束前發生革命，導致帝制垮台，之後因「俄羅斯革命」（一九一七年的十月革命）建立共產主義的蘇維埃政權。

威廉二世（一八八八～一九一八年在位）
德意志皇帝暨普魯士國王。威廉一世的孫子。三十歲即位。一八九〇年罷免俾斯麥，著手擴建海軍，採取積極的對外政策，激化與英法之間的對立。因為政策失敗，最後失去政治上的影響力，一九一八年因德國革命而退位，亡命荷蘭。

俄羅斯革命（兩次）
指一九一七年發生在俄羅斯的革命。包含推翻帝制（羅曼諾夫王朝）的二月革命和建立世界第一個社會主義政權的十月革命。革命勢力在第一次世界大戰中逐漸高漲，首都的勞工和士兵起義，組織代表會議，並與中產階級結合，迫使羅曼諾夫王朝倒台。成立臨時政府，但列寧主導的布爾什維克派推翻臨時政府，建立社會主義政權。

剩下的第四個與第一次世界大戰沒有直接關係。即大戰開始前的一九一一年到一九一二年發生辛亥革命導致滅亡的「漢字世界」的核心清朝。清朝一滅亡，中國國內立刻陷入中華民國政府和軍閥割據的「亂世」。

「五大文字世界」的大戰爭——第二次世界大戰

若以「文字世界」的角度來看第一次世界大戰，可說是史上首次「五大文字世界」全部牽涉其中的大戰爭。不過充其量只是「沾到邊」的程度，比方說，「梵字圈」中心的印度還處於英國的殖民統治之下，所以只是在「總體戰」這種新的戰爭型態下被迫動員人員和物資的程度。另外，雖說「漢字圈」的日本也參戰，但並未參與主戰場歐洲的戰役，說起來不過是「配角」而已。

然而，間隔二十年再度演變成世界大戰的第二次世界大戰，則是另一番景象。歐洲戰場的主角，是意圖報第一次世界大戰之仇的納粹德國和英、法、美、蘇的同盟國，這部分的參與者和上一次大戰的差異不大，但太平洋戰線的主角是美國和日本。換言之，上一次不過是「配角」的「漢字圈」新興帝國，而且是異文化世界最快達成「小幅西化」的日本，終於以「主角」之姿登場。

日本最後雖然戰敗，但如果以第二次世界大戰在世界史上的意義這樣的觀點去思考，接受近代西歐模式的「西化」改革，打造出一個幾乎可與正宗西歐列強匹敵的強國的事實，我想意義非常重大。

若要補充的話，日本成了戰爭的「主角」，使得當時的殖民地體制搖搖欲墜應該也是事實。只是這裡要注意的是，東南亞各國在戰後之所以能獨立，並不是「拜日本之賜」也不是「日本的功績」。若要比喻的話，就好比「一刮風，賣木桶的店就會賺大錢（譯註：日本俗諺，意思類似蝴蝶效應。即在一個動態的系統中，一個微小的變化即可能引發長期且巨大的連鎖反應）」。這形容也許不妥，但換個說法就是，日本向西方大盜學習怎麼當小偷，然後只想到下回把西方人趕走，換自己來偷。

■作為「拉丁文字世界」共同體的歐盟

說到第二次世界大戰後具有世界史意義的時期，非東西冷戰莫屬。大戰期間美、英、蘇視德國為共同敵人，因而一起並肩作戰，但德國一戰敗，其統治下被蘇聯「解放」的東歐地區，接二連三地成立共產主義政權。

另一方面，在中國國民黨和中國共產黨不斷展開激烈內戰的中國，一九四九年共產黨終於取得勝利，中華人民共和國誕生。中國再度從「一亂」恢復「一治」，但這巨大的共產主義國家的成立，加深了中國與對西方共產勢力擴大感到強烈危機感的

東西冷戰
自第二次世界大戰後的一九四七年左右，持續到一九八九年美蘇兩國領袖宣布冷戰結束（或是一九九一年的蘇聯解體）為止，美蘇兩國間的緊張狀態。緊張確實已有緩和，但在政治、經濟、軍事上，美國及西側各國，與蘇聯圈及東側各國仍有對立。

美、英等「資本主義圈」的對立，即形成所謂的「冷戰體制」，成了將世界分裂成兩半的主要因素。

冷戰一直持續到二十世紀末蘇聯瓦解的一九九一年，其間在歐洲的「拉丁文字圈」發生了新的地殼變動。那項變動涉及到現在的歐盟。

它的起源是，政治上長久持續分裂的西歐世界以前就存在的理想——「羅馬帝國的統一」。其象徵就是羅馬教宗授與的「羅馬皇帝」的皇冠。法蘭克王國的查理大帝和日後的奧圖大帝皆被授與這頂皇冠，成為歷史上基督教世界政治上的象徵。

當西歐世界進入「近代」，領土主權國家的架構逐漸形成，「主權」便開始施展威力。即世界最重要的是「國家」，而國家最重要的是「主權」這樣的想法。可是一旦過度，主權國家間便會戰爭不斷，其弊病之大就顯現在第一次世界大戰上。

慘劇過後，哈布斯堡帝國的康登霍維．凱勒奇伯爵提倡組織「泛歐聯盟」。簡單來說就是各國降低「主權」的壁壘，共組區域聯盟，並透過對話解決事情，為世界和平貢獻力量。

第一次世界大戰戰敗後徹底解體的哈布斯堡帝國是個多文化國家，何只「五族共和」，根本是「十五族共和」。所以凱勒奇十分了解要讓各民族團結共存的困難。順便告訴各位，凱勒奇與日本也有淵源，他的父親是哈布斯堡的貴族，擔任外交官駐日期間，與日本女性一見鍾情之後結婚。也就是說，凱勒奇也有日本人的血統。

於是第二次世界大戰之後，在一九五二年成立了「歐洲煤鋼共同體」（ECSC）。這是以共同管理煤炭和鋼鐵為目的的組織，至於為什麼是「煤炭和鋼鐵」呢？因為從普法戰爭到第二次世界大戰，爭奪煤炭和鋼鐵產地在歐洲一直是引發戰爭的一大要因。ECSC的原始締約國是西德、法國、義大利及荷比盧三國共六個國家。

之後在一九五八年轉型為「歐洲經濟共同體」（EEC），一九六七年更名為「歐洲共同體」（EC），分階段逐步推動共同體內的自由化。後來英國、愛爾蘭、丹麥、希臘、西班牙、葡萄牙等也加入。

一看這些締約國的陣容便一目了然，除了一九八一年加入的希臘，全是「拉丁文字圈」的國家。希臘是「希臘、西里爾文字圈」的源頭，強勢文字是希臘文字，加上宗教上又信仰東正教源頭的希臘正教，因此與「拉丁文字圈」原本就是異質的社會，但因為它是「希臘、西里爾文字圈」中唯一留在資本主義陣營的國家，同時被認為是西歐世界精神上的發源地，在某種意義上算是特別允許加入吧。

■從「文字世界」來看東歐和歐盟

話說，戈巴契夫提倡的改革重組走到了盡頭，一九九一年蘇聯解體，兩年後的一九九三年，EC為進一步加深整合度，改組成「歐洲聯盟」（EU）。

普法戰爭
一八七〇年，普魯士領導的德意志各邦國與法國之間的戰爭。兩國為了西班牙國王人選問題發生衝突，法國皇帝拿破崙三世因此向普魯士宣戰。北德意志邦聯及南德各邦國均加入普魯士參戰。普魯士、德意志軍隊所戰皆捷，法國戰敗。一八七一年德意志宣布統一（德意志帝國成立），在法蘭克福簽訂議和條約。

荷比盧三國
取荷蘭、比利時、盧森堡三國國名的第一個字組成的統稱。

以「文字世界」的視角觀察這時發生的事，眼前會變得非常清晰。

隨著蘇聯解體，原本隸屬蘇聯的「東歐」各國一個接一個分離、獨立，從共產主義改採資本主義。順帶說一下，舊蘇聯的成員和「東歐」的社會主義國家，在那之後加入歐盟的如下：

波蘭、匈牙利、捷克、斯洛伐克、拉脫維亞、愛沙尼亞、立陶宛、斯洛維尼亞、克羅埃西亞

（保加利亞、羅馬尼亞）

俯瞰這些國家可以看出一些端倪。扣除保加利亞和羅馬尼亞的九個國家，全部屬於「拉丁文字世界」。拉脫維亞和愛沙尼亞是以新教徒占多數，其他則多半是天主教國家。

另外，有些地區在蘇聯時代，算是滿早就展開反政府運動。舉世界史教科書中也有介紹的著名例子，首先是「匈牙利革命」（一九五六年），蘇聯出動軍隊鎮壓發生於匈牙利首都布達佩斯的大規模反政府示威。

進入一九六〇年代，則有共產圈中算是先進社會之一的捷克斯洛伐克發生的「布拉格之春」（一九六八年）。共產黨第一書記杜布切克因人民要求民主化而推動自由化，

戈巴契夫（一九三一～）

蘇聯共產黨末代總書記、蘇聯唯一的總統。成為蘇聯共產黨總書記隔年的一九八六年起，開始推動改革重組（Perestroika，「重建」之意。改造共產黨的統治體制，諸如經濟的自由化、民主化等），意圖改造蘇聯社會。努力與美國協商、裁減軍備、結束冷戰，以及推動經濟、政治改革。創立蘇聯的總統制，並於一九九〇年就任總統；一九九一年保守派發動政變導致共產黨垮台，辭去總統職位。

匈牙利革命

一九五六年，社會主義國家匈牙利所發生的反蘇聯、要求改革的暴動。學生、勞工在首都布達佩斯發起的反政府示威遊行後來擴及全國，政府旋即請求蘇聯派兵介入。日後改革派就任首相，提倡引進多黨制和退出華沙公約組織，但因蘇聯第二次軍事干預，導致首相被捕，政權倒台。蘇聯支持的親蘇政權成立。

但蘇聯唯恐自由化過了頭，投入華沙公約組織的武裝部隊徹底鎮壓，因此為人所知。

接下來還有一九八〇年波蘭在共產主義政權下，成立非法的獨立自治工會「團結工聯」。議長是反政府運動的領導人華勒沙，儘管遭到鎮壓仍然吸引許多支持者，後來獲頒諾貝爾和平獎也很有名。

匈牙利、捷克斯洛伐克、波蘭這三個國家，都屬於天主教徒占多數的「拉丁文字圈」國家，對「希臘、西里爾文字圈」的俄羅斯來說是異文化世界。換句話說，「文化」相異即表示，本書對「文化」的定義：「人類作為群體的一分子，經由後天習得的行為、思維、感受的『習慣』」相異。我認為在接受蘇聯型的共產主義體制之際，這樣的背景可能是造成它們與其他「希臘、西里爾文字圈」的共產國家出現差異的原因。

類似的動態也出現在「東歐」諸國一員的南斯拉夫解體、分裂成七小國之時。舊南斯拉夫七國中，目前已加入歐盟的是斯洛維尼亞和克羅埃西亞，這兩個國家也是屬於天主教徒占多數的傳統「拉丁文字圈」。

另一方面，屬於傳統「希臘、西里爾文字圈」的保加利亞，以及十九世紀後改用拉丁文字，但正教徒仍占絕大多數的羅馬尼亞也已加入歐盟，感覺這似乎說明了源自西羅馬帝國、基本上是「『拉丁文字圈』聯盟」的歐盟，終於進入了願意包容異文化世界的進程。

第二次世界大戰後的歐洲

1. 愛沙尼亞
2. 拉脫維亞
3. 立陶宛
4. 白俄羅斯
5. 烏克蘭
6. 波蘭
7. 東德
8. 捷克斯洛伐克
9. 匈牙利
10. 羅馬尼亞
11. 保加利亞
12. 南斯拉夫
13. 阿爾巴尼亞
14. 西德
15. 奧地利
16. 義大利

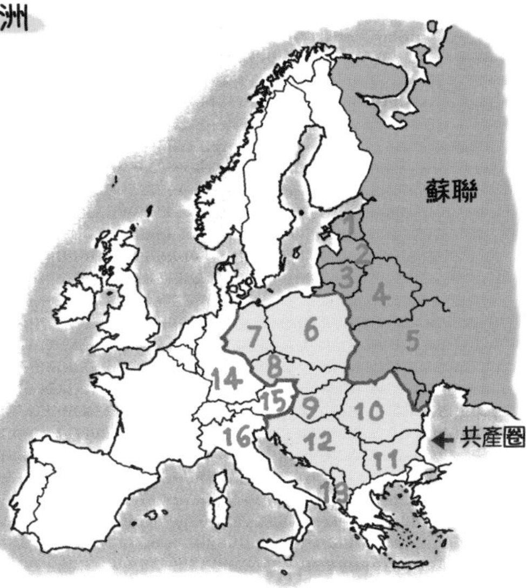

歐盟成員國（2018 年）

1. 芬蘭
2. 瑞典
3. 愛沙尼亞
4. 拉脫維亞
5. 立陶宛
6. 波蘭
7. 丹麥
8. 英國
(2020.1.31 脫歐)
9. 愛爾蘭
10. 荷蘭
11. 德國
12. 比利時
13. 法國
14. 葡萄牙
15. 西班牙
16. 捷克
17. 斯洛伐克
18. 奧地利
19. 匈牙利
20. 盧森堡
21. 義大利
22. 斯洛維尼亞
23. 克羅埃西亞
24. 羅馬尼亞
25. 保加利亞
26. 希臘
27. 馬爾他
28. 賽普勒斯

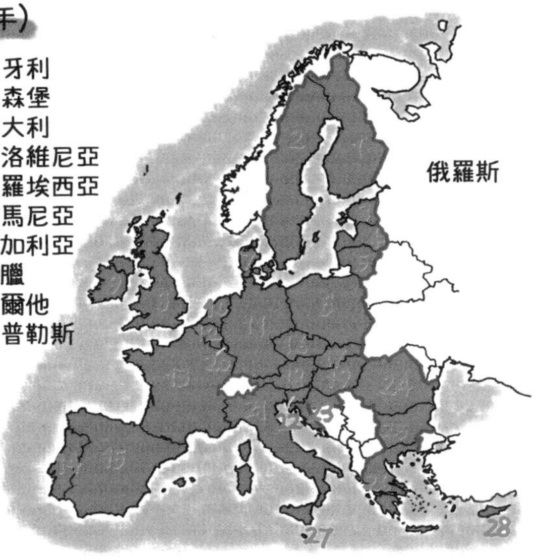

提到歐盟，話題往往全集中在取消成員國的貨幣、導入共同貨幣歐元、人員和貨物可自由移動與流通等經濟層面。但其在「世界史」上真正的意義，難道不是試圖藉由限制以往對國家來說最重要的「主權」，降低國界的「壁壘」，扼止為了「主權」而產生的對立和戰爭此一史上未有的「先進嘗試」嗎？

可想而知，這條路絕不會一帆風順。國家的主權受到壓制，反而讓國內的民族問題以獨立運動的形式一湧而出，就像英國的蘇格蘭或西班牙的加泰隆尼亞；或是因移民、難民的問題導致民族主義高漲，甚至出現像英國那樣意圖脫離歐盟的動態。

即使如此，歐盟還是會被寫進未來的「世界史」，畢竟，它所挑戰的是自十八世紀法國大革命之後所確立的、發生在西歐世界的「民族國家」，它的出現，為西歐世界帶來了一場重大的轉變。到底，我們的文明是否具有「反饋」的能力？是否能夠遏止「國家」之間的戰爭？確實是個必須面對的問題。

終章

思考二十三世紀的「世界史」

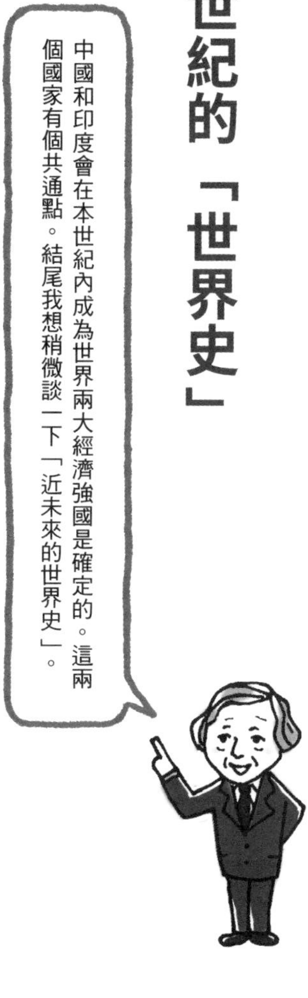
中國和印度會在本世紀內成為世界兩大經濟強國是確定的。這兩個國家有個共通點。結尾我想稍微談一下「近未來的世界史」。

日本在世界中的定位

非常感謝各位撥空讀到這裡。

篇幅有限，還有許多未談完的部分，但各位若能掌握世界歷史的核心部分，並對往往被認為是「背誦科目」的世界史稍微感到有興趣的話，便是我的榮幸。

最後，我想進行一下「腦力激盪」再做結尾。

若以西曆紀元來看，現在是二十一世紀初剛過沒多久，當兩百年後的二十三世紀歷史家要寫「世界史」時，會是怎樣的內容呢？

首先，我很想知道日本今後會是什麼樣子。

我想再次重申，多虧透過德川時代累積形成的政治和經濟基礎，明治時期日本才能在「亞洲」各個社會中，率先完成接受「近代西歐模式」的「西化」改革，至少在「文明」的「對外在世界的利用、控制、開發能力」的面向上達成現代化。並且經過中日戰爭、日俄戰爭、第一次世界大戰，甚至能夠與西歐列強並列，進入國際聯盟擔任常任理事國。只是另一方面，「小幅西化」的日本也學他們積極在「亞洲」擴張殖民地，走到與列強爭奪權益的地步。後來便一路走向中日戰爭、太平洋戰，在一九四五年迎來敗戰的結局。

不過，戰敗後由盟軍總司令部（GHQ）主導的「來自外部的革命」中，「農地改革」和「財閥解體」對戰後日本經濟的復興和之後的「經濟大國」化貢獻卓著。戰前日本經濟發展的障礙是國內市場的脆弱，原因是在地主制之下，沒有土地的佃農成了廉價勞動力的供給來源。加上三大財閥長期把持金融機構，就算想做新的嘗試也很難獲得融資，整體結構不利產業創新。這兩項因素消失，可說是非常大的「革命」。

這為經濟從復興期到高度成長期奠下了基礎，勞工所得增加使內需擴大，經濟規模成長到空前的水準。而且比歐美低廉的工資成了「製造業經濟」的優勢，一九六〇年代國內生產毛額（GDP）達到僅次於美國的世界第二。

農地改革

第二次世界大戰之後，在盟軍總司令部強力指導下進行的農地制度改革。修訂《自耕農創設特別法》和《農地調整法》，主要內容有地主制的解體、佃耕地的開放、否定不在地主制、降低在村地主可保有的出借地面積（一町步，相當於九千九百一十七平方公尺）。成為提高農業生產效率的契機。

日本成了「昂貴的非西方」

我認為這段期間的成長氣勢，很大一部分還是來自於「日本式的經營」，即年功序列、終身雇用這類江戶時期的組織型態所轉變成的「經營組織」。

於是戰後有一段時期，大約是一九七〇年到一九八〇年代左右，日本確實在世界經濟上扮演了關鍵性的角色。可是從那之後便不行了。找到「文明」的先進模型後「趕上」它，進而「改善」它，是日本人很擅長的事，但欠缺的是在那之後要怎麼做的想法。

常聽到，最近日本的學生都不出國留學這樣的說法。也有人感嘆現在的年輕人只想待在國內，不願到國外生活、工作，不過對此我有不同的看法。

說起來，念書為何一定要出國留學？自然是因為國外有在自己國家學不到的「知識」。我求學時代也是如此，從亞洲等地去歐美留學的人也是如此。

也就是說，我想那現象代表了現在大部分的知識日本都有，用不著專誠到國外去學，除非想學的是相當新穎的知識，否則在日本幾乎都能學到。

不過，以前從中國等地來日本學習的學生很多，但最近愈是優秀的學生都跑去歐美留學了。這是為什麼呢？因為以前的日本是「比較省錢的西方」。也就是比去歐美留學便宜，又能學到一定水準的知識，所以就來日本留學。

然而，最近日本是不是變成「昂貴的非西方」了呢？當留學費用與歐美愈來愈接近時，學生會覺得，若稍微貴一點能學到正宗的知識當然比較划算，於是就變成現在這樣的情況。

■「昇龍」中國的抬頭

在日本的經濟地位相對下降的情況下，二十世紀後半，被稱為「亞洲四小龍」的韓國、台灣、香港、新加坡宛如在日本的後頭追趕一般，逐漸抬頭。

順帶一提，亞洲四小龍和日本都有一項共通點，就是同樣是位於「漢字圈」周邊的社會。我想應該有人覺得新加坡不是「東南亞」吧，儘管地理上它確實位在東南亞，但實際上是以中國華僑為主的「華人國家」。

只是，因為全是人口很少的地區，進入二十一世紀便漸漸失去了成長空間。那麼今後的世界，哪裡會成為決定性的要角呢？那就是「漢字圈」的中心地中國，另一個應該是「梵字圈」同樣位居中心的印度吧。

關於鄰國中國，一九七〇年代起的改革開放路線導入市場經濟，經歷多次的高度經濟成長，二〇一〇年國內生產毛額終於超過日本等，在世界經濟上逐漸抬頭，相信不用我再多做說明。

如同前文所述，辛亥革命導致清朝滅亡後，持續了將近半個世紀的「亂世」，但中國不簡單的地方在於，中華人民共和國成立時，只有沿海省分的少部分地區被俄羅斯奪走、外蒙古獨立（現在的蒙古共和國），仍保有清朝時代九成以上的領土。

當中值得關注的地方，我想是中國東北部的舊滿洲。戰前日本把勢力伸進這裡，擁立廢帝溥儀，成立傀儡政權，結果因為此地的滿洲人已徹底「漢」化，如今成為東北三省完全與中國同化了。

另一方面，獨立運動等屢屢躍上新聞版面的西邊新疆維吾爾自治區、北邊的內蒙古和西邊的圖博等地，是清朝時才納入中國版圖，屬於相對較新、尚未被「漢」化的「異文字圈」，所以才會糾紛不斷。

中國的勢力之所以會增長到現在這種地步，背後似乎還是有著漫長歷史積累出的組織技術這層因素。畢竟在十八世紀後半以前，中國在文化、社會、經濟等方面一直都在西歐之上，不過在科學技術方面則落後西歐。由於國家龐大，反應不如日本靈敏，加上極為重視傳統，在「西化」改革上落後一大截，但即使如此也走到了這一步。甚至連美國都擔心繼續這樣下去會被中國奪走霸權，而變得相當拚命了。

溥儀（宣統皇帝，一九〇八～一九一二年在位）

清朝末代皇帝。姓愛新覺羅。光緒皇帝的侄子，三歲時即位為宣統皇帝。因為辛亥革命，六歲時被迫退位。繼續留在紫禁城，後因軍閥政變遭到放逐，接受日本的保護。一九三二年就任滿洲國的執政，一九三四年成為滿洲國皇帝（～一九四五年），但事實上是日本的傀儡。終戰後，被扣留在蘇聯，一九五〇年以戰犯的身分被引渡回中國關進收容所服役，一九五九年獲特赦出獄。過著普通人的生活。電影《末代皇帝》的主人翁。

「巨象」印度的興起

另一方面，印度經過英國長久的殖民統治，終於在一九四七年獨立。穆斯林占多數的東西巴基斯坦也在這時脫離印度獨立，東西巴基斯坦又分裂成現在的孟加拉和巴基斯坦。

印度在宗教上雖然印度教徒占多數，但國內仍然有一億人以上的穆斯林。不過整個印度的人口有十三億以上，所以穆斯林仍是不到一〇%的少數派。

如同各位所知，印度擁有眾多的民族和語言。可是除了穆斯林眾多的喀什米爾，至今不曾出現大型分離獨立的動態，這是因為他們不僅使用的文字皆源自梵字，而且都信仰印度教、共有印度教的戒律「dharma」，才會達成整合。

印度統治菁英的特色在於被稱為「Indian Civil Service」（印度公務員）的社會階層。其源頭是在英國統治時代，學過近代西歐知識和組織技術的中間管理層，這群人在印度獨立後便進入高層，負責國家的經營管理。

英國對印度的統治，感覺像是上級的管理職由英國人擔任，但沒有人想做中間管理職，便交給當地的印度人去做。只是不放心一開始就全部交給印度人，於是開辦學校，教授英語和學問，並讓當中特別優秀的人去英國留學，以填補中間管理層的上層人力。而被派到宗主國英國的大學學習的階層，便是印度文職系統的骨幹。

因此，我想這個統治階層應該具備能將數百種不同的語言和民族妥善地整合在一個社會中的技術，才能建立一個政治相對較安定的社會吧。

二十三世紀的「世界史」

印度和中國有一項共通點。各位知道是什麼嗎？

前面已經說過，在被納入「全球體系」之前，世界已經林立著各個完備的「文化世界」。而印度與中國，既是「文化世界」的核心，又能維持自成一個「世界」的完整性，成為所謂的「民族國家」。也就是說，它們都很像是穿上「民族國家」外衣的「世界」。兩者既沒有因為民族對立而四分五裂，還都擁有超過十三億的人口，可說是非常特殊的世界。

面對這樣的景象，我終於得出一個結論。「漢字世界」和「梵字世界」在地理上皆屬於季風型氣候，而且都與農業有很深的關係。這兩個「文明」的特徵，是具有優異的持續力和耐久力。

在這層意義上，印度和中國的文明也許可以說很接近「植物」。雖然缺乏變化，但猶如一棵根深柢固的大樹，儘管因「西方的衝擊」一時被刮得枝零葉落，但它們正試圖再次長出茂盛的枝葉。

相較起來，「舊大陸」西側的文明則變化劇烈，可說是「動物」的世界。過去的羅馬帝國也像中國一樣自成一個「世界」，但不到五個世紀就分裂成東西兩半，未再被統一，西羅馬帝國在五世紀末滅亡後，羅馬帝國的南半部和東羅馬帝國的東北部，日後變成了伊斯蘭世界。

如果照現在的情況繼續下去，我想到了二十一世紀中葉，中國的國內生產毛額將超越美國，達到世界第一的經濟規模。中國的人口大約是美國的四倍。現在中國的工資水準比先進國家低，但只要達到美國的四分之一，在內需方面就會超過美國。

在中國後頭追趕的是印度，印度同樣會在二十一世紀裡超越美國，中國和印度將成為世界兩大經濟「超級大國」，這點應該無庸置疑。換句話說，中國、印度和美國，以及若能成功存活下來的話還有歐盟，將是聳立在「未來世界」的四支大柱。

這麼一來，二十三世紀的歷史家也許會這樣寫：「西歐之於世界的霸權始於十八世紀初，在二十世紀中葉告終……。」接著可能還會如此記述：世界再度像十八世紀以前的「五大文字世界」那樣，進入中國和印度在「亞洲」復辟的時代。

前言中也有提到，我之所以會想從事歷史研究，是因為對西歐後來為什麼會超越「亞洲」，以及日本為什麼能率先完成「西化」與之抗衡感到疑惑。懷抱著這些疑問的我，求學時代正值越戰和全共鬥運動（譯註：日本一九七〇年代末期，學生運動團體全學共鬥會議的簡稱）的全盛時期，那時我完全無法預見會有這樣的情況。

但經過將近五十年的現在，我終於目睹到「亞洲」的巨龍中國和巨象印度試圖復興的身影，這讓我深受感動。

近年的日本，認為人文學科「無用」的風潮似乎正在增長。「與其教授歷史之類的人文學科，不如讓學生學習更實用的學問！」即使在大學教育等領域也可看到輕視人文學科的傾向。

我認為那樣的風潮錯得離譜。重視應用科學的聲浪，無疑是在日本逐漸失去「相對優勢」的情況下，因為焦慮而產生的想法。

人文學科是面對人類的現在和過去，非常重要的知識活動。如果不嘗試了解過去，我們將不知道現在；如果不知道現在，我們也將看不清未來。

因此，我希望各位能用寬廣的視角去吸收各種知識。在今後的時代中，當世界發生劇烈變動，日本也面臨前所未有的大問題時，這樣的態度應該會是開拓新局的重要憑藉。

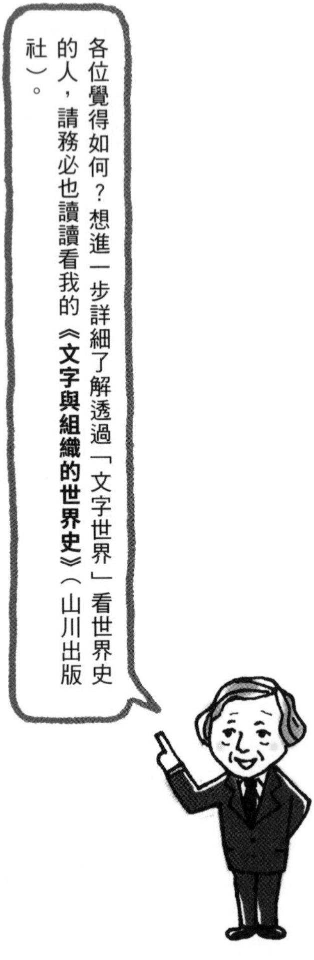
各位覺得如何？想進一步詳細了解透過「文字世界」看世界史的人，請務必也讀讀看我的**《文字與組織的世界史》**（山川出版社）。

〔作者介紹〕

鈴木 董（Suzuki Tadashi）

1947年出生。東京大學法學部畢業，東京大學研究所法學政治學研究科博士課程修畢。法學博士。專攻鄂圖曼帝國史，並對比較史、比較文化深感興趣。1983年起擔任東京大學東洋文化研究所副教授；1991年起升任教授；2012年起獲聘為東京大學名譽教授。土耳其歷史學協會名譽會員。

著作眾多，包括《鄂圖曼帝國的權力與菁英》、《鄂圖曼帝國與伊斯蘭世界》（皆為東京大學出版會）、《民族主義與伊斯蘭式共存》（千倉書房）、《圖說　伊斯坦堡歷史散步》（河出書房新社）、《吃在伊斯坦堡——君府名物考》（NTT出版）、《世界的飲食文化　第9卷　土耳其》（農文協）、《鄂圖曼帝國——伊斯蘭世界的「柔性專制」》（講談社現代新書）、《鄂圖曼帝國的解體——文化世界與民族國家》（講談社學術文庫）、《文字與組織的世界史——新「比較文明史」速寫》（山川出版社）等（以上書名皆為暫譯）。

日文版STAFF
內文插畫／あくつじゅんこ

大人的世界史講堂

從文字和組織重新理解歷史脈動

2020年7月1日初版第一刷發行

作　者　鈴木董
譯　者　鍾嘉惠
副主編　陳正芳
美術設計　黃瀞瑢
發行人　南部裕
發行所　台灣東販股份有限公司
<地址>台北市南京東路4段130號2F-1
<電話>（02）2577-8878
<傳真>（02）2577-8896
<網址>http://www.tohan.com.tw
郵撥帳號　1405049-4
法律顧問　蕭雄淋律師
總經銷　聯合發行股份有限公司
<電話>（02）2917-8022

國家圖書館出版品預行編目資料

大人的世界史講堂：從文字和組織重新理解歷史脈動／鈴木董著；鍾嘉惠譯. -- 初版. -- 臺北市：臺灣東販, 2020.07
274面；14.7×21公分
譯自：大人のための「世界史」ゼミ
ISBN 978-986-511-372-8（平裝）

1. 世界史 2. 文明史

713　　109007119